不了解客户的心理需求，就像在黑暗中走路，白费力气又看不到结果

不懂心理学
就做不好销售

销售是一场博弈·更是一场心理战

谢国计◎著

九州出版社
JIUZHOUPRESS

图书在版编目（CIP）数据

不懂心理学就做不好销售 / 谢国计著 . -- 北京：
九州出版社 , 2015.9
ISBN 978-7-5108-3984-9

Ⅰ . ①不… Ⅱ . ①谢… Ⅲ . ①销售－商业心理学
Ⅳ . ① F713.55

中国版本图书馆 CIP 数据核字 (2015) 第 241723 号

不懂心理学就做不好销售

作　　者	谢国计　著
出版发行	九州出版社
出 版 人	黄宪华
地　　址	北京市西城区阜外大街甲 35 号 (100037)
发行电话	(010)68992190/3/5/6
网　　址	www.jiuzhoupress.com
电子信箱	jiuzhou@jiuzhoupress.com
印　　刷	北京建泰印刷有限公司
开　　本	787 毫米 ×1092 毫米　16 开
印　　张	16.5
字　　数	190 千字
版　　次	2015 年 11 月第 1 版
印　　次	2015 年 11 月第 1 次印刷
书　　号	ISBN 978-7-5108-3984-9
定　　价	39.80 元

商场是那些洞悉人心的销售人员的博弈场。在这个没有硝烟的战场上，销售人员时刻都在实践着消费心理学。在现实生活中，无论你从事什么行业，其实每个人都是销售员。画家销售美感，政治家销售政见，作家销售故事，发明家销售发明，男人销售自己的才华与魄力，女人销售自己的美丽和学识。可以说，人生中处处都是销售，销售既是一项伟大的事业，同时也是一门科学，一门艺术，更是一场战争。销售不是简单的易物交换，而是一场表面波澜不惊，内在却波涛汹涌的心理战。

当下是一个竞争的时代，顾客已经变得越来越聪明，越来越挑剔。在激烈的商战中，销售人员作为商家的战士，战斗在第一线，面临进场难、谈判难、销售难、回款难、心态调整难等诸多问题。要想成功地销售出自己的商品，很大程度上取决于销售人员对顾客与客户心理的掌控能力。正所谓："工欲善其事，必先利其器。"销售人员要想从客户的口袋里掏钱，首先要向客户掏心。如果事先不做充分准备，面对客户各种要求，只能是措手不及、一败涂地。销售人员只有将自己手中的武器磨得足够锋利，有效掌握销售的心理技巧，才能信心百倍地走上战场，赢得一次又一次的胜利。

"成功的推销员一定是一个伟大的心理学家。"这是销售行业的一句名言。一个成功的销售员往往不是因为有一副三寸不烂之舌，而是因为他精通销售心理学！不懂心理学的销售员，很难成功地完成销售任务。因为每次销售人员从一开始找到一个客户直到完成交易，他所需要的不仅仅是细致的安排和周密的计划，更需要和客户进行心理上的交战。如果你想钓到鱼，就得像鱼那样思考。先做客户的知心人，再做赚钱的生意人！

世界营销界知名人寿保险经纪人乔·什道夫博士说过："只有在营销员遇到障碍后，他的营销工作才算开始。如果客户没有拒绝，营销员这一职业就不伟大了。"每一个销售人员都会面对不同的客户，都会遭到客户的残忍拒绝。但是，成功的销售是从每一个拒绝开始的。在销售过程中，面对客户的麻烦问题，你是失去耐性，最后把局面搞砸；还是控制自己的情绪，镇定自己的心智，用智慧的心理学技巧拿下客户？面对客户的怀疑和失礼，你是怒火攻心，最后说了不该说的话；还是换位思考，将心比心，用语言拉近彼此的距离，让客户对你说的话感兴趣？

有人说："一流的销售员，一定是一流的沟通高手。"的确如此，要知道经过语言培训的销售员的销售业绩比没有经过培训的人销售额平均高出20%。搞销售的人，必须有"说"的本领。但是"能说"不等于"会说"。"能说"靠嘴巴，"会说"靠心灵。因此，用嘴不如用心，是销售行业颠扑不破的铁律。如何全面了解客户的需求，帮助消除客户的疑虑；如何投其所好，以最快的速度让顾客喜欢自己的推荐？要知道好产品不只是卖到顾客手里，更要让顾客记在心上；成功的销售不只让客户口服，更要让客户心服。要让客户一开始就说"是"，引导客户消费和认可，加深客户的购买欲望。

销售就是一场心理战，销售就是心与心的较量，不懂心理学就做不好销售。在销售领域，有98%的知识是理解人的心理和行为，2%的知识是产品知识，销售的过程就是一个人与人之间打交道的过程，销售其实就是心理学的较量。了解客户的心理需要心理学，修炼自己的心理也需要心理学，心理学能够帮助销售员坚定自己的心，赢得客户的心。销售要成功，从懂得心理学开始。

本书将心理学和销售技巧紧密结合，通过生动的解析和事例，从销售人员的心理领悟、顾客的消费心理透视及销售过程中的心理较量等多个方面加以充分阐述，详解与客户沟通、交际、博弈的心理过程，分享实用有效的心理策略，出奇必胜的心理操纵，步步为赢的攻心技巧。本书是销售精英必不可少的营销秘籍，更是轻松拿下每一单，让你在销售道路上走得更顺畅的制胜法宝！

目录 CONTENTS

第一章

销售就是心与心的较量

　　销售就是一场心理战，销售就是心与心的较量。销售界流传一句名言："成功的销售员一定是一个伟大的心理学家。"一个成功的销售员往往不是因为有一副三寸不烂之舌，而是因为他精通销售心理学！如果你想钓到鱼，就得像鱼那样思考，而不是像渔夫那样思考。

第二章

客户为什么要和你成交

为什么顾客对你的产品感兴趣,并最终作出购买的决定?在这个过程中,顾客的内心是怎么想的?为什么顾客会相信你这位陌生人?为什么顾客会被你说服?其实,顾客消费的时候,买的不仅是产品本身,更是购买产品额外的服务。只有把客户当朋友,听取客户内心的声音,让客户感觉到货真价实,才能赢得客户的心。

第三章

是什么扰乱了客户的心智

在销售中,销售人总是假设客户是理性的,其实,客户内心是理性和感性相互叠加的复杂系统,销售人一旦学会了心理影响和掌控之术,就能够抓住人性的弱点,顺利拿下订单。

第四章

心理认同术——拉近与客户的心理距离才能赢得客户

销售是心与心之间的连接关系，如何在互动过程中与客户建立共同的价值基础，是销售人的一种职场修炼，与客户关系进一步，其实就离成交近一步，想客户所想，为客户欲为，能够造就一个高情商的销售人。

第五章

心理暗示术——赢单的关键是让客户不知不觉说"是"

人类是唯一一种能够接受暗示的动物，销售人的销售技巧就是暗示暗示再暗示，这是一种销售心理的驾驭技巧，学会驾驭人心，引导人心，就能够在销售事业中如鱼得水。

第六章

心理掌控术——抓住"上帝"那根"软肋"

一个销售人，一眼就能够看穿客户的主体消费行为方式，几句话就能够判定客户的身心弱点，抓住客户内心的软肋，就能够因人而异，找到最佳的成交策略，运用客户最舒服的技巧赢得订单。

心理读人术——小动作"出卖"顾客大心理

> 读懂人心，是这个世界最高的推销智慧，人心不是一本天书，而是隐藏在人的肌体语言中，一个小小的细节就能够泄露客户内心的密码，读心之术，是销售人必备的核心技能。

心理博弈术——销售中不可不知的心理学诡计

> 销售强调战略上的势能，也需要了解细节战术，在销售中最常用的信息学的诡计，却能够成为销售人制定策略的最佳技巧，这是一个讲战略的时代，也是一个讲究策略的实战时代。

第九章

修炼绝妙的销售口才——把话说到客户心坎上

　　人总是先学会说话，然后才知道该不该说，如何说，什么时候说。口才是人生修为的体现，也是人整体形象的一部分。一个不修边幅，不努力提升自己的人无法在一些圈子中存在。不是人们势利，而是一个阶层隐性的准入机制，什么样的谈吐，什么样的生活方式，你的一言一行，决定了你属于哪个阶层，是否有跟高端客户对等交流的资格。

第十章

掌握高超的谈话技巧——在谈判中"俘虏"客户

　　谈判是"心"与"心"的较量，谈判是一种博弈，博弈是一种纠缠和对抗。销售人知道，谈判是为了合作，为了合作而对抗的游戏需要一种共赢的平衡。谈判的平衡实际上是心理的平衡，销售人必须明白，利润多少是一个底牌，永远不要跟客户去掀开自己的底牌，而是寻求让客户心理平衡，最好的谈判结果就是让客户觉得赚了。

第十一章

达不成交易，一切都是空谈——"踢好"临门一脚

　　互联网时代，一切都为了持续成交，而不仅仅是成交，企业营销既要做到当下的成功，也要做到未来的成功，如何留住客户？我们需要活在用户的脑袋里，并且用超越期望的情感服务去获取与他们的情感共鸣。

销售就是心与心的较量

　　销售就是一场心理战，销售就是心与心的较量。销售界流传一句名言："成功的销售员一定是一个伟大的心理学家。"一个成功的销售员往往不是因为有一副三寸不烂之舌，而是因为他精通销售心理学！如果你想钓到鱼，就得像鱼那样思考，而不是像渔夫那样思考。

001 销售就是一场心理暗战

商场是一个交易和博弈的场所，是那些洞悉人心的销售人的博弈场，销售人都是时刻实践消费心理学的人，人们在推杯换盏的销售游戏中，每一个场景中眼神和动作，其实都在透露着信息。

美国硅谷投资教父彼得·蒂尔在他的知名作品《从 0 到 1》这本书中，道出了自己对于营销的理解，他认为，其实在商业界，人们普遍高估了技术工程的难度，而低估了营销的难度，在企业里，企业的技术知识是极其重要的，但是如果没有出色营销技术的支持，再好的产品也不一定能够在市场中获胜。

技术工程是标准化的，但是对于服务的客户，却永远也做不到标准化。面对客户，分析客户是一门高难度的技术活。客户是活生生的人，每一个人都是不一样的，所以销售人在面对每一个人的时候，就需要采取不同的方式来对待。知名经济学家普拉哈拉德在谈到当代企业的成功定律的时候，强调："新一代的消费者迅速成长，他们期望被当成独特的个体对待，这些消费者渴望企业能够给予更多的感性的因素，而不仅仅满足于商品的层面，他们会选择那些能够跟他们进行心灵层面共鸣的企业。"

出色的企业销售部门能够充分挖掘客户的信息，能够在客户的一举一动中理解顾客，这些企业建立了完备的信息化系统，建立用户群的大数据系统，能够在面对客户的时候，拿出更加精细的服务方案。这个时代，一种最主要的工作方式就是客户建立连接，并且建立一种深入的关系。

客户的感知依赖于销售人和他们的互动，浅度的营销传播其实已经失去了市场效能，新的销售已经升级到了客户的心灵层面，所以在这个时代能够生存得很好的企业，是需要专业的用户研究的，满足客户心灵的过程，就是一个隐藏和捕捉心理层面的信息过程，这是一种心理层面的暗战。

要理解顾客，销售人不学心理学是不行的，这个时代最珍视的价值就是懂，人分成不同的行为模式，就具体的客户而言，他的心理状态和我们做生意之间，存在着很紧密的关系。了解客户更多的信息，也就知道了这个人的行为为何如此。

其实，在销售心理学中，有两个心理博弈层面的内容：一个是尽量隐藏己方的信息，而以追求对方的信息透明化为目标，这种信息获取和隐藏都是策略性的，这也是本书所要介绍的内容；另外一个就是尽量向客户展示更多的己方信息，让对方能够产生心灵层面的共鸣策略，这是互联网时代最主要的客户心理影响策略。

在营销的过程中，消费心理涉及两个方面：一个就是在销售过程中一对一的客户心理研究方向；另一个则是如何理解群体客户的心理，然后加以适当地引导策略。后者对于现代企业经营来说，是非常重要的研究方向。

销售是一场没有明确指示牌的心理暗战，销售人在分析客户的心理过程中，不知道客户的内心是怎么想的，客户有时候会有莫名其妙的反应，销售人需要根据这些客户的复杂反应做出迅速的判断，并且采取适当的应对方案。

当代的营销界，大师级的人物，都是洞悉人心的高手。阿里巴巴集团董事局主席马云堪称大众心理学研究大师。这种出色的心理探测和引导能力，使得他在不懂电脑，不懂软件技术的情况下，就能够运用自己的推销技能，向自己的团队"十八罗汉"以及全世界资本界来推销自己的电子商务的未来图景，能够通过精巧的心理捕获过程，建立一个世界级的事业。

大众心理是能够被引导的，营销说到底就是一场大众心理的博弈和引导游戏。马云在任何场合都在宣扬一个电子商务的新世界，这是企业的愿景，也是大众电子商务创业的愿景，大众在一开始没有形成购买模式，对于电子商务交易的安全性也提出质疑。但是先期的试水者一旦使用了淘宝，那么他们就产生了路径依赖，上淘宝购物就成了标准的流程。这种习惯的培养用了很多年的时间，人们从对抗电子商务，到争先恐后加入淘宝开店和购物大军。这是当代大众营销心理学实践过程中的经典案例。

马云和他的企业通过大量的心理探测实践，通过不断地告知大众，不从事电子商务，就是落伍，就会被淘汰掉，激起了大众对未来的恐惧；同时，马云又在描绘未来的美好图景，让天下没有难做的生意，这又激起了大众的兴趣，激起了人们的贪婪。这样的互动过程，使得淘宝和天猫网站聚拢了上千万的卖家和买家，在无中生有中创立了具有强大竞争力的电子商务集团。

心理引导已经成为当代营销的主流模式，一个不研究客户心理的企业是一个营销粗放的企业，是无法适应这个时代的。阿里巴巴的客户心理影响过程是一个十年的持续细腻的运作过程，这是人类商业史上一个辉煌的战例。

从微观上来看销售，和客户的交流，接纳和反接纳的过程就是一种心理的博弈。一般来说，通过一个人的言行举止，我们基本上可以看出一个人的性格与特点，看出他的为人之道。因此，每当有新的客户时，在第一次与客户的接触中，我们要善于当好"听众"。要注意观察客户的表情，通过他的言语和表情来分析其属于什么样性格特点的人，这样，在以后的交往中就可以根据他的性格特点来采用恰当的方式与其进行沟通交流。

跟客户谈恋爱就好像不是一见钟情的男孩追求女孩，中间隔着很大的距离，需要苦苦追求才能够得手。销售人需要展开自己的追求，这需要和客户长期的相处，才能"日久生情"。当然，真正关注客户，真心想与客户交朋友，在平常与客户的交往中就一定会说一些让客户爱听的话，做一些让客户满意的事，才能在长期的交往中，相互之间形成良好的印象，从而结下深厚的友谊。

当客户接纳你的时候，你才能进入他的圈子，形成一个利益上的关联者。这个考核过程结束了，才能成为一个真正的合作者，合作以后，也要不断地增加和客户的情感，让客户在想要抛弃你的时候，不忍心抛弃你，这样才能维系长久的合作关系。

002 要想从客户口袋里掏钱，先要向客户掏心

在销售心理学中，客户和企业价值观之间需要一种相互理解的桥梁，企业提供的，刚好是客户想要的，销售是各自走向对方达成共识的结果，而不是为了展示销售人的推销才能，事实上，那些强行推销的理论和实践从来就不是推销市场中的真实场景。

在做业务的过程中，销售人寻找到一个目标客户，在最初带有陌生感的接触中，客户有可能会故意隐藏自己的真实需求，因为他们这个时候还没有跟你继续打交道的意思，所以才不能跟你说实话。因为客户在心里觉得，不会和你走多远，所以没有必要和你透露他们自己的企业运营状态。

销售在最初就是一个突破心防的过程，其实，如果需要进一步拓展客户关系，销售人就需要展示自己的真诚，这类似于攻城。客户的内心里可能有好几道城门，只有那些不断进入内城的销售人才能够获得客户的订单。

这其实就是一种心理学上的博弈，销售人需要一开始就去化解客户的敌意，销售人应该知道，人与人之间接触的规律。在做大客户的过程中，如果第一次面对客户就喋喋不休地讲述自己产品如此这般的好，只会引起客户的反感。其实，做客户有一个常识，那就是要想从客户口袋里掏钱，先要向客户掏心。

所谓掏心，其实就是创造机会，向客户全面展示自己，获得客户的心灵层面的共鸣，让客户觉得销售人和自己是一路子的人，从而去掉心

防，成为伙伴和朋友。

一位资深的销售人说出了自己的经验，其实在销售过程中，很多人在心理上都是有壳的，有些人比较容易绕过去。但是说服成功者有时候是很难的，成功者大部分都是有点偏执的人，他们会坚持自己的观点，不容易做出改变，即使改变了马上就变成了新的坚持，这是成功的特质。他们很自信，所以销售人和这样的客户沟通，不要一下子就将自己放在一个推销者的位置上，而是研究一下这个人的行为模式，在这个过程中也就理解他会接受什么样的行为。

因为事业成功者很自信，而且可能还有一定的社会地位，所以这些成功客户身上即使有什么缺点，也都没有人跟他讲。我们如果留意一下，就会发现很多领导者其实也有很"弱智"的观点和认识，只是没有人帮他纠正罢了。我们在销售过程中，只是在商言商，没有必要帮着客户去纠正他们身上的缺点。我们在工作中要做的就是绕过客户心理厚厚的壳，去做生意而已。

任先生是一家国有控股科技企业的大区销售总监，有二十多年的销售经验，他总结的几条面向客户展示自己的方式方法，很值得借鉴。

任先生的车里是从来不空的，在车的后备厢中总是准备着满满当当的各种各样的小礼品，这些都是任先生精心挑选的东西。他见任何客户都是不空手的，小到一个优盘，大到几瓶好酒、好烟、香木、收藏品等等。根据不同客户的身份地位会给予不同价值的东西。任先生有自己的一套"高深"理论，人类从原始社会开始，忠诚于"头人"的方式就是向头人贡献自己的礼物。这是人类骨子里的东西。对于向自己奉送小礼物的人，客户戒备心理马上就会小很多，这是一种显示友谊的方式。空口无凭，还是要靠一些简单的小礼物。土匪投诚还要有个"投名状"呢，其实做客户也是一定要有投名状的。

任先生告诫我们：在展示自己的过程中，千万不要将自己的价值观放在前面，比如你对于某个现代大人物很崇拜，客户的价值观很可能站

第一章　销售就是心与心的较量

在你的对立面，他就会在内心最深的层次中排斥你，这不是玩笑话，这会毁掉你好不容易争取来的生意。销售人要隐藏自己的政治观之类的东西，别人说什么，附和就是了，不要争论起来。这有害无益，做生意是要发财的，又不是来争论的。

客户最大的爱好是什么？这是销售人第一次必须问出的问题，如果第一次拜访不知道人家喜欢什么，你这个销售人就不合格了。第二次见面的时候，就该给人家带他们自己喜欢的东西了，或者讲话的时候，就能够找到共同点了。或许销售人对客户喜欢的东西不懂，不懂有什么关系呢，其实回去学就是了。

人心都是肉长的，人成为朋友之后，只要你的产品不赖，那就可以了，剩下的就是等机会。客户最后一关，就是分辨出你是做事的还是只适合做酒肉朋友，所以最后一条，还是要专业，做到这几点，大致上就算是个合格的推销员了。

销售人必须知道一个基础的商业常识，那就是钱只是财富的象征物，财富比钱的内涵要丰富很多，不要总想着到客户的口袋里去掏钱，而是要能够立足于企业的竞争力，为客户创造更大的商业价值。没有这个基础，是无法获得客户认可的，即使情同父子，也无能为力。

商场的残酷在于有一个准入的门槛，无论怎么样，销售人所在的企业都需要足够的市场竞争力，你的产品能够满足客户的某一个方面的需求。在这个基础上，说服客户购买，就变成一个方法问题。

客户如何接受你，这是客户心里的问题；你要让客户接受你，就必须装扮成客户喜欢的样子。客户喜欢什么样的产品，你就将你的产品描述成他喜欢的样子，代表了他的个人价值和生活理想。这就是天底下所有企业品牌的秘密。

客户喜欢什么样的人，当然会有共性的东西，比如阳光幽默，成为一个有意思的人。这样的人走到哪里都会受人欢迎。客户也有客户，他们在生意场上走来走去，也是很累的，如果我们能够带给他一些轻松减压的东西，那么这就是客户喜欢的。

幽默的人在哪里都是受欢迎的，因为这有利于创造一种好的交流气氛，在交易的过程中，说不中听的话可能会瞬间就增加了压力，让交流的氛围变得不友好，但是幽默可以化解掉这些不愉快，为交易创造一个友好的环境。你要让客户跟你做交易的时候轻松愉快，让他们喜欢和你交往的这个氛围。这个说难也难，说简单也简单，但是就是要我们努力去做，意识到需要创造一个有利于生意的环境。

幽默的人都有丰富的内心、细腻的情感和出色的观察能力。销售人要能够将客户的心情引向阳光的一面，谁会在商务活动中喜欢上一个愁眉苦脸的销售人员呢？

幽默，其实质是一种心理优势的体现，富有幽默感的人，在内心深处都有较强的自身优越感，所以才会自嘲，而且自我嘲弄、自我贬低的程度甚至超过任何外人的轻视、指责和攻击。当遇到别人的挑衅时，巧妙地运用幽默的自嘲，可以像太极推手一样化解对方的攻击，同时释放自己心中的不快。

南方人是比较喜欢喝功夫茶的，这其实是一种很科学的跟客户进行交流的方式，因为你和客户在正式场合去谈事的话，在很正式的商务环境中，人们想放松其实也放松不起来，只有在比较悠闲安静的场合，人的心才会定下来，在轻松愉快的气氛里去谈事情。

不知道销售人有没有这样的感觉，在正式的工作环境中，你想谈谈私事的时候，在这个场合中就会感到不合适，开几个轻松的小玩笑都开不起来。但是我们如果在喝功夫茶的时候，就很容易聊到一个人的私事，一个人的家庭和他的朋友，一个人在谈及自己爱好的时候，很容易就会将自己的真实情感表达出来。而客户一旦将自己真实的情感表达出来了，他自己也是收不回去的，这就为进一步的生意进展奠定了基础。客户的话是一张藏宝图，顺着它就能找到宝藏。

把客户心掏出来的过程，实际上就是一种情境的营销技术。关于情境营销，在这里也没有必要堆砌概念了，就是将客户拉入到自己构建的梦境中，销售人帮助客户去构建这个梦境，帮他描述这个梦境，这个梦境是购买了我们的产品才有的氛围。这是世界一般奢侈品和很多工业产品的营销方式。其实，这用来对付一般客户也是合适的。

如何让客户说自己的事情，也是有技巧的。一般情况下，一个人对你讲自己过去的时候，已经把你当成朋友了，他在说话的时候，实际上是在和你分享自己的生活经历。在商务交往中，如果完全没有交易意向的话，客户根本就不跟你讲这些东西，因为这里面到底还是涉及了自己的个人生活。

要想让客户说话，按照前文说的，就是在赞叹客户当下的基础上，你要时时表现出对客户的兴趣。

如果在销售过程中，这种销售发生在异性之间的话，会让男客户产生被崇拜的感觉，感到自己还是很有魅力的。这能够增强客户的自信心。

在商场上，利用性格差异做成生意的人也是很多的，这大体上就是由两性的差异引起的。其实对于一个女人而言，只要女人表现出对男人有一点好感就够了，男人往往就会充分利用自己的想象力，构思出很多和这个女人的故事。其实直到交易做成了，女销售人跟客户还是纯粹的合作关系。这其实也是很多企业喜欢放几个花瓶的原因。不是想让花瓶做什么，而是在谈判或者交往的过程中，勾起男性客户丰富的想象力，创造一个友好的氛围，因为即使客户想发飙的时候，看到边上有个长相姣好的女子，也就立马收起自己的嘴脸，变成一个绅士了。

003 唯我独尊——客户最关心的是自己

亚当·斯密《国富论》中的核心基础理论，就是假设市场人是自私的，所以需要建立一种立足于人性自私之上的竞争性的分工体系和经济制度，让自私变成一种利他的因素。销售人销售过程，实际上就是尊重人性的过程。其实，人性自私的最直接的表现就是他们总是最关心自己的感受和利益。

很多销售人员在销售产品的时候，总是将用户看成是统一的角色，那就是购买者，他们认为购买者的心理是一样的。实际上我们始终要将用户看成是一个完整的人。基于工业思维的人，不会区分用户与用户的区别，实际上，用户之间的差异性正是我们要尊重的。

世界知名的商业学者普拉哈拉德提出了 $R = 1$ 的概念，也就是用户是一个一个人，不是一个整体，我们只有在尊重了用户个体的差异性的时候，才能够和顾客建立一种比较紧密的关系。他还认为，这是企业在互联网时代获得成功的重要定律。

普拉哈拉德是世界知名的企业新管理模式探索领域的专家，他是一位印度裔美国人，对于近年来的企业架构的设计和营销的模式转变，都是从客户价值和客户心理进行讨论的。他的思想为互联网时代的群体和个体心理的变迁提供了很好的理论指导。

普拉哈拉德在他的书《成功定律》中谈及营销，在尊重消费者个体差异的基础上翻转原来的商业模式，即用大规模定制的方式来满足客户，用人性化的沟通方式关注客户的生活。

普拉哈拉德的学说，在中国人的词汇中，就是要尊重个体消费者的存在感，这是新的营销模式的核心。营销能够增强客户的社会存在感，那么这样的价值策略就是有成效的，反之，就可能成为上一个时代的企业，被新的企业替代掉。

三星手机就忽略了普拉哈拉德的尊重个体的策略，三星手机在全球市场都遇到了暂时的困难，原因是三星手机采取了"机海战略"，几百元的低端手机和老人手机都做，几千元的中高级手机也做，当一个花了5000元人民币的手机用户看到边上一个买菜的老奶奶也在用三星系列手机的时候，客户的体验就被破坏了。他会认为自己就是和老奶奶一样，失去了时尚性。对于客户内心来说，他感觉自己被企业耍了。这种体验感会让他感到自我存在感丧失了。

其他的手机厂商则有自己的明确定位，小米手机就是学生和一般工薪阶层的高性能手机；苹果认为自己的产品就是科技奢侈品。所以三星在产品定位上的模糊使得每个阶层的客户都不看好，最后破坏了客户个体的自我认同感，这使得三星每个层面的市场都在被竞争对手蚕食，这是一个很可怕的教训。

事实也是如此，用户是在意自己的内心感受的，甚至有一点唯我独尊的味道，新一代的消费者对自我的认同感要普遍高于上一代人。他们在自己的内心里敢于坚持自己的意见，销售人员要去尊重他的意见而不是企图改变他们，一旦他们发现商家有了说教的味道以后，往往扭头就走。他们没有耐心去听从商家的表达，他们真正的想法是这个品牌懂不懂我。

互联网让用户能够轻松获得信息，对于商家的信息他们能够使用手机进行即刻的查询，由于卖家和买家的信息已经开始对称，所以用户在商家面前会更加自信，这也是很多店铺的销售人员总是抱怨这活没法干了的原因。当用户更懂商品的时候，你已经无法再跟他讨论商品的问题。事实上，就是营销理论更加注重人与人之间的关系连接。

在新的销售行为中，商家从一开始就需要隐藏住自己的观点，在设定的场景中要让用户自己说出自己是什么样的人，喜欢什么样的风格，而不是销售人员对于商品一开始就下自己的定论，销售人员怎么想是不重要的，用户的价值观和怎么想才是最重要的。

新一代的消费者普遍比较自信，他们也不会掩饰自己的内心的想法，所以跟他们在一起做事，就需要理解他们直来直去的风格，其实年轻人不喜欢跟商家兜圈子，而是能够直奔主题，他们在购物的时候，总是喜欢用简单的一句话就打发了，这是我喜欢的，这不是我喜欢的，这是有感觉的，这是我没有感觉的，他们的判断就是这样的。

用户喜欢就是喜欢，不喜欢就是不喜欢，这是他们的个性，也是他们判断产品和服务的效率。现在的生活节奏很快，用户没有必要慢慢地了解我们的产品。提前将他们能够想到的事情全部想到了，他们没有想到的事情也想到了，超越了他们的预期，获得了他们的尖叫式的回应，这才是互联网时代对产品和服务的要求。

现在的企业需要和用户群体很紧密地纠缠在一起，而不是远离他们，处于另外一个阵营中，很多商业界的人士都告诫现在的创业者，闭门造车式产品运营和销售往往不能让用户有感觉，在做事一开始，就需要让用户真正地参与进来。参与到产品和服务的全程中来，让用户参与的时候有成就感，让他们认为这是他们参与创造的产品，也是他们自己的产品。

自信的用户其实也是优质的用户，他们做出的判断，以及对于商品使用后的感觉会跟更多的人进行分享。分享信息是这个时代的主要特征之一。

企业最好能够给用户提供舞台，让用户自己去表演，在与企业互动的过程中，他们会建立对企业的忠诚度，一个用户对企业参与的事情越多，对于企业的支持就会越多，这几乎已经成为一种铁律。

让用户喜欢不是一件容易的事情，很多的企业根本就做不到这一点，因为一个企业在运营的过程中很可能会忽视自己的用户，不知道自己的用户是谁，也根本描绘不出他们整个生活状态是什么。也就是说，这些企业根本就没有学会如何和用户进行对话和互动。商业不是我要什么，而是研究用户，明白用户有什么样的需求，并且以什么样的方式来满足他们。

在以前，在互联网没有出现之前，企业生产和用户之间是分离的，企业不知道用户在哪里，用户是谁。因为没有这些资料的收集，也就不可能积累更多关于用户的真正的需求。但是在互联网特别是移动互联网发展起来之后，用户的言行和生活习惯实际上都是可以通过大数据进行分析的。用户喜欢什么不喜欢什么，他的很多习惯实际上都能够通过大数据计算的方式提前获得。当我们的销售人员在充分了解一个人的生活习惯之后，就能够很精准地把握用户内心真正的需要。

当我们能够在网络上找到用户群体的时候，往往是他们还没有开口，销售人员就已经知道了他们背后的需求是什么。原因就是我们知道很多，我们能够理解他们。

用户永远会在乎自己使用产品和服务的感觉，小米营销总监黎万强认为，我们在这个时代做事情，就需要潜入用户的大脑里。拥有强大的自我的人往往感到孤独，销售人需要知道用户的这种孤独感。做一个懂得用户的人其实不容易，陪伴用户，让用户觉得不孤独，这是商业的一个境界，也是时代对于商家的要求。

004 千万别让客户觉得你只是为了赚他的钱

对于新销售人而言，我们去做销售，实际上是帮助客户解决问题的过程或者满足客户需要的过程。做销售，都要有这样的认识，我们是商业价值的提供者，而不是去赚客户的钱。不错，销售人是赚客户的钱，但是这个钱是客户愿意给我们赚的，因为我们向客户提供了更大的商业价值。

客户的观念各有不同，有些客户确实会认为，你去推销东西的时候，实际上是在花他的现金。如果销售人给予客户的是企业发展新机会，那么情形会完全不一样。如果我们能够让客户真正得益，思考给客户带来好处的话，那在内心里，销售人就会比较自信。一个有一流竞争力的企业，销售人在客户面前也是很受欢迎的。市场本来就是优秀资源稀缺，如果你足够的优秀，也就不需要担心客户会怎么想。

王先生是一家艺术品销售商，他代理了很多当代艺术家的作品，将这些作品推荐给那些住在别墅里的"有钱人"。王先生的客户都是一些企业主，至少也是大企业的金领。王先生说："其实我的客户都是一些精明的商人，他们对于钱十分敏感，对于陌生人防范心理十分重，出于资产保全的警惕，这样的人很难接近。"

但是王先生的业绩还不错，每一年能够推介出 3000 多万的作品。王先生说，不要看我的销售数字，确实，这个数字在账面上不错，但是我的客户有反悔的权利，客户购买的作品可以退回来，我们在销售的时候为客户提供了一个退出的机制，这解决了很多人的后顾之忧，特别是那些上百万的高价值作品，客户很害怕自己的资金套牢，而我们提供的机制就是保证他们的作品能够变现，比如在我这里购买了 100 万的一幅作品，我们可以提供一定额度的借款，能够完成短期周转。

王先生认为自己提供给客户的不是一个作品，而是一个提升自身艺术素养的机会。他说：我和客户一起，对他们打开艺术市场，因为你知道，中国未来的艺术市场是一定会繁荣起来的，而且将成为富人理财的一个方向。我的客户之所以跟我合作，其实也是一个学习艺术投资的机会。

王先生对于富人的理解是正确的。这些富人不愿意花钱去做一些无意义的事情，他们不会做任何无目标的事情，毫无理由地花钱。电影里那些富人乱花钱，那是影视，不是现实。富人总是将钱投资于未来的机会，对于发展他们是不遗余力的，哪怕投资有很大的风险，也会奋力向前。在发展问题上他们花多少钱，哪怕有亏损，他们也愿意去做。但是对于消费行为，他们却要求物有所值。我们不要以为他们购买奢侈品就是奢侈，其实他们看重的是奢侈品的虚拟价值。

其实王先生不是一个艺术销售商，而是一个艺术经济人和客户的艺术投资顾问，对于自己的客户而言，他们对于投资理财机会当然会非常有兴趣。王先生将自己的工作变成了商人群体和艺术家以及艺术市场的对话。这种接触让客户在满足艺术鉴赏需求的时候，能够提高生活的精神性。这些商人专注于金钱，在这之前，很多人的全部兴趣都在金钱上，他们坐下来的时候能够谈的都是生意经，这当然无可厚非。但是一个群体如果坐下来静静地听取艺术前沿的报告，看到前沿的艺术动态，这会让他们的思维变得无界，这样无界的思维，用在赚钱上，也会做得很好。

王先生说，我们组织过很多客户企业的创意会，我们邀请那些看似不着调的艺术家参加企业的策划会，在那些中规中矩的企业人中放入一条鲶鱼，期待在这样的会上能够获得更好的创意。而在这个时代，这正是企业所需要的。我们的老板客户对这样的事情很有兴趣，企业内部的员工也很有兴趣，相互都有启发。艺术家想，原来可以这么做。那些企业内部人也会想，人原来可以这样活着。这种跨界交流是有价值的。不要将所有的精力都集中在客户的钱袋子上，那样根本就不能做生意。

王先生的很多客户现在是企业家，也是艺术投资人和收藏家。他们以前不知道村上隆，也不知道沃霍尔，但是现在他们知道所有的绘画和艺术门类，知道每个艺术门类的机会和缺陷，这对于客户的人生来说，是一种进步。这些企业家给自己子孙留下来的不仅仅是金钱，还有家族的珍藏，以及对于艺术的鉴赏力。这些价值是超越金钱的。这就是王先生超越生意做生意的营销策略。

一个销售人在服务客户时，只是想快速成交，每天只是装装样子，做做表面文章，传送几个信息就一走了之，那客户肯定会认为这只是一种表面服务。如果我们在服务工作中能在那些基本服务的基础上，帮助客户学习一些营销知识、真假识别常识，与他们一起进行库存分析、市场分析，每天给他们带来新的市场信息，使他们的经营水平越来越高，那客户一定会感受到我们的真诚，我们也一定能获得客户的认同，与客户之间的感情自然而然也就会逐渐加深，甚至成为至交。

诚然，与客户交朋友，一定要把握原则，切不可利用职权为客户谋取不正当利益，更不得与客户相互勾结，搞违法活动，销售人一定要做事正派，要催人奋进，不要拉人下水。对于那些高价值的客户，几乎都会遇到拉人家下水的销售人。这对于个人和自己的企业，其实都是不利的，真诚服务永远是销售的不二法则。

005 记住，嫌货人才是买货人

以前，企业总是害怕刁蛮的客户和用户，这是以自我为经营中心的态度，在互联网时代，任何创造都是企业和用户共同创造的结果，那些提意见的用户其实可以纳入到企业的创造体系中，也就是说，现在，提意见的用户是企业的同盟者和合作者，而不是站在对立面的人。

简婷婷是国内皮肤生态管理化妆品品牌简玺的创始人，这位毕业于韩国首尔大学的硕士，在女性皮肤升华机理的研究领域颇有成就，她在谈及服务于国内用户的时候，有一个感受，就是如何去区分那些挑剔的客户，其实这个事情要分两面去看：一种客户是建设性的，他们之所以提出自己的意见，那是因为她们期待解决的问题，在她们期望的时间没有得到完美解决，她们会提出自己的看法，这种建设性的看法即使比较尖刻，其实从企业运营的角度来讲也是有益的。因为简玺这个品牌本来提供的就是一种可持续的用户皮肤生态管理，这其实是一个长期互动的过程，每一位用户的用户感知和美容过程中的数据都能够保存下来，这对于企业来说是一笔财富。研发人员通过查阅这些资料，做出更好的针对性的产品。

但是对于恶意的客户，比如客户的负面情绪是因为自己的生活带来的，将企业服务专家当成是倾倒情绪垃圾的问题，企业也需要给予正当的回应。

事实上，简婷婷表示，那些反映了问题的客户，当自己的皮肤问题得到了改善以后，她们会更加认同品牌，并且成为客户介绍客户的主要生力军。从怀疑到坚定地认同，这里的心理转变是值得研究的问题。所以，客服人员在遇到同样的问题的时候一定要将之当成是机会，而不是麻烦。其实麻烦多了，进入企业的服务反馈改进系统，企业的产品质量和服务水准能够进一步提升，这与企业做顶级定制服务的价值观是一致的。尊重客户的提议，将提议变成企业改进自己的机会。

能够提出建设性意见的用户才是好用户。真正的用户都是挑剔的用户，因为他们是真正的购买者，所以对于产品和服务的价值他们就会做出认真的选择和判断。相反，有些场景中的人对于商品的询问都是蜻蜓点水，敷衍地问几句，这样的人购买意愿其实是不强烈的。当用户真切地对销售人员说出产品和服务的不足的时候，说明用户对于产品的各种参与已经深度研究过了。其实这种用户可能才是真正的购买人。

企业依赖于用户进入到企业的产品生产流程中，对于产品提出自己的使用建议。这是以用户为中心的商业体系建设，也是一种先进的管理行为。那些嫌弃企业产品和服务不足的人应该被纳入到企业的设计和产品运营体系中，放过一个挑剔的顾客，就可以丧失一次因用户而创新的机会。

在互联网时代，用户购买行为已经开始改变，那些能够给企业提意见的用户其实是值得珍视的。和工业时代企业运营的逻辑不同，以前，一件商品卖出去也就卖出去了，企业很少再跟用户之间进行关联。但是在互联网时代，一切情况开始不同了，销售商品仅仅是一个开始，如何构建与用户的关系，关系到企业的生死存亡。用户关系成为企业运营的核心，这样也改变了销售人员的工作重心。服务好用户，用关系思维而不是销售思维来面对用户，这能够让企业在销售的过程中不断地积累消费者社群。

小米是中国互联网企业，做的是互联网手机，用户意见在小米经营过程中处于非常重要的地位。小米在做手机之初，就让企业的设计师和工程师泡在一些网络手机论坛上，和各种手机玩家进行互动，在设计出MIUI 系统之后，除了小米的员工自己试用之外，还尽量说服论坛上的专业手机玩家将他们自己的手机刷成小米的系统，这是有风险的，如果系统有问题的话，可能会让手机烧毁。但是小米还是说服了 100 人来使用小米的系统，并且这些系统的使用者将自己的意见反馈给小米官方，让企业有机会了解用户真正的需求。

每周，小米的系统会做一次升级，这种升级的内容就是来自于 3000 万社区用户的 2000 条意见，小米的用户服务系统主要就是和用户做互动，而不是简单地受理客户的投诉，有时候，雷军本人也会使用网络系统和用户进行互动，以寻找对用户的感觉。

小米是互联网手机，互联网手机的意义就是和用户一起创造的产品，这种用户即是小米手机的用户，也是小米手机的生产者。因为在生产的过程中，用户已经深度参与到产品的研发过程中，他们在使用产品的过程中，会有完全不同的体验，这些用户转身就成为企业的最忠诚的用户。他们不但自己使用小米，也会带动大量的新消费者成为小米的用户。

对于很多用户来说，他们的意见其实就是自己的智慧，他们将智慧贡献给了小米，也就和小米之间产生了深度的连接，这是情感关系，而不仅仅是买卖交易关系。最初接受 MIUI 系统的 100 个人，成为小米对外宣传的重要资料，这些参与者的影像被拍成了影片。在小米公司的外围，已经有了这样的叫米粉的群体，这其实是小米核心竞争力的体现。用户其实是一种最重要的战略资产。

通过对小米案例的分析，我们能够知道，企业实际上已经从自创变成了共创，小米联合创始人黎万强在演讲中不止一次强调，在小米网络论坛中，几乎每周都会有两千条用户意见被提出来，这些意见会通过专业人员的收集和互动，最终交到公司技术人员的手中，技术团队和设计团队能够做到每周更新一次小米的 MIUI 系统。黎万强在很多场合都说，如果没有用户的参与，没有用户的意见参与，小米的进步就不可能做到这么快。

在互联网时代的销售，已经形成了去中介化的特征。用户在使用产品满意的时候，他们能够向自己的自媒体发送自己的信息，很多营销部门的领导总是想到用户是商品的接收者，而不是其他的角色，实际上，在这个时代，消费者的角色是多重的，不仅仅是消费者，是企业的用户，在适当的时候，他们会利用自媒体来分享自己使用产品的感受，而这样的过程，其实也就是将自己变成一个企业的销售人员。

让用户成为企业销售人员是互联网时代最有意思的变化之一。互动成为和用户进行深度沟通的主要方式，在某种程度上来说，以前的销售是销售商品给消费者，现在我们却需要关心用户的全部生活，并且听取他们的意见，来满足他们内心真正的需求，用户现在的需求往往已经超越了产品功能本身，而是和企业的情感连接关系。对于这种市场需要的根本性的转变，作为销售人员，需要跟上时代的变革，抓住用户的内心，才能够立于不败之地。

006 不要在客户面前喋喋不休

销售人员需要接受市场的变化，认识到这个时代竞争的根本性的规律，才能够真正理解客户的需求。所以要重视用户的表达，而不仅仅是销售人员在客户面前不断地自卖自夸，那只会引起用户的反感。

在各种销售场景中，销售人员需要照顾用户整个购买和交易过程中的感受，体验营销已经成为普遍的营销方式。现在销售人员和企业的营销部门都尽力设计愉悦的场景来面对用户，让用户在整个购物和交易体验中能够得到尽可能多的快乐。

每一次面对用户的时候，其实不是销售人员表现自己的机会，而是用户呈现自己的过程，其实用户对于销售人员的表述往往是没有兴趣的，这需要给用户时间，让用户自己来陈述自己的问题。

任何一个销售人，首先要解决的就是用户需求的精准问题。你在不了解用户的需求之前，最好不要主动去表达什么，原因是用户是人，是很复杂的人，他的价值观只有他自己表达出来你才能够把握他是一个什么样的人。销售人在面对用户的过程中，过早地暴露了自己的价值观，如果你的生活观念和用户有对冲的话，很可能会引起用户的不愉快。

大数据时代的销售模式改变了传统推销工作的方式，销售也不是无的放矢的行为，而是一种精准的推送模式。网络推送的模式和地面推送的模式的结合是一个企业营销的一体两面，营销强调事先对用户行为习惯的准确把握。企业营销总监在做计划的时候，将大量的资源都投入到寻找精准客户的工作中去了。借助互联网进行营销，能够大大降低企业的运营成本。

知名网络营销专家邱道勇，在他的著作《微信改变世界》中，认为营销的方式已经发生了颠覆性的改变。社交网络对于营销能够产生巨大的影响，维护好现有客户，将现有客户作为企业影响更多客户的桥梁，传播需要真凭实据，而不是喋喋不休的说教。

邱道勇认为，不是说过去现场劝说的方式不管用了，而是推销的情境发生了变化，移动互联网是 7×24 小时的随身计算，用户能够现成进行产品数据的比对，产品的一切参数都能够从手机端迅速获得，这样的交易环境对于销售人员来说，确实是比较大的挑战，这样的交易场景对于现场销售人员简直就是一种折磨。移动互联网改变了买卖双方信息不对称的情况。这是人类历史上的头一遭，现在大家都不知道如何去面对这样的生意环境，几乎所有人都在讲这个生意现在太难做了。太难做的原因就是用户把握了信息。

邱道勇说："销售人员在不了解用户的情况下，不要贸然去讲很多自己的东西，而是要做一个很好的聆听者，最好的方式还是互动，表现出对用户个人有足够的兴趣，询问一些他们自己感到荣耀和喜欢的事情，而不是喋喋不休地讲述自己的故事，年轻一代的消费者更加自我，他们希望得到更多的关注，而不是更多的去认同别人。站在用户立场上的销售人才能够得到用户的喜欢，在面对面的销售中，用户喜欢上销售人是第一位的，其次才是产品。"

让用户喜欢，就要精确理解用户内心的想法，让用户觉得你懂得他们的内心，这是很有必要的。在以前，销售就是推销产品，而现在，销售人则需要在做一个合格推销人的同时，也要做一个"心理咨询师"，其实任何人都需要一个入口，真正和用户进行对接的接口一旦被找到的话，销售就很容易达成。而如果不懂一点用户心理学的话，就很难找到这样的一个用户心理入口，也很难说出用户真正想要听到的话，而销售人的两种角色在轻易转换的过程中，也容易引导客户完成交易。

心理学的魅力在于用户说出一句话的时候，我们销售人就能够获得用户内心潜在的想法，这是比较重要的事情。从一个用户当下的表现就能够推测出用户童年时代所经历过的一些事情，用户其实期待企业能够懂得他们内心的思考。这其实就是他们期望得到的更多附着在产品上的精神价值。销售人需要管住自己的嘴巴，除非你真能够说出用户真心想要听到的话。

007 一定要换位思考，从客户的立场出发

具有同理心是一个人成熟的标志之一。销售人需要有自己独特的个性吗？需要率性吗？需要很强的价值观吗？我们可以不急于回答这些问题。实际上销售人是需要大开大合的，也就是自己的频谱需要足够宽，只有这样，才能够接纳和自己完全不一样的人，才能够跟很多人打交道，不对别人提更高的要求，恰恰是对销售人的社交要求。

每一个人都有自己的诉求，这个诉求需要销售人去满足，这不仅仅是我们推销的产品和服务，也包括对于客户关键人的分析，销售人有时候需要对客户群体中几个人同时进行了解，去了解他们的不同的个性，然后予以协调。

销售人在做单的时候，会碰到客户内部几条线的人在评判自己的产品和服务，有些人支持，有些人中立，有些人反对，这时候换位思考就能够发现，我们跟客户关键人交情这么好却没有给我们单子的原因。

有组织的地方就有亲疏关系，这是一种社会亚文化，虽然管理者都希望自己的企业亲如一家，实际上这是不可能的。在人群中，人们因为利益和时间分配的不平均，总是能够产生一定的亲疏关系，这也是正常的现象，从国家领袖到每一个个体，都是这样依据个人的关系远近来处理一些事情的。

亲疏关系在企业中容易形成山头文化，客户的采购部也会有山头。

所谓"山头文化"就是指某一集体中的一部分人员组成一个以共同利益为基础的同盟，就如同占山头一样，在企业中形成一股股无形的力量，而其产生的效果往往是牵一发而动全身。

销售人在接触客户的时候，最主要的能力就是去平衡客户那边的利益。要知道，客户单子给不给你，除了他自己的意愿，还有周围同事对他的掣肘。这个时候就需要到客户的内部去进行解释，让反对我们的人能够理解我们，中立的人也来支持我们，这些都要站在对方立场上去解释，不要反对客户内部的任何一个人，与群体的沟通有时候需要足够的耐心。

张先生是一家广告公司的销售总监，这是一家4A公司，它的很多客户都是国内的知名品牌企业。张先生是一个很有个性的人，也是一个价值观念很强的人，这样的人按照道理说是不能够很好地跟人打交道的，因为包括他爱人都认为他这个人太自我了。

其实，张先生的业务做得风生水起，很多广告主都认同他。张先生在工作中能够完全收纳起自己的性格，能够跟不同的客户保持畅快的沟通关系。而很重要的一点，就是在沟通的过程中，他能够将客户担心的问题，一个个地列出来，做出比较完满的解决方案。比如一个知名的速食面企业，突然中断了很多的广告投放计划。按照合同的话，张先生完全可以要求企业履行合同支付违约金，但是张先生没有这么做。因为张先生理解客户，他们产品的知名度已经足够，在网络传播的过程中，网民的自发传播突然就起到了主导作用。客户在这种情况下再投入几千万硬广告费不值得。客户总经理希望停止投放，客户品牌经理觉得需要保持投放的频度。于是张先生就写了两份报告，在报告中提出了以公关管理为主，内容传播为辅的新的宣传推广策略，代替原来的年度合同。结果客户讨论后同意了他的方案，对方总经理和品牌经理都同意了新方案，最后也没有什么损失。但是，张先生站在了广告主的立场，解决了客户内部之间的分歧。这是值得赞许的，因为，客户立场永远都是正确的。

张先生认为，对于客户而言，自己只有建议权，但是没有决定权，如果过分执拗于自己的方式，则可能在做完一单后就失去了这个客户。要按照伙伴和联盟的视角去看待合作过程中的问题，这才是一个好销售人应该具有的态度。

面对客户，销售人首先要管理的就是自己。营销管理者的"个性"实际上可以是表面现象，这样也是管理者的管理技巧吧。对于一个成熟的人来说，个性只在自己的内心里，而外在的表现则是一个人的面具。在面具之下，管理者收拾起自己的本我，变成了企业的一个功能单位。露在外面的实际上并不是自己，但是会尽量贴近一个完美销售人的角色。

优秀销售人虽然在个性上不一定就是我们认为的那样完美。销售人为了获得个人自我价值的实现，会逐步认识到顾客才是决定自己未来的力量，所以出色的管理者会将自己"自私"的一面引向"利他"的一面。在转变的过程中，销售人也就变成了情感价值和商业价值的双重实现者，将自己的职业信仰和顾客价值紧紧地捆绑在一起。

其实销售人的个性就是要妥协，管理学一般的原则是在企业里，管理者是没有朋友的，在其他事情上，管理者可以是一个有感情的人，但是任何感情用事的行为实际上都会带来判断上的偏颇，这不是个性，而是管理原则的问题。销售人需要理性地处理事情，同理心必不可少。

008 想方设法，迅速了解客户的真实意图

有人说，现在人需要学会两种语言，一种是日常生活中的自然语言，一种就是电脑编程语言，两种语言结合，才能够在当下的市场竞争环境中生存下去。在这个生意环境完全透明化的时代，想要持续地成就一份事业，显得很艰难。现在是一个消费者霸权的时代，企业在用户面前是属于被挑选的对象，处于一种相对弱势的地位，这在电子商务的交易规则中则更加明显。对于很多销售人来说，自己的价值不知道体现在什么地方，这

对于当下市场中的大部分以销售为职业的人来说，都是一种迷茫的状态。

技术语言的目标就是能够精确地网罗用户，而不是使用假设来定位用户。变客户为用户，让用户带动新用户，是现在营销的新路线图。

现在，前沿的营销理论已经开始以用户为中心重构系统。一切不以用户为中心的营销管理都是徒劳的。在这个时代，用户需求不再需要什么定位理论，企业营销总监和企业老总做出的定位实际上是基于一种假设，这不是真实的用户群体。

以往的营销理论，都是以企业为中心的营销行为，销售人员认为要靠自己的能力来实现企业的繁荣，靠自己的勤奋努力就能够赢得市场，其实这是一种误读。在市场短缺的年代，企业处于核心地位，在产品过剩的时代，市场一定是以消费者为中心的。

营销理论从 4P 到 4C 的转变，企业营销的中心发生改变，用户才是市场中真正的王者，企业内部已经不再存在控制中心，企业的控制中心已经外移到用户的手中。老板不过是一个最大的用户服务者而已，这种角色的转变，其实是一种价值观的根本性转变。

以用户为中心，这就意味着企业必须直接面对消费者，而且不要仅仅懂得消费者的需求，而是要懂得他们的全部。这是商业逻辑在这个时代的转变，所有的企业家和销售人都必须承认这一点。

搜狗输入法是中国汉字输入的主要适用软件，人们天天在用，但是不知道它的威力在什么地方，这个输入法覆盖了绝大部分 PC 端，在手机端也有巨大的用户群。其实，搜狗输入法就是一种巨大的用户数据实时分析系统。这个技术系统能够分辨客户的实时需求。

比如一个人晚上 10 点加班，在使用联网的电脑写东西，如果使用的是搜狗，那么使用者打字的内容也就会被机器分析，比如关键字，"我饿了"，或者什么样的词汇，系统马上就能够分析出用户的需求，可能很快，只要几十秒钟，用户的屏幕就会跳出附近一家面馆的广告，询问要不要下单叫一碗面。

在搜狗的数据系统中，可能每一个人都会和几十个甚至几百个关键的词汇进行关联，搜狗不保存完成的用户输入数据，那样会涉及隐私。但是关键词的提炼，照样能够对一个用户的行为进行很透彻的分析。用户的分析模型有了，这就能够界定用户的精确需求。从用户关键词的使用，能够精确地描述一个人。对于消费市场而言，这样的数据显得太重要了。

对于销售人员来讲，这是一个营销也将高技术化的时代，大数据技术在营销领域的应用，使得企业的整个营销体系都发生了彻底的变革。世界进入用户数据资产（DI）时代，谁拥有更多的用户数据，谁能够使用好这些用户数据，谁就能够在未来的竞争中获得主动地位。

用户数据资产在企业的整个营销体系中占据核心地位，以前，所有的营销行为都是模糊的，不知道他们是谁，不知道他们在哪儿，传统的广告体系也主要在完成一个像客户投送信息的概率问题，对于很多企业而言，绝大部分广告费都已经浪费掉了。但是用户数据则能解决企业经营精确性的问题。用户在哪里，企业的产品经理和销售总监看得清清楚楚，因为这些用户在自己的网络数据中已经明确了自己的需求和价值观。企业只需要让他们点击电脑或者手机就能够完成交易。

现在，大数据系统在企业的应用并不是很普遍，传统的营销方式还在大行其道，但是，销售人想方设法获得用户信息是非常重要的基础工作。不管做什么样的营销，都需要做好这样的功课。对于销售人而言，现在能够收集信息的渠道比以前更加宽广。

对于新时代的销售人而言，需要洞悉用户心理，这既是一个营销问题，也是一个技术问题，推销开始让位于技术大数据体系，推销行为也建立与用户更加紧密的用户系统，这个系统就逐步引导用户展露自己的需求，展露自己想要什么。如此，企业就能够满足新一代消费者的真正的需要。

客户为什么要和你成交

　　为什么顾客对你的产品感兴趣，并最终作出购买的决定？在这个过程中，顾客的内心是怎么想的？为什么顾客会相信你这位陌生人？为什么顾客会被你说服？其实，顾客消费的时候，买的不仅是产品本身，更是购买产品额外的服务。只有把客户当朋友，听取客户内心的声音，让客户感觉到货真价实，才能赢得客户的心。

001 三流销售卖产品，一流销售卖好处

销售人在做销售的过程中，需要了解客户真正的需求。美国有个营销学者说，在销售人的理解中，客户需要的是一个能打4厘米的孔的电钻，其实客户只是想要墙上有个4厘米的孔；你以为你需要擀面杖，其实你只是想要包一顿饺子给自己的妈妈吃。所以销售不能立足于说自己的产品，而是产品对客户的好处，如果不是这样，销售人就不能理解客户到底需要什么。

在企业的经营过程中，企业和顾客的沟通能力是企业的核心能力之一。在充分竞争的时代，这个战略能力至少和企业的创新能力是齐头并进的。不认识到这一点，企业在网络时代就不能很好地发展。企业最终的命运掌握在手握钞票的顾客手中，企业需要成为一个有个性的企业。这是网络时代企业的一项必修课。

出色的企业必须有追随者。其实这是一流的企业的特征，一个企业用什么东西和自己的顾客去做互动？当然是首先要有出色的产品。但是仅仅有出色的产品还不够，因为能够出好产品的企业千千万万，但是有话语权才是真正的终极竞争力。建立在硬实力上的理念引导力，才是成为一流企业秘而不宣的能力。

我们销售人需要懂这些新的营销理念，因为这代表了你在多大程度上能够跟市场和客户去对话。那些新的销售人时刻都在对你说，我这样做，都是为了你的明天会更好。他们在阐述他们的服务模式和思想对于你的好处，将你完全包容在他们的体系之下。从这个角度我们就能得出话语权在商业经营中的重要地位。在企业经营中能够站稳脚跟的东西，最终在内在上表现在企业的思想力上，对外则表现在话语权上。

跟客户不再强调产品，而是强调销售能够带给你的好处，你就不会

第二章 客户为什么要和你成交

再多思考产品本身，而是向着销售人描述的好处狂奔而去。

马云是一个商业思想家。我们可以想想，这个小个子杭州男人除了有思想，还有什么。一个企业家，在所到之处收获的是粉丝们的尖叫，这不是一个传统的企业经营者能够理解的。

这就是所谓与自己的顾客互动，如果一个企业家从红地毯上走过来，仅仅收获的是别人的尊敬，这还远远不够，那些板着脸说话的人，人们会敬而远之。

马云可以海阔天空地跟你讲互联网和电子商务的未来，他以一个时代智者的角色来给大家讲述未来世界和你之间的关系，告诉你他看到的未来图景，在某些时候，他更像电子商务的"革命导师"。我们略举一例就可以说明这位阿里巴巴的精神领袖是如何运用自己的思考力和顾客互动的。

在一次网络展会上，马云的演讲提出了网货 2.0 的概念。他认为，传统渠道的产品搬到网上来卖只是网货 1.0 版，省去的是渠道的费用，将渠道还给厂商，将优惠还给消费者；而网货 2.0 版，提倡的是按照消费者需求进行定制，将利润还给厂商，将个性化还给消费者。

"每一次营销方式的变化，就会形成制造业的变化。10 年后，我相信每个网商的努力将会创造一个新的网络世界。"

马云解释，以前的商业都是 C2C 以及传统的 B2C，但到了今天，所有的制造业都要高度警惕，必须因为消费者而改变自己产品的设计和渠道推广方式，以消费者为导向的 C2B 一定会成为产业升级的未来。"目前我国的制造企业已经拥有柔性化生产的能力，一百个同一批生产的杯子，完全可以做成 50 个花色。"

他认为，工业时代是靠规模和资本取胜，而知识经济时代是靠灵活取胜。21 世纪，越"小"的企业越灵活、越能成功。"上市不过是企业成功的标志之一，上市了才知道痛苦刚刚开始。"

在网络上出现了无数的马云语录，在中国有这样殊荣的企业家寥寥无几。很多话语在商业人士的谈吐中可以随口说出来。马云和他的精英团队不仅仅做了一个优秀的企业能做的事情，而且他们将自己变成了新的商业思想的策源地。

马云兜售的是整套经营理念，他的目的就是要你按照他的步骤进驻他们的网络社区。现在一流的销售不仅仅是跟你讲好处，还给你画好了整个发展的路线图。在当下的中国电子商务市场，你接受了电子商务，实际上你就已经被马云整合了。

电子商务带给我们很多好处，最重要的一点就是，我们坚持传统营销方式的理念动摇了，我们认为未来如果企业要高速发展的话，是离不开电子商务的。一流的销售做的不是产品和服务，而是一个巨大的包围圈。

销售人在目前的市场格局中，需要改变自己的诉求方式。比如一个人怕衰老，想去美容，去做养生的项目，实际上也许关心的是自己的形象问题，为的就能够让自己更年轻一点，能够和年轻人在一起。那么我们的诉求就是直接告诉你，我的服务就是让你变成一个年轻人，可以让你的生理、心理年龄回到年轻的状态，这就是销售人应该有的新的表达方式。这样的诉求也符合客户内心真正的期望。

⑾⑿ 永远不要把客户当笨蛋

在客户看来，最不能够容忍的事情就是销售人欺骗他们。你给客户的产品和服务，以及附着在其上的价值学说，都必须是真实可靠的。我们不懂的事情，就不要瞎说八道，这会让客户从内心里失去对我们的尊敬。

王永庆曾经说过，要深入了解一个人，最好的方法就是与他共事。在销售过程中，关键问题是我们跟客户还没有共事，所以只能通过语言来判断客户的心理和需求；同样，客户也只能通过语言来判断销售人员的人品，通过人品做出对产品的信任度。我们如果能够提供很好的证明，有一个很好的服务能力展示，就会加强客户对我们的认同。

我们在展示服务能力的时候不要欺骗客户，一是一，二是二，这样客户也就不会有太多的异议，坦诚其实是最好的，对客户的理念引导也是要讲原则的。我们不能将客户引导到错误的发展方向上去。

企业客户也是一个完全的市场主体，所以他们在和我们销售人接触的过程中会有自己的价值判断。市场经济能够精确地判断你的产品和服务在市场上处于什么样的位置，值一个什么样的市场价格。所以我们不能给市场中的客户欺诈性的价格。谁都知道，一个32G内存的优盘不值500元人民币。前几年一个地方政府的采购就出现过这样的问题，一个优盘卖1000元，这是放在秃子头上的虱子，是很明显的欺诈行为。

政府采购人员和商家联合起来搞价格欺诈，这样的生意可能能够让销售人赚一些钱，但是一旦卷入到商业贿赂中，则得不偿失，如果企业能够靠市场经济本身的竞争获得生存地位，为什么还要冒险去做这样的生意？后来这个事情确实被发现了，因为不符合商业逻辑的事情是经不起任何考验的，销售人在自己职业生涯上埋下地雷是不好的。

销售人需要一种职业精神和职业操守。不要总想着去走捷径，走捷径实际上都要付出代价，只有做好事情才能够把企业的根本竞争力给做起来。如果我们做事是真诚敬业的，那么总能够将事情做好，在竞争的时候也就不需要过多的谋略，在商场上将销售做得好的企业，其实都是秉持一种简单精神的。如果客户觉得产品很好很有用，能够让客户赚钱，加上一个标准的营销服务，那么做销售其实是不累的。如果产品一般，却想获得超额利润，这样销售人就会开始思考野路子了。

所以无论做什么事情，我们永远都不要将我们的客户当成笨蛋，不要在客户面前撒谎，在做产品和服务陈述的时候，说话一定要有凭有据，因为合作之前任何参数修改被客户知道的话，都会怀疑销售人的诚信问题，也会思考企业的诚信问题。

太平洋建设集团老板严介和，在创业初期，就是一个很讲诚信的人，这位来自乡村的教师在生活和事业上一直按照自己的规矩去做事。当年，刚刚出来做事的严介和人微言轻，别人也不给他活干。好不容易接到一个 8 万元的涵洞工程活——这是谁也不愿意干的小活，但是严介和却接下了，接下来才知道，这个活按照图纸做，根本就赚不了钱，还要亏掉几万块。手下的兄弟就劝他别干了，但是活已经接下来了，严介和说，既然接下来就要干，按照合同，就按最高标准做。

十天以后，活做完了，严介和身上所有的钱都已经贴进去了。甲方工程监理和领导到这个涵洞一看，做的质量真的是没得说。这个涵洞成为整个工程的样板，很多批次的人参观项目，都是被带到这个涵洞看。领导当即决定与严介和合作。几个月后，严介和赚回来几倍的钱，终于可以在南京这个城市站住脚了。他用这种诚信，打动了合作方。后来他建立了年产值数百亿的超大型公共工程公司，而所有的基础，就是最初的诚信造就的。

销售人的诚信是一个原则问题，讲诚信的人会留下一路的人脉，而不讲诚信的人会留下一路的唾弃者，不可能将自己的做事方式变成积累型的，而不能积累的人是无法冲到人生高点的。销售人必须牢记一点，很多当初你看不上的人，或者你的下属，可能在十年之后成为你重要的合作伙伴，成为你生命中的贵人。而成就你人生的就是诚信和务实这样的好人品，当你有好人品的时候，别人要是有合作意向的话，也是会想起你的。

销售人不仅仅是销售商品，更是在展示自己的人格。销售中一言一行，以后都会转化为财富。那些欺诈者总是在破坏自己的生存环境，聪明人总是在营造适于自己生存和发展的环境。销售人的职业生涯其实就是一种诚信价值的积累。如果不是人脉带动业务的话，销售人永远也不可能成为金牌销售人。

003 真诚大于技巧

销售人在服务客户的过程中，有一套自己的工作方式。优秀的人都会有自己的一套工作方式，这可以是一套自己的流程，也可以是自己的一套技巧。比如我们如何做一个高绩效的销售人，这不仅仅关系到客户那边的情况，也是自己的事情。比如时间管理，这是一个技巧，对自己来说是很重要的事情，一个销售人只有管理好了自己的时间，才能够提高工作效率。

做销售不仅仅是服务客户这么简单。每开拓一个客户，都要针对客户的需求，提出完整的解决方案。营销人员进行销售，如果拥有详尽的视频、文字、展示资料以及大量案例、客户见证等工具，就可以令客户深信，认真准备好这些琐碎的工作，就是对客户真诚的一种表现。浪费客户的时间就是降低了客户的工作效率，销售人需要秉持这样的观点，所以在开展工作的过程中，真诚是前提，真诚是大于技巧的，这能够获得客户真正的认可。

当然，和客户进行情感互动需要技巧，这其实就是人际关系上的一个技巧。人际关系就是一种艺术，服务不是不计代价地傻傻服务，营销人员在做服务的时候需要让自己的客户知道，自己为他们做了什么，如果自己为客户做了很多，但是自己的客户却浑然不觉，这其实也达不到情感互动目的的。

有一个张姓朋友帮一个局长买一张票，他是单位的一个普通员工，但是他的能力很强，很会为自己创造机会。当时局长给他的女儿订机票，局长打电话给他说：小张，帮我订一张机票。小张接到这个任务，当然很积极、很开心。领导叫他买机票，并说明很急，他希望女儿能尽快到达目的地。

小张打包票说一定能买到。局长第三天打电话给小张，问票买好了没有，小张回答说没有，第四天的时候他又打电话给小张，并说 20 号自己的女儿是一定要走的。小张还是说没有买好，他推说排队很难，实际上他已经买好了，只不过欲擒故纵罢了。这种情况下，那个局长很急了，如果买不到机票就要耽误事了。在 19 号的时候，那天正巧下雨，于是小张选择晚上骑着自行车"及时"把这张票送到局长家里，局长自然非常感动。在这个过程中，小张非常巧妙地推销了自己，有效提升了自己在局长眼中的价值。同样是一张票，不同的日期、不同的时间、不同的气候去送，那结果完全不一样了。这个局长对小张很认可，他创造了让人难以忘怀的情节，就等于超越了顾客的期望。

　　小张这个人办事还是说话算数的，首先他确实兑现了承诺，同时他也是一个很会用技巧的人，而技巧则是外在处理事情的一个艺术。小张的诉求就是能够获得局长的青睐，让局长对自己留下极好的印象，在仕途上能够给自己加分。这就是小张"销售"的目标，在成交的那一刻，其实这样的目标已经达成了。小张是真诚帮助局长的，虽然这种真诚被有意地放大了，但是还是一种很好、很实用的营销方式。

　　销售人如何培养自己"会来事"的本领，需要观察别人如何做，自己想想为什么那样做。所谓"会来事"，就是善于领会精神，揣摩意图，投其所好，客户没想到的要想到，客户已想到的要做到。要会说话，该说的说，不该说的不说。要会办事，能办的办好，不能办的办巧。总之让客户舒心、省心、放心。

　　在企业中，常常是这样划分人的，一种会来事但不太会干事；一种会干事但不太会来事。会来事的人一般不懂业务。因为业务太差，自觉无才可恃，无物可傲，前途不妙，于是放下架子，苦心经营，终于柳暗花明又一村。会干事的人一般不通人情。因为常常钻研业务，只顾琢磨事，不会琢磨人，一心难以两用，人际关系不太协调。但是如果我们销售人能够综合起来办事和来事的能力，那么和客户交往就方便多了。

第二章　客户为什么要和你成交

035

客户和我们成交，往往出于对销售人整体的考量。这是一种平衡之道，可能是因为信任的原因就是能做事，然而他们没有什么销售技巧，大公司的销售人有时候就是这样，他们自恃是大企业，在产品和服务方面具有很强的优势，因此往往不那么推崇销售技巧。在没有替代品的情况下，即使客户不喜欢这种销售方式也要接受，很多跨国企业就是靠真诚做事，否则的话他们也没有机会做这么大。他们运用的销售技巧可能很少，但由于服务质量好，所以也容易博得信赖。

如果销售人在销售过程中，产品处于弱势，那么就需要用技巧和谋略来补足，很多销售理论总是教销售人要如此这般地算计，大体上是因为企业竞争力处于弱势。太过注重技巧的行为会让一个人显出很强的江湖气，对于喜欢江湖气的人还好，对于不喜欢表面文章的人，则很可能会产生反感，技巧必须不露痕迹才好。

真诚是一种态度，在这个基础上才具有将事情做好的动力，要让客户能够感受到销售人的真诚。跟顾客的情感互动是一门艺术，里面涉及到很多中国人都知道的"来事"技巧。在企业层面上的情感互动基于品牌整体的传达，而对于营销人员个人来说，则是一种修炼了。

004 顾客喜欢顾问、专家式的销售人

虽然我们学习了国际上的各种经济理论，看过很多国际管理大师和营销大师的书，可是销售人每天能落到实处的事情，就是带着自己的产品资料到处拜访客户，到处找关系，托人牵线搭桥找到直接用户。在国内，这基本上算是一条捷径了。

我们看到的关于市场销售经验的书，多数都是发达国家营销类的书，在成熟的市场经济中，一切都是靠产品说话的，靠的是创新或者品牌的不可替代性去赢得市场，这样的企业实际上都是很有竞争力的企业，销

售人在这样的企业中能够拥有职业底气。你不是我的客户不要紧，我的客户就在这里。

顾问式销售和专家式销售其实很符合国际标准。大家很少看到世界第二出口大国德国的销售人在市场上满街跑。比如在印刷行业，没有人不知道海德堡这样的设备制造商，这是无人能超越的企业，他们是典型的行业隐形冠军。德国很多的企业，哪怕只是生产一个工具，也会将产品做到世界一流的品质。这样的传统实际上是对销售人最大的职业支持。德国企业在销售的过程中，往往是一个销售人加上一个工程师，或者是合二为一的客户沟通方式，这些专家能够现场对企业的问题进行判断，然后用自己的知识提出中肯的建议。

这些走在营销一线的专家实际上一头连着客户，他们用自己的知识解决客户的问题；另一方面，这些技术专家和顾问能够将客户的问题带回企业，这又促进了企业的创新。我们一般的营销人总是想将自己的产品和服务销售出去，但是没有将外部的真实需求带回企业，实现企业内外信息的连接，这是一般营销和专家式营销的区别所在。

其实，客户很喜欢专家式的销售人，尤其喜欢那种具有务实精神的人，因为这样的人能够跟他们分享知识。一个一流的企业才可能意识到将专家放在销售一线实际上是一件正确的事情，因为这代表了企业最重要的资源前移了。这种前移代表了企业服务客户的能力增强了。其实，专家直接面对顾客，这会引起企业战略变革，能够帮助企业适应千变万化的市场。

我们在接触客户的时候，专家式的销售人员能够站在客户的立场，提供很全面的咨询服务。销售的过程会变成一个理性建设性的过程，而不是买卖这样简单。客户想要的总是更多，专家除了能够给他们产品之外，还有更多的建议。

专家具有和企业客户各个层面进行对话的能力，而除了客户专家，在企业内部很少会做出内外关联性的讨论，这种讨论能够帮助客户为商业问题寻找到答案。顾客是朋友、是与销售人存在共同利益的群体，好商品是顾客真正需要的产品，服务本身就是商品，服务是为了与顾客再沟通。可以看出，顾问式销售将销售人定位在客户的朋友、卖家和顾问三个角度上。因此，如何扮演好这三种角色，是实现顾问式销售的关键所在。

专家级的销售人在很多复杂业务的推进过程中，具有十分重要的地位。大众消费品不需要太多的技术含量，销售人可以将自己的主要精力都集中于客户关系维系上。这样可以得到很多亲近的客户，能够和客户形成一个长期的联盟关系，可以构建自己的关系网络，也有机会帮助自己的企业建立更加紧密的合作关系。

如果销售人销售的是标准的消费品，那就将自己变成经营人脉的专家。我们看到很多优秀的销售人员一单接一单地成交，真正的秘密不是这个人的能力超强，说服能力超强，而是他的销售行为符合了组织行为的规律，他知道如何利用私人的关系力量推动自己的工作取得成效。

专家服务能够让客户产生专业依赖性，这种专业上的信任比单纯的感情联系更加具有建设性。企业本质上经营的就是知识，所以销售人作为一个知识工作者的面目出现在顾客的面前，这是顾客最愿意接受的事情。

专家销售人和客户建立的是一个全新的知识联盟体系，我们觉得大前研一所说的专业人士能够和客户在一起讨论战略和战术问题，这是一个普通的销售人所不能达成的任务。专家销售人给客户带去的其实不仅仅是商品，也是企业进一步发展的机会，这种机会也许是专家销售人带过来的观念，也许是和客户在讨论过程中出现的新的创意，这种额外的价值是不可限量的。所以，这是客户喜欢行业专家销售人的原因。

005 必须承认产品既有优点也有不足之处

销售人要获得客户信任，就不要一味地将自己的产品和服务说得有多好，我们只需要表达出这份自信就够了，其余的事情产品自己会说话。

一味地自夸很可能会引起客户的反感。

在现代社会，坦诚和礼貌非常重要。当你以诚恳的态度与客户打交道时，效果是截然不同的。你越是坦诚，客户也就越能敞开心扉。如果你把自己藏得很深，客户也不会与你靠得太近。销售高手会以咨询者的身份出现，帮助客户从多个方案中进行挑选。他们时刻保持积极、乐观的心态，对自己、产品和公司都有极大的信心，并将之视为实现客户公司业绩改善方案的一部分。

来自上海销售美容器械的李月，在面对客户的时候，都十分坦诚地跟客户讨论自己产品的优点和缺点。李月的用户遍及华东和华北，主要销售一种祛斑和瘦脸的美容器械，这个美容机械价格比较高，客户都是一些美容店和美容城。客户对于产品采购都非常的认真，会对整个市场的情况做摸底调查。对此，李月都是主动提供信息，将自己产品的工作原理和性能讲得很透。确实，李月的产品在同行中并不十分突出，激光祛斑技术是市场上的成熟技术，面部瘦脸主要采用超声液化脂肪微创技术，然后用红外进行恢复疗法。只是李月销售的设备外壳比较大，在工业设计上看来比较美观，很像大型医疗器械的样子。其实这样的设备是门店给终端客户看的，这种专业化的产品形象能够给终端顾客留下实力雄厚，看上去很专业的样子。李月实话实说倒是能够获得客户的理解。

李月在向客户做陈述的时候，在说清楚产品的优缺点以后，她就会讲自己的产品如何帮助客户创造出更多的利润，为客户描绘出使用产品后经济状况改善的图景。因为自己在华东华北的美容圈子里面走，她会给客户介绍行业内顶尖的一些美容机构是怎么做的，他们在使用自己设备的时候赚到了哪些利润。其实，李月明白，客户真正关心的点就在这里。自己销售的设备，只要不存在大的缺陷，能够为客户赚钱，客户就容易接受你的产品。因为这样的设备对他们来说也是必需品。

优秀的销售人员能清楚地表达其产品将如何帮助客户创造竞争优势。他们能够为客户带来无形收益，并帮助客户显著节省成本。他们可以计算出自己能为客户创造多少价值，或者节省多少钱，进而指出客户面临的问题，减少其购置产品时的抗拒心理。总之，专业销售人能够将客户眼球吸引到成效上来，而非一味关注购买所花费的成本。

客户关心产品的全面表达，所以客户都对销售人隐瞒自己产品短处的行为很反感，当然，表达自己产品短处的时候也是个艺术，这就需要销售人坚持自己产品是正向的，如果你的表达让客户失去了信心，那就是坦诚得犯错了。在不欺诈的基础上，销售人需要根据情况解决这样的问题，让客户答应成交。

第二个就是要注意客户如果对于价格敏感的话，就少谈些产品短处的事情，免得客户拿这个事情作为交换条件，作为压价的理由，所以这两个问题要分开，不能放在一起谈。销售人多谈为客户公司创造价值，他们在与客户谈话时尽量绕开价钱这个问题。由于这些销售人员把重点放在了提高客户的业务成果上，也就可以避免过多关注自己所面对的竞争对手。

为了有效实现个人能力的全方位发展，销售人会对公司自身的各项业务进行全面了解。他们会不断拓展个人的产品知识，并将大量同行的成功经验学以致用。通过了解公司各方面的实力，他们掌握到每种产品的毛利大概是多少；他们坚持不懈地学习，随着能力的提高，他们逐渐明白每个产品、每项服务和每项业务将如何为客户创造价值。

其实跟客户表达产品缺点也是一个策略性的事情，客户参与进来的可能不是一个人，我们需要跟对价格不太敏感的人谈价格，跟对于产品短处不太感兴趣的人谈产品的短处。这样的话，客户碍于平行交流的情况，对于信息判断还是有利于销售人。这就要求销售人在客户公司找到支持者，这是促进业务开发的重要途径之一。有经验的销售人借助他们的内部支持者，来精心策划在客户公司内的营销网络。这些出色的销售人知道永远不能把一切都看成是当然，他们会改变意志不坚定者的立场，中立并同化敌对的思想，说服的技巧正是使他们影响力得以最好的发挥。

006 价格策略，让客户真正体会到"货真价实"

价格在营销中是一个核心问题，这是市场价值实现的一个最直接的标志。价格问题可不是一个小问题，在一些销售场景中，价格是一个主导性竞争因素；在一些特殊的场景中，价格是一个心理因素。

现在销售人需要明白，企业的定价策略其实和客户的社会经济地位有关，而不仅仅是为了满足产品的功能需求。当然，功能需求是一个基础。

消费者心理学中对于客户心理价位的描述一直是很精彩的，价格其实是区分一个人身份地位的标志。品牌代表了不同的阶层，也就开出了不同的价格，品牌就是一个代表消费者身份的符号。这是丰裕时代的经济现象。

专家告诫说："现代的人们已经迈进了一个符号痴迷的时代，当下所面临的视觉客体和审美客体已经完全相异于之前的任何时代，构成了炫耀符号的痴迷现象。不懂得这些，就不要盲目消费，对于任何一件商品来说，只要从中体会到品味、精致、创意，那就是最好的消费。"

新时代的"货真价实"，不是价格战中的货真价实，而是产品就是代表你，它就值这个价，这个产品是真的，不是伪货。比如我花了10000元买了一个奢侈品包，销售人真诚的话不是去跟客户减点钱，而是向客户保证这是真品。这是交易公平的本质所在。

中国现在处于一个消费品升级的时代。五年前，大家对消费品的需求还停留在质量和服务上，对产品设计的作用，还不是很明显。但最近的五年，我们发现产品不管是外观还是理念，设计的重要性越来越大，在消费逐步升级的情况之下，特别是在中产阶层比较集中的大城市里，作为阶层认同，走在时尚前沿、有消费能力的消费者，会对有设计师品牌的产品和有文化性背景的产品更关注。这是一种社会认同。其实设计的变化还是反映了中产阶层对于消费市场的文化引导和改变。

品牌溢价、技术溢价、原产地溢价和设计溢价是影响价格的主要因素。品牌是为了消费才设立的，让人们获得心理满足，也是为了获得所谓的面子。有时候面子因素占据了主导地位，引用一个很常见的案例，我们就能看清楚炫耀性消费的特征：一个朋友狠下心买了辆高档轿车，结果不到一年，价格跌去好几万元，朋友对他深表同情时，他说，其实他心疼的不是那几万块钱，而是价格下跌后，他爱车的档次也跌了下来。这位朋友没说出来的潜台词是，爱车的档次跌下来之后，他的面子也跟着跌了下来。

炫耀性消费是标志性的，不是为了生存、感受和尊严，而是为了地位和身份：只有这样一群人才能这样消费，只有这样消费的才属于这一群人。他们要借此区别与他人的不同，要标榜自己的社会地位。在很多情况下，消费是一种权力和财富的标志，标榜性是这种消费的主要特征：可以不这样做时和不可以这样做时，或者不必这样做时，都要这样做。

我们销售人一定要明白，货真价实不是物美价廉，这两者的区别实际上是两种销售思想的区别。在消费没有升级之前，物美价廉就是客户需要的。有一个营销学者说，没有一种商业模式能够干得过物美价廉，在满足日常消费的谈判中，这条铁律也许是对的。一个酒店在做营销的时候，味道好，量又足，但是服务的水准和硬件设施差了一点，可以说是物美价廉。但是这里不适合办婚礼啊，或者其他的庆祝活动，因为档次不够。这个档次不够，其实可以反映在所有的消费行为中，100元的衣服是能够保暖的，但是客户的需求不是保暖，保暖只是一个产品质量的底线，客户需要的这件衣服能符合他的身份。

销售人在面对客户之前，需要先判断客户的身份，他的消费或者他们要购买的物资是符合这个身份的，甚至是超越他目前这个身份的。比如一个资产几百万的人买了价值100万的豪车，这种行为说明了他期望成为更大财富的所有者，虽然这超越了他的身份，但是这也是他进入另一个圈子的通行证，别人在推测他身家的时候会往高里算，其实这才是他想追求的东西。基于对客户内心的了解，我们才能够越过价格这个身份衡量标准，给客户提供适宜的产品和服务。

⑦⑦ 销售，其实就是推销你自己

销售人在销售过程中，实际上销售的就是自己。当我们这样去认识销售的时候，我们就知道，自我的修为高低决定了我们视野的高低，这也间接决定了我们职业成就的大小。

每个人都是自己的 CEO，每个心理能量强大的人都是自己的管理者。

经济发展的核心是人而不是其他的资源，认识不到这一点的国家不能成为发达国家，不能持有这样价值观的企业不能成为一个有竞争力的企业。一般人会认为发展企业的根本动力是资本，实际上推动资本增值的永远是人，而不是资本本身。企业发展的根本动力是来自于团队心中服务于顾客，实现自我激励的正能量。

销售人的职业生涯，其实多数情况下都是一个自我管理的过程，让自己变得优秀起来，让自己以更好的状态面对工作。所有成功的销售员，都是先推销自己。在你能成功地把产品推销给顾客之前，你必须把自己先推销给别人；而要能成功地把自己推销给别人，则必须先百分之百地把自己推销给自己。

美国心理学家罗希诺夫曾经说过："在你推销产品前，你要推销的第一对象，是你自己。推销尤其是这样，把你成功地推销出去要远远超过你所要推销的任何产品或观念。"这也充分说明了销售人在推销产品前先让客户接纳自己的道理。吉拉德49岁时便急流勇退——退休了。如今他满世界跑，向众多企业精英传授他最重要的推销经验：推销员并非在推销产品，而是在推销自己。

墨西哥前总统毕森特·福克斯，原本只是一名可口可乐公司的推销员。毕业后，福克斯便进入可口可乐公司，开始他的推销工作，而他的销售能力也在一段时间后，不断地发挥出来，而且表现得越来越杰出。

聪明的福克斯在推销可口可乐的同时，其实也学会了推销自己。无论在任何场合，福克斯都会充分地展现自己的经商才能与团结人的天分，人们在他的身上能够感受激情和力量，他对大多数人都表现出很好的亲和力。一个跟福克斯合作的客户后来回忆说："福克斯很有感召力，他能够认真地解决问题，他总是衣着整齐，很绅士，也很容易让人接近。他是很好的倾听者，喜欢听别人给他讲自己的故事。我们是很好的朋友。"

在他决定从政之后，更为自己塑造出一个平民总统的形象。当竞选活动开始时，福克斯便一反惯例，把对助选人员的挑选工作，全权交由一位主管去执行，即使当选之后，他也不愿遵循惯例招揽同党人士参与国政，而是尽可能选择各种不同理念的人才。他也能够超越党派，和不同阶层的人交朋友。

福克斯的成功，其在工作中所表现出来的认真态度，当然不只是纯粹的推销而已。不论是商战市场，还是政治环境，对福克斯来说，经营的技巧其实都一样，而不管是消费者还是人民，对他来说，始终只有一种必然的态度——一切只为你。让客户能够深刻地感受到一份备受尊崇的感觉，并让他们看见你的心意，便能自然而然获得他们的肯定与支持。

销售人需要成为一个传递正能量的人，没有人喜欢一个只知道抱怨的人，人们会远离一个阴郁、让自己情绪不畅快的人。所以销售人推销自己，一定要让自己的生活充满阳光，这句话表达起来很容易，但是想做到还是很难的。

对于个体的工作能力而言，都是专业带给人的自信。越专业，越能将自己领域的事情做好，也就越自信，心理正能量也就越多。专家之所以变成专家，首先他们认为自己就是一个专家，在具体事情上有自己的见解和发言权，能够做出符合实际的决定和决策。

著名商人作家罗伯说过："假如你要在别人那儿建立一个胜利者的形象，你就必须先建立一个胜利者的形态。"

销售人需要给客户一个信心满满的印象。一个自信的人能够获得客户的心理依赖感，因为你是真正的行家，在需要的时候，客户会知道向你求助。

不管我们在哪个行业做销售工作，学会倾听很重要。要倾听客户的思想、心情、所需。你要先站在买者的位置，想一想别人在向你推销的样子，倾听对方的真诚，判断其可信与否，最后达到成功的目的。

作为推销人你要记住，接近客户的首要目的是推销你自己，而不是急于把你的产品卖给客户。推销之前的自我推销是极其重要的。

如果不是一次短暂的交易，那么销售人从一开始就需要说真话，对于生活中的问题，我们可以说一些善意的谎言，但是对于我们推销的产品和服务，我们需要如实奉告。说真话是获得别人信任和尊敬的唯一方法。你可以以你优雅的风度、社会的高位、仁慈的行为、丰富的知识和经历等等去赢得他人的尊敬。但是，只要你讲的一个谎话被拆穿，你所有的其他优点马上会被一扫而光。因为只有说真话才能获得客户的信任，而客户的信任是销售人生存的基本条件。

一个人的长相是先天的，很多时候并不是我们能够左右的，在职业生涯中，好的外貌能够给自己加分，但人主要还是看后天的修为。良好的外表无疑是一个销售人非常重要的方面，而且永远都不能忽视。销售人需要注意自己的言行，你的一言一行随时都会给人留下好的或坏的印象。你信口开河，对方尽管嘴上不说什么，但心里早已对你打了分，下了结论。一旦机会来了，或者想要购买产品的时候，他如果对你有好印象就会很自然地首先想起你。

销售过程中，正所谓"不能以貌取人，但是穿戴也能说明问题"。当你穿着打扮得体时，你也会增强自信心，更为重要的是，这能增加客户对你的信任。所以，如有可能，换一套好的行头，比如一部还算过得去的车子，行头就是向客户做无声的证明，你很行，工作做得不错。

⑩⑩⑧ 真心地与客户交朋友

自从互联网成为人们生活中的必需品，那么拥有互联网的生活就被改变了很多，人们在消费的过程中，已经远远超越了对商品质量的追求。其实，用户真正的渴望是被理解，消费需求正在被情感需求所取代，人们越来越追求交易背后的意义和情感。理解不了这种逻辑的改变，也就理解不了为什么同样质量的商品，两个企业的经营结果却产生了巨大的差距。

获得客户和用户的信赖是一个过程。通往用户的内心之路一定不是冰冷的商品本身，而是基于人与人之间的紧密连接。真心和客户交朋友，而不仅仅停留在买卖行为中，这是企业面向未来的道路。

销售人需要了解客户的心理，人是社会性的动物，单个的个体人无论在外界看起来有多强大，其实还是需要自己的圈子的。所以聪明的企业会自己创造一个让用户来依靠的圈子。这就是一位著名的美国营销学者说过的一句话："落伍的企业还在做营销，聪明的企业已经在自建部落。"部落就是企业的用户圈子。

为什么要和用户真心交朋友？这样的问题能够提出来，不是想交了朋友以后杀熟，这是传统生意人的做派和想法。客户不是用来欺骗的，市场资源其实是非常有限的，传统的市场营销者认为市场就是一块公地，事实上，市场上的企业永远只能够寻找到自己的一块根据地，那些已经用钞票买产品的客户，是真正珍贵的资产，欺骗用户的行为实际上是一种愚蠢之极的市场行为。

真心和客户交朋友，将用户的意见反馈回来，听取用户内心的声音，聪明的企业在营销过程中会沉淀用户，而不是让用户成为过眼云烟，这些企业会建立自己的用户社群系统，让用户在企业的用户平台上来获得更多的生活价值和商业价值。

现代营销学认为，企业在提供商品和服务的时候一定要超越客户的需求，其实很多人都没有听懂学者的真实意思。用户需要的价值不止商品本身，而是在消费的过程中能够安置自己内心的一些诉求。超越用户需求不是用买奥拓的钱去得到一辆奥迪，这违背了等价交换的规律，事实上，用户在购买以后得到的心灵满足是新营销的核心课题。销售人需要了解到，任何一次的消费行为背后，都暗藏着用户的心灵需求。如果仅仅满足于商品质量和服务质量的承诺，那是太低看用户了。

和客户成为朋友，是经营能力的一种体现。现在人们总在说做企业一定要有黏性，能够长期网住顾客，很多人都说这是一种模式设计问题，其实这是企业的基本能力问题。只有具备和企业外的用户和客户进行互动对话的能力，才能够获得用户群体的信赖，使用户愿意和企业保持有效的沟通，将自己的使用感受，传播到自己的社交圈。

对于网络时代的大客户战略，其实销售的内容没有变，不是所有的商务都电商化了，在线下的大额订单的销售，还是需要和客户建立很好的情谊关系，销售人之间的业绩差距就是朋友圈的差距，在没有互联网之前，人们都会谈及销售人员的人脉圈，朋友圈，其实这就是现在的个人社群概念，没有人脉朋友的销售人是很难出头的。

赵忠祥出的一本书叫《岁月随想》，厚厚的一本，当中有一句话："一个人本事再大，如果没有朋友的帮助，就像一粒没有阳光和水分的种子，永远不会发芽。"

一个人如何成为别人的朋友，一个重要的价值就是利他，虽然人们在日常生活中常会说"人不为己天诛地灭"之类的话，但是这样说话的人多数是市侩，是无法拥有真正伙伴的。没有朋友的支持，纵使自己是一条龙，也不可能成功攀上顶峰。

互联网时代的人脉关系和朋友关系虽然有所改变，但是利他的核心是不变的，一个人的角色如果能够给人家带来好处，大体上谁都不会排斥他。这样的内在逻辑什么时候都不会改变，大家都说现在是感性的时代，所谓感性的时代就是情感的时代，一个利他，一个用真情实感，这不仅仅是商业领域里面的为人之道，也是生活领域的为人之道。

人际在于互动，这也是一条规律，再热的关系，如果没有持续的互动，在一段时间之后也会冷却下来，两个人相处，不是愈来愈互相信任，便是愈来愈彼此猜疑。要想保持友谊，必须适当地互动。一旦静止，彼此就疏远了。人脉管理关键在于互动。将那些真正能够有价值的客户留在自己的人脉档案里，这对于后期的发展有着莫大的好处。

一个人能否成功，不在于你知道什么，而在于你认识谁。人脉是一个营销人员通往财富和成功的门票，所以投资于人脉，投资于前途远大者，是在商业社会里成功的基石之一，也许得到回报不是在今天和明天，但是从一个销售人员的长远职业生涯来看，这种投资是非常值得的，这种投资，不一定是投入钱财，而是真正的用心去与他们交朋友，人与人之间的关系是不断变动的。

建立自己值得维系的人脉档案，有目标，有意识地培养与他们的关系，人脉经营不在于知，而在于行；不只在于行，而且在于持久的行。总体而言，要想增加自己的人脉资源，就要不断地向别人传递自己的价值，白话就是尽力去帮助自己的朋友。付出终会有回报的，帮助别人，现在流行叫做"攒人品"。大家看到我们周围人脉广泛的人，个个都是热情助人的人，对人不冷不热者很少有广泛人脉资源的。和客户真心交朋友，总会获得意想不到的收获。

是什么扰乱了客户的心智

在销售中，销售人总是假设客户是理性的，其实，客户内心是理性和感性相互叠加的复杂系统，销售人一旦学会了心理影响和掌控之术，就能够抓住人性的弱点，顺利拿下订单。

001 销售不是拼体力，而是拼头脑

销售人需要一种坚韧不拔的精神，需要有自我激励的能力。年轻的销售人总是自信满满，他们在职业生涯开始的时候，都有一种拼命三郎的精神。在国内，很多知名的企业家也都是从推销产品开始走上自己的创业之路的。成功的销售人给我们的启示是：销售不是拼体力，而是拼脑子。当然，销售也是一个知行合一的工作，没有行动，就是再好的想法，再好的策略也成不了事情。

在华为企业规模还很小的时候，有一个销售人员，刚刚大学毕业，在全国到处跑，为自己企业的通信设备做推介。所有城市的通信设备都是电信局采购的，有决策权的人都是当地电信部门的官员。我们都知道，官员是很难打交道的，初出茅庐的小伙子要去求见一个城市的电信局长确实不是件容易的事情。这个冬天，多次求见局长未果，小伙子鼓起勇气向他下了战书。他心想：如果局长不见，他就穿个衬衫，打个领带，站在北方冬天的冰雪里不走了。这个局长也是个犟脾气，想着你要站在那里你就站着。结果小伙子就单着衣在冰雪里站了两个小时，电信局的很多人都看不下去了，没一会都上去跟局长说，小伙子要是冻坏了，影响不好。局长没有想到这个年轻人这么执着，于是被打动了，就请小伙子上楼谈事。后来该地区的通信设备市场，成功地被华为切下来了一块。

这是一个很励志的销售故事，很多出色的销售人在成功之前都有这样的一个过程。能不能做一个销售人，就要看一个人有没有行动能力；而能不能成为一个杰出的销售人，就需要真正做到用脑袋去做销售。

其实，每一个销售人都可能做过类似于上述故事里的事，只不过形式不同罢了。比如客户老板不厚道，在酒桌上对销售员说："小李，你

把杯子里的酒干了，这个单子就给你。"销售员小李不胜酒力，但还是一口干掉了三两白酒，结果在家躺了两天。这样虽完成了签单，但胃里却很难受，许多年后小李对这件事还记忆犹新。这样的事情几乎每一个销售人员都遇到过。大体上那个时候，销售人做事目的性非常明显，都希望快速地将单子签下来，对自己的客户不断地逼单。客户方只好在情愿和不情愿之间，将单子给你了。也就是说，出现这样的情况，多数情况下还是没有将自己的关注点转移到客户身上，客户真正的需求上，在搞定人的策略上还是差了一点。

入职不久的销售人，大多数都是从客户现场就能够决策的小单子开始销售工作的，这是靠体力拼搏制胜的时期。大学刚毕业做销售的人的生活是这样的：你中午打电话给他，他说自己在和客户吃饭；晚上打电话给他，他还说在和客户吃饭。很多销售人就是这样过来的。年轻人有折腾身体的资本，但是真的要将销售做到有成效，还是要挖掘潜在的大客户，没有大单是没有成就感的，也不能实现财务自由。

当销售人开始拼头脑的时候，也就是事业精进的时候了。

对于从事大客户服务的销售人员来说，销售有一套完整的程序。如果我们把销售技巧定义为"说服和影响客户，使他们接受我们产品"的话，大客户销售技巧则在这种普通的销售技巧之外，还要多一层政治运作，也就是说，大客户销售技巧包含两件事：销售和政治，这是由大客户的采购方式决定的。

所以在做大客户开拓的时候，不要指望仅用一次发挥语言艺术的妙用就能实现销售。大额销售从来都是理性的，作为销售人员，能够找到大的客户，都是首先找到接洽人，然后他们自己内部还有沟通和理顺关系的问题。所以做大客户，有一个字形容得很准确，那就是"跟"。这是一个需要长时间耐心等待的过程，和现场达成销售的推销方式不同。

大客户采购的决策过程复杂，参与的人多，每个人的角色和利益不同，因此需求不同，他们对企业销售人员的倾向也不同。而这些参与者之间会相互影响，最终的决策是整个决策圈子反复协商的结果。

销售的目标其实是简单的，但是销售人本身是体系的一分子，我们直接打交道的客户也是体系的一分子。推销不仅仅是销售一件产品这样简单，而是两个系统的协同。销售人面对的是一群人，所以打交道就成了一个很复杂的事情，只有会正确处理人际关系的人，才能在此间游刃有余。

即使是一般的销售过程，也需要学习，用脑去解决问题。销售人在职业生涯之中，应逐步建立一种理性的精神，知道如何去面对复杂的问题。

销售是一个专业，专业就会有自己的规律。80%的销售是在第4至11次跟踪后完成的，这来自于美国专业营销人员协会和国家销售执行协会的统计报告。他们也将销售总结为：采取较为特殊的跟踪方式，加深客户对销售人员的印象；为每一次跟踪找到漂亮的借口；注意两次跟踪时间间隔，太短会使客户厌烦，太长会使客户淡忘，专家推荐的间隔为2－3周；每次跟踪不要流露出强烈想做成这一单的渴望。

很多小企业的销售高手正是这么做的，他们的行事方式和美国的这份商业报告是暗合的。我们看到书本上巧舌如簧的销售人员可以轻易地说服顾客，获得订单，那是在误导入门级的销售人员。其实，销售没有奇迹，真正需要的是持之以恒的精神。出色的沟通技巧只是表象，就像我们看到了水面上的冰山，却没有看到水面以下更大的部分。

销售工作是商业智慧最集中的地方，也是商业链条中最精彩的一段。所以要做一个销售人，就需要自己去悟道，将自己的精力和时间分配到客户身上，无论他是经销商，还是我们的直接顾客，销售人都需要去关注他们整个人和他们内心的真正需求。在这个基础上，去获得客户的信任。

在商业中，信任是销售工作的核心。没有信任，就没有生意。平台和产品的价值是销售中最重要的成功外因。与客户建立信任，最重要的就是专业、有价值。

成为一个优秀销售人的第一步，就是要积极地去行动，销售永远是一个身体力行的工作，如果能够做一个有智慧的销售人，那就能够更好地完成销售工作。

002 给客户制造一种买不到的紧张气氛

其实，免费和低价是最难打动用户心灵的商业模式，任何没有付出代价的商品都不会得到珍惜，这是人性的弱点。客户心理很奇怪，越是得不到的东西越想要，当一些当初追求的东西满大街全是的时候，他们就不想要了。所以商品还是商品，通过有步骤的设计让客户觉得如果自己不出手就买不到了，这样的感觉在全世界的营销案例中是屡见不鲜的。

苹果手机在新产品发布的时候，总是在制造一种气氛，就是谁能够买到第一批的应用，是一件很荣耀的事情，这种生怕自己落后买不到的气氛，在苹果手机的发布之日表现得尤为明显，很多年轻人会连夜排队也要购买这样一款手机。其实，这就是一种善于引导用户心理的策略而已。

苹果喜欢用饥饿营销的策略，来和市场中的用户进行一场以全球为场景的销售游戏，迄今为止，这个策略是相当成功的。乔布斯在世的时候，是一种能够站在用户的立场来制定策略的领导人，在他去世以后，将用户放在企业重心的策略还在一直贯彻。饥饿营销的策略就是能够让用户感到如果不去争抢一把的话，就会失去买到商品的机会。

在产品发布之前一年甚至更久的时间，苹果公关和广告部门就开始借助全球的媒体进行造势，他们不断地泄露一些关于产品的研发信息和设计样式，一些产品细节的讨论在全球的技术论坛和移动端悄然进行。众所周知，苹果的新品发布会是全球粉丝的盛宴，他们的发布会做得非常仔细，往往经过几个月甚至更久的准备，一次次的自我训练，以达到和现场用户进行深度的互动，人们在现场能够收获兴奋，尖叫。多巴胺在尽情地分泌，用户在参与进去的时候是如此的快乐，而快乐是一种能力，他们觉得能够跟着苹果一起改变世界，自己也就是深度的参与者。

苹果在全球的布景能力是值得学习的，在新产品的推广过程中，人们对于产品的好奇心和渴求感会越来越重，继而产生了一定要拥有的急切的愿望，所以，苹果手机制造的氛围是相当成功的，能够让全球的消费用户趋之若鹜。

现在互联网销售强调的一个重要策略就是场景，很多销售人想到的场景，其实就是门店销售了，在门店中进行一些设计，能够制造一定的氛围，让客户觉得这是他们需要的场景，故意制造一些局部的稀缺，让客户觉得有必要来买。但是现在所有的销售其实都是关于场景的销售，无论是线下的销售、电商的爆品策略、微商的微场景的应用，都在制造一种气氛，能够触动客户的心灵，让用户觉得这是符合他要求的，所以他们必须买下来，如果没有了，就是一种遗憾。

比如，在农业领域，现在的原产地的策略就是一个基于用户的策略，即使用一种夸大产品差异性的策略来制造一种紧张气氛，比如一种品牌的茶叶，商家会向客户说明，这样的茶叶只产在某一个狭小的区域内，整个产量是非常有限的，同时他也会告知你，在市场上虽然同样的商品很多，但是正宗的茶叶就是产自这样的区域内。这样的差异化的说法其实在供大于求的市场中制造了一个局部稀缺的场景。如果消费客户想要购买的话，那是要买正宗的还是不正宗的呢？人为制造的供不应求的气氛能够让客户快速掏钱购买。

人们的购买活动是一个决策过程，决策就是在各种因素中权衡，按最大限度满足需要原则做出选择，只要条件允许，这种权衡就会继续下去，以至于会变得犹豫不决。这也不奇怪，掏钱和付款总是一件痛苦的事情。在商业上，任何大一点的决策都有一定的风险，所以客户在关键时候心里不安是很正常的事情。

西方生意场上有句谚语就是说商人的冲动决策："等一等，魔鬼即将路过。"基于这种心理，推销员在用户已基本确立购买意向的情况下，为坚定其信念，加快购买过程，可适当渲染一下紧张气氛，用提示后悔的办法，让顾客意识到购买是一种机会，良机一去不复返，不及时购买就会产生损失。

这样，顾客的购买心理就会紧张起来，由犹豫变为果断，促使其立即做出购买行为。

故意制造悬念和紧张气氛，给客户施压的案例在一些商品的销售中是常用的策略，这多数是属于场景营销的范畴。拍卖和会议营销往往会使用这样的策略。

拍卖是一种以竞价形式进行的交易，价高者得。竞价时，常常会出现一种你争我夺的局面。人性中争强好胜的一面在这时表现得尤为突出。几经追逐攀高，最终花落名下，回头看看货物，似乎觉得所得不值。原因是客户在特定的场景之下，被这种紧张气氛感染，迅速做出了购买决策。

销售人员使用拍卖这个销售形式，就需要把握形形色色的竞拍心态。参加拍卖会的人多而杂，有抱着好奇心的，有想来买便宜货的，有来买紧俏商品的，有来买宝物、收藏品的，有来参加义拍的，也有的是抱着竞争的心态而来的。销售人员就是要通过拍卖这种形式制造紧张和稀缺的机会，让这些犹豫者在别人不断的举牌之下被感染，迅速举牌购买。

会议营销和拍卖形式其实内核是一样的。销售人员都会在现场做一些产品介绍，在语言技巧上制造一定的紧张气氛，通过信息的灌输，使得顾客产生购买冲动。

很多会议营销在销售环节会故意制造一些短缺，比如在招商过程中，前十五名订货者可以得到额外的优惠条件，获得贵宾资格等等手段，让客户争先恐后快速下单，以争取少数优惠位置。

⬤003 稀缺效应：越是稀少的东西，人们越是想买到它

物以稀为贵，确实是一条颠扑不破的商业法则。正是因为如此，个性化、定制化的商品和服务才会大行其道。创业者和销售人需要创立一种价值的稀缺，才能够捕获新时期的用户，现在的用户已经见多识广，同质的商品很容易被市场中的用户忽视，只有创造与众不同的价值，才能够获得用户的另眼青睐。

商品短缺意味着市场为卖方市场，什么东西都好卖，只要你有产品基本上就不用为销路发愁，因为商家销售的产品是短缺的，市场是卖方市场，所以生意好做。既然大家都知道短缺的产品是好卖的，那么为什么不让你的产品"短缺"呢？销售人员可以人为制造一些商品短缺的假象，物以稀为贵，让客户担心供货问题，而及时跟我们下订单成交。

人都有一种心理：商品越紧缺，购买者就越多；商品越充足，越无人问津。有些商人把握住消费者和用户的这种心态，人为地制造紧缺局面，达到了很好的促销效果。

商家惜售或者囤积居奇，搞投机，这在市场上已经屡见不鲜。按照现代经济学的理论，价格是商品和资源的稀缺性的信号。供不应求，则价格上升；供大于求，则价格下降，这就是老百姓所说的"物以稀为

贵"。按照这样的价格，资源得到最有效的配置。

销售人员在销售中，经常会跟客户制造一些短缺的信息，让客户感到紧张。比如销售人员告诉客户，自己的上游原材料短缺，价格上涨，吃掉了企业的利润，企业考虑到成本因素，在近期考虑提价。客户也会有成本压力，于是就会在提价之前尽快和销售签订购买合同。简单地制造短缺，就能很快促成订单。

这些都是市场销售中的艺术，用得好可以为企业尽快获得订单。

但也不是什么高招，现在用户都是能够依靠手机进行随身搜索的，你跟他们涨价或者逼单，很可能会让用户失去对企业的忠诚。其实，创造稀缺就是要在自己的商品中创造一种难以替代的价值元素，比如赋予产品的文化附加价值。比如设计师品牌的服装，往往就是用设计师本身的设计元素作为价值体现点，以设计师的人格做为品牌背书的品牌产品体系，这很难被替代掉。不走大路货的道路，而是走一种个性化的限量供应提供个人价值满足的道路。

销售人员向客户传达稀缺的信息时，它仅仅是信息，可以改变客户采购的预期，反正也用得上，不如自己多采购一些，免得发生供应困难的时候无法完成生产任务。确实，当今市场是全球化的市场，很多产品原材料和零部件来自全球各地。跟客户说，某一零部件供货困难，短时间供应不上的情况是可信的。不要让客户看出来这是一个促成订单的心理战。

物以稀为贵，在房地产市场中更是如此，因为土地资源的不可复制性，在竞争中占据稀缺资源就把握了制胜的密匙。很多房产的销售部门一套房子还没有卖，就说房子已预订大半，通过人为制造一些短缺，调动人们对房价上涨的预期，获取暴利。

奢侈品每一样商品的数量都是稀少的。品牌方会用"限量生产"来造成最大限度的"人无我有"。见到奢侈品的价格，千万不要把舌头伸出来，因为，走进店里，贵是不会受到质疑的，因为每一个手袋，每一只手表，都不是以使用价值来标志的，它是以品牌的地位、全球标准的顶端设计和数量的稀有程度来体现的。

物以稀为贵带来的更多是心理上的满足，"我拥有了它，我有高品位，我得到了别人的倾慕"。而且，奢侈品通常因为其品牌的经年积累，带入了许多创作命题和名人逸事，赋予其相当的文化含量，故不会因时间的流逝而贬值，完全可以成为收藏品。

制造短缺，这个古老的促销技巧在今天依然屡试不爽。今后的商业竞争模式，都是在大众商品的基础上赋予新的个性化的价值元素，除此之外，还真没有更高明的竞争策略。

004 禁果效应：不许偷看他偏看，你不卖他他偏要

禁果效应是一种心理效应，得不到的东西总是最好的。想想生活中人们的心理表现，确实是一条值得注意的心理规律，轻易得到的东西也会被轻易地冷落，在情感领域这是很普遍的一种现象。

在前文中我们已经深入地探讨过，这是一个情感销售的时代，无论做什么样的销售，都不能够板着一张脸销售了，现在客户需要的是心理的满足。一个出色的企业需要赋予自己的产品以某种意义，而不是销售商品本身。

禁果效应也叫做"罗密欧与朱丽叶效应"，越是禁止的东西，人们越要得到手。这与人们的好奇心与逆反心理有关。

有一句谚语："禁果格外甜"，就是这个道理。在生活中常常会遇到这样的情况：你越想把一些事情或信息隐瞒住不让别人知道，越会引来他人更大的兴趣和关注，人们对你隐瞒的东西充满好奇和窥探的欲望，

甚至千方百计通过别的渠道试图获得这些信息。而一旦这些信息突破你的掌握，进入了传播领域，会因为它所具有的"神秘"色彩被许多人争相获取，并产生一传十、十传百的效果，从而与你隐瞒该信息的愿望背道而驰。这一现象被称作传播中的"禁果效应"。所谓禁果效应，指一些事物因为被禁止，反而更加吸引人们的注意力，使更多的人参与或关注。

在古希腊神话故事中，有位叫潘多拉的姑娘从万神之神宙斯那里，得到一个神秘的小匣子，宙斯严令禁止她打开，这就激发了姑娘的猎奇和冒险心理，一种急欲探求盒子秘密的心理，使她终于将它打开，于是灾祸由此飞出，充满人间。

"禁果"（forbidden fruit）一词来源于《圣经》，它讲的是夏娃被神秘的智慧树上的禁果所吸引，去偷吃禁果，而被贬到人间。这种禁果所引起的逆反心理现象称之为禁果效应。后来人们通常用偷吃"禁果"来比喻少男少女初尝人事。从圣经故事中引申出来的"禁果"，其含义就是指因被禁而更想得到的东西。

传播中的"禁果效应"是指，当外界压力迫使人们无法自由获取信息时，人们往往会对被迫疏离和失去的那部分信息有更强的了解欲望，施压者与受传者之间的隔阂因此加大。"禁果效应"存在的心理学依据在于，无法知晓的"神秘"的事物，比能接触到的事物对人们有更大的诱惑力，也更能促进和强化人们渴望接近和了解的诉求。我们常说的"吊胃口"、"卖关子"，就是因为受传者对信息的完整传达有着一种期待心理，一旦关键信息在受传者心里形成了接受空白，这种空白就会对被遮蔽的信息产生强烈的召唤。这种"期待-召唤"结构就是"禁果效应"存在的心理基础。特别是在涉及公众切身利益的问题上，人们恐惧的往往不是确定的事实，而是不确定的、难以知晓的事情，在无法知晓和渴望知晓的搏杀过程中，公众会因为恐惧心理而像饕餮一样渴望获得信息。

消费心理学上的一些有价值的思考，需要成为销售人在市场中使用的武器，销售需要基于人性的弱点，进行营销模式的设计，这才能够在企业营销过程中具备引导用户的能力。

人类的好奇心是与生俱来的，正是基于对未知领域的不断探寻，才走到今天。而人们在生活中的好奇心也非常重，尽管人们都说好奇心害死猫，但是实际上这是一种本能，人们具有打破砂锅问到底的自然欲望。

有一个简单的例子，这已经是几十年前的老案例了，在商店的橱窗展示台上，展示了很多商品，商家在醒目的地方挂起了一块牌子："不许偷看"。结果引起了男女老少的围观，人们好奇这些展示的橱窗中有什么不能偷看的东西，这其实就是一种好奇心在作祟。这几乎跟性别、种族和年龄没有关系，年轻人的好奇心可能更重一点。

这样的激起兴趣和好奇心的销售方式在电商领域是最普遍的，在十年之前，电商的销售模式是以好奇心来驱动的，商家导引流量，需要高质量的有悬念的内容来实现引导，让用户点击到自己的店铺进行购买。

这是一个内容为王的时代，现在不仅仅媒体需要高质量的内容，所有的基于网络销售的企业也都需要很好的内容支撑，"标题党"是企业网络营销最常用的策略，出色的文案能够一下子激起用户内心的某种好奇心，一篇好的导引文章能够带来数万甚至上百万的点击，这背后有着巨大的商业转化的力量。

企业在这个时代需要将媒体的功能放到自己的对外传播的组合中，企业媒体化成为未来经营的一个趋势。进行用户导引的工具，最佳策略非媒体莫属。禁果效应是最佳的用户心理的引导策略，运用故事来讲述商品的个性，不是每一个人都能够拥有的价值，激起他们的好胜心和欲望，无论是在线下还是在线上，都是一种很好的场景应用。

　　同样，对于线下的推销而言，销售人需要运用这样的策略，比如，某一类商品，在货架上制造一种效应，这件产品已经获得顾客的预定，属于非卖品，由于这件商品是如此之好，供应量也比较少，这样的销售场景，马上就能够激起客户的兴趣，在谈论商品的过程中，销售人会有意识地说明这件商品的预定者是什么样的人。客户如果说也需要同款的时候，可以表现出"不情愿"，让客户觉得占了便宜。这样的商品是从别人手里争取过来的，这样客户的满足感和好胜心会得到一种满足。本来得不到的东西经过努力得到了，客户心里会有一种深度的满足感。这和一个男孩追求一个女孩，追了很久，终于追到了，那一刻的兴奋感觉是一样的。

005　巧妙利用人们的怀旧心理

　　怀旧是一种普遍存在的人的情感，在体验经济中，怀旧心理是一种非常有价值的消费方向。商家可以通过创造怀旧气氛，建立怀旧的场景，来获得客户的情感认同。怀旧情感模式的商业运作，多数情况下都是用于店面的陈设。

　　店面的陈设，肯定需要一个定位，这个定位能够跟自己的目标顾客的志趣相一致。商家的设计意图，就是要找到与顾客能够产生共鸣的地方，让顾客觉得商家真的很理解自己。这样，陈设设计的目标也就达成了。剩下的也就是软性的服务体系也要能够引起顾客的兴趣，让顾客产生"宾至如归"的感觉。

　　店面设计不是针对所有人的，特别对于一些风格比较特殊的店面来说，就是这样。可能有些人喜欢，比如动漫产品的店铺，可能就会设计得比较另类，老人看不惯没有关系，因为他们不是目标顾客。

所谓情感化的陈设设计，目的就是能够为顾客找到一种熟悉的但久违了的感觉，对于顾客，特别是生活经历比较丰富的人，如果能够让他们置身于一个他们曾经熟悉的环境中，顾客的记忆之门就会被打开，思绪就会飞扬到曾经火红火红的年代。这其实就是体验营销的一个特征。在当今时代，体验营销必将成为营销的主流销售模式，因为企业如果采取差异化的战略和品牌战略，就必须将客户体验放在最优先的位置。

　　有些店铺的陈设风格可以是先锋前卫的，有的陈设风格却需要是怀旧的，针对青少年顾客，他们关注的是未来；对于年龄稍大一点的人，他们可能更加关注过去。

　　随着时间的流逝，很多的事情已经成了历史，但是对于亲身经历过那个年代的人，甭管是幸运还是不幸，也甭管走过的路是正确的还是经不起历史检验的，很多老人会自觉维护那个年代的一切，因为对于他们来说，他们认为的青春岁月，他们认为的人生辉煌都绽放在那段历史中。所以他们开始怀旧，怀念充满激情的红色岁月，否定了那些东西，也就是否定了他们那一代人的青春。所以，红色是一种文化，这个文化载体是一个很大的群体，文化经过开发以后，就会变成一种商机。

　　现在，红色文化重新流行，不是人们一定要回到那个年代，而是人们的一段怀旧情绪。红色餐厅的生意红火，正是人们开始追忆青春往事的时候，利用群体记忆开发出来的商业机会。经过那个年代的人，在这样的餐厅里吃饭，聊自己的青春往事，不一醉方休是不可能的。

　　近年来，京城以红色主题为背景的餐厅越来越受欢迎，办喜宴、入党宣誓、经典歌曲比赛、老知青聚会……多家红色餐厅表示近来预订火爆，顾客应接不暇。

　　北京有一家红色主题餐厅，这是一家从装修到服务到氛围都充满"那个年代"味道的餐厅，墙上挂满宣传画；大堂里停放着红色东方红牌拖拉机；红色砖墙、红色椅子、红色筷子袋，一面面红旗……到处都被红色包围着。

在餐厅大堂里，有一处别具特色的背板墙，背板上有五代领导人头像，还有醒目的入党誓词。这些无处不在的60年代风格，一下子就将人拉回到了那个激情的年代。

餐厅经常迎来"老知青相聚"。餐厅顶棚上，有一张7个姑娘在跳舞的老照片，这张照片上的人当年都是18岁，在内蒙古兵团，跳的那段舞蹈叫《渔家姑娘在海边》。不久前，这些姑娘从天南海北相聚到北京这家餐厅，她们都已是年近六旬的老人了，随着一曲《东方红》响起，7位老人相拥而泣，那场面感动了很多人。

这个红色餐厅不仅仅在硬件设计上尽力贴近那个年代，软性管理上也贴近这个主题。服务员着装等也呼应主题。女服务员一律"红卫兵"打扮，梳两条麻花辫，扎红头绳，一身绿军装，腰间扎着皮带，胳膊上戴红袖章；男服务员则是解放初期炼钢工人打扮，上穿灰色上衣，下身穿蓝色"劳动布"的背带裤，头戴鸭舌帽，手戴白色线手套。不论男女，个个精神抖擞，走路铿锵有力。

服务员称客人一律为"同志"，盛菜的器皿也颇有个性，其中有一种容器样子及大小都很像炒锅，但比铁锅要厚实很多。"锅"的两边有两个把手，上菜的时候，"钢铁工人"将"锅"高高举过头顶，两臂伸得很直，大步流星地走过来。来这里就餐的人，有的是缅怀已经过去的那个年代，有的是出于对革命历史的好奇，被红色包围的环境，以及激情四溢的演出，会让人经历一场爱国主义教育的洗礼。

当然，来这里的也不一定都是老人，在社会已经价值多元化的今天，年轻人可能认为那只是千万种风格中的一种，有些80后年轻人还前来咨询"红色婚宴"，她说自己和爱人、父母都来过餐厅吃饭，觉得很有特色，比起在豪华酒店办婚宴，她觉得"红色婚宴"的意义更大。她说："其实我们都不了解那个年代，但是我们的父母都了解，他们每次来都跟着唱经典歌曲，好多歌是我没有听到过的。我觉得他们也会喜欢我办这个红色婚宴。"女孩说"红色婚宴"一定很有意思。

餐厅工作人员说，现在选择"红色婚宴"的新人特别多："我们这儿每月几乎都能有一次，这些年轻人希望将父母当初结婚时的样子再现在他们身上，感觉有点像拍电视剧。"这样的结婚仪式很特别，也特别能激起老人的热情，老人又高兴又激动，何乐而不为？

很多顾客在网上，在自己微博和博客中也说出了自己的感受，一个网友说："来过几次了，头一次感觉仿佛是回到了60年代。经历过那个年代的人，大家都有不同的感受。后几次来这里也不光是为了吃饭，更多的是为凑个热闹。"另一位网友说自己边吃饭，边拍照，回去以后将自己的照片传到了微信朋友圈，还附上了自己的评论："满眼标语和大字报，这家店太突出主题了，老人们应该喜欢吧，毕竟是光辉岁月呀，吃什么变得不重要了，重要的是怀旧。现场歌舞有点乱了，但看很多人高兴地唱着，也算开心了。东北菜的量倒还算大，菜团子的味道挺好。"

感情化的商业陈设设计运作得好，就是这样的情况，红色其实就是一种文化，商家做的事情其实也就是缩小版的"文化搭台，经济唱戏"。利用别人的怀旧和好奇心理，赚得盆满钵满，这就是风格的力量。

商家赚到了钱的时候，还赚到了顾客的眼泪，收获了顾客的激情。这确实值得其他的营销人员深入研究。

006 拿下客户，情感是打头阵的先锋

销售人需要做能读懂人性的人，跟客户长久的关系，都是建立在人与人的信任基础上的，信任是一种深刻的情感。所以拿下客户，情感还是打头阵的先锋，我们在任何时候，都不要忽视客户的情感因素。

在这个世界上，一个人的生存状况，除了个人能力之外，人际关系也是很重要的一环。有时候，你在能力的靶子上打出90环，也比不上交情的一个10环。很多销售人都是攀龙附凤的高手，他们利用各种各样的人脉在政商两界尽情演绎销售工作的精彩，游刃有余的风格，让很多刚入行的销售人难以望其项背。

攀龙附凤是一个贬义词，可这就是销售工作的现实。善于和自己的客户培养感情，也算一种必要的能力和修为。销售人注定是要随着客户性情走的，自己的频率和客户内心的频率必须在同一个频道内，才能够相互协调，形成共振。

真正有意义的人脉关系是专业化的客户朋友关系。这需要良好的人际关系基础，必须学会和各种客户打交道，学会和他们交朋友。认真合作，配合做市场。这种人脉关系是建立在尊重的基础上的，是靠专业的销售知识来维系的。客户永恒不变的话题是获利，因此有必要让客户感觉到你做事认真、敬业踏实，你在做生意上比他强，比他专业，你能教他很多做生意的方法，能帮他创造销量和利润。只有这个时候，客户才会尊重你，相信你，才会同你合作，毕竟，所有的关系都是建立在商业利益的基础上的。

做好了这个基础，再谈商场上的情感吧，毕竟，在商场上很难找到那种做不好事情，还继续不舍不弃的朋友。这又回到了一位老总的一句话：我和我老婆感情特别好，但是理发这个事情我肯定不找我老婆。销售人做好了事情，剩下的感情该怎么拉就怎么拉，"下过乡、杠过枪"也是一种情感连接，销售人就需要创造更多的机会和客户在一起联络感情。

情感可以是一种针对客户的情感体验，也可以是一种情感营销的策略，这就要看销售人如何去看待情感营销了。

在高档化妆品的销售中，品牌化妆品都拥有自己忠实的用户，这些爱美的女士在很多年的时间内，一直使用一个品牌的化妆品。资生堂的国内营销策略就非常注重感情营销。

一位资生堂的门店经理说："要想让一位顾客完成一次购买行为或对一种产品产生感动，就要满足消费者某种内心的需要，引起心灵上的共鸣，从而在主观上产生感动。比如说，资生堂开发情感产品、制定情感价格等，一些新的产品会馈赠给老顾客使用。每次，顾客来到店内，营销人员和专业人士就会为顾客提供个性化的服务。这是我们很喜欢的事情。"

在营销互动中所创造的情感化举措使顾客感动，它有一种"润物细无声"的意境。人性化的服务、处处为顾客着想，资生堂立足中国市场，一直强调自己适合于中国人皮肤，更懂中国顾客，这也能让中国顾客更加信赖这个品牌。

从化妆品营销就可以看出来，与其说情感销售，不如说真诚营销，培养感情既不是出发点，也不是目的，只是整个过程之中的一个节点。这个社会人人都功利，所以，内心中，人们其实不会与功利的人做朋友，没有被证明的行动，那就谈不上感情。客户往往有非常强的防卫心理，只有用心去做，真诚待客，在服务过程中，顾客和销售人之间才会有比较强的情感纽带。

情感策略在针对女性消费者和感性思维的人时，是非常有效的营销策略。

人的心理包括心理过程和个性心理两个方面。个性心理是外人难以在短期内施加影响使其改变的，营销也只能顺势而为；心理过程包括知、情、意三过程，情指的就是情感过程，它是在认知过程的基础上产生的与人的社会性需要和意识紧密联系的内心体验，这种体验一般通过个体有目的的、自觉的支配和调节，即意志过程外显为行为。

销售的过程中，消费者从产生购买愿望到实现其购买行为，是由多种因素促成的，而情感时常起着决定性的作用，它甚至可以超越和影响到消费者的意志过程。情感战胜了理性，在消费行为中也是随处可见。

如果各种生产经营行为都能从"情"字切入需求，找到企业与顾客情感沟通的纽带，进行准确的定位和有分寸的"切入"，使消费者持续不断地感受心灵的冲击，即能潜移默化地影响客户的心理，从而全力激发其购买意识，达到"润物细无声"的巧妙作用。

销售人要想影响消费者的情感，必须抓住情感营销的核心：跨越由认知价值所获得的满意、喜欢等基本情感，进而为客户创造情感的体验，其中提供情感附着只是方式和手段而已，这种情感的创造对消费者来说是更高层次的心理需求满足和享受，与最新的营销概念"物超所值"同根同源。因为，在多数情况下，这时候的购买行为已经成了帮助自己的朋友，也满足了自己实用和内心的真实需要。

财经作家邱伟说："情感营销是一道篱笆墙，它可以将自己的顾客留在自己的领地内。""现在顾客越来越难伺候，不但要性价比，而且让你搞让利促销。所以如果我们只提供产品、服务及肤浅化的价值创造，已越来越难于满足顾客多样化、个性化的需求，更难获得顾客的忠诚。而只有在让客户满意、为客户创造价值的基础上，使用情感营销，在情感互动中为客户创造感动才有可能持久地维系客户关系。"

007 身份决定行为——给顾客一个购买的身份

在商品短缺的时代，消费者能够买到就不错了，就不要奢望商品是完全符合自己心意的。但是在丰裕时代，社会经济发展了，人们因为经济地位不同，就会产生消费分层的现象，经济呈现万花筒一般的效应。身份决定行为，在丰裕时代，购买商品，最重要的事情就是要给顾客一个购买的身份。

奢华对于一些阶层而言，是他们用于彰显身份的标志。对于奢华品牌而言，在销售终端的设计上当然会有自己的铁律。那就是除了奢华还是奢华，绝不会沾上所谓的"穷气"。奢侈品店铺所在的位置大概就是最贵的地段，位于城市商圈的核心地带；在地铺设置上，只在具有强大辐射能力的城市设立店铺，以制造适当的"稀缺感"。奢侈品店铺不会到处都有，前几年，房地产繁荣的时期，自诩收入水平超香港的鄂尔多斯人就坐飞机到香港购买奢侈品，因为香港具备足够的辐射能力，即使一句"香港买的"就可以带来不同的感受。购买感觉在奢侈品消费中占据很重要的地位，作为商家，就需要做好这个方面的工作。

在店面陈设中，奢侈品店铺设计当然会考虑到自己顾客的审美要求。这种设计会有很强的针对性，对于顾客的身份做出十分详细的界定。对于奢侈品来说，在体验方面当然和普通品牌产品一样，但是奢侈品的体验多数在购买之前就决定了。购买者知道自己要什么，商家也知道自己卖的是什么；购买者有的是钱，商家销售的是顾客的身价凭证。一万元一件的衣服，有几千的票子是贴在脸上的。

奢侈品就需要出现在该出现的地方，弄错了地方就违背了行业的本质。记得西部一个电视台做过一个访谈类的节目，节目中谈到了浙江一个小企业以工厂化的方式生产玉器，然后以极低的价格销售，企图以浙江小企业那种薄利多销的模式打开市场，一个真货的玉挂件才卖30元。当时，坐在评委席上的国内营销专家李光斗在场，就对这个小厂的老板评价说，你这样卖玉器违反了行业的本质，你自己赚不到钱，还会摧毁一个行业的根基，玉石在中国是一种文化，你需要卖文化。你这样子做，只会让北京工艺美术集团老总们的心变得哇凉哇凉的。

高档品牌产品和奢侈品需要一个奢华的舞台，以此来衬托出产品本身的身价，至于什么是奢华，这些奢侈品可以自己定义奢华。让我们看看国内一线城市的商圈中，这些奢侈品是如何做店铺布局的。

上海南京西路、淮海路、外滩以及浦东陆家嘴这四处品牌商圈布满了各类奢侈品旗舰店、形象店、概念店，这几个地方都是高档的商业服务区。这几个地方的租金贵得吓人，但贵得吓人正是这些奢侈品企业所追求的。不求最好，只求最贵可不是影视剧上的玩笑话。

从恒隆广场的门厅绕道进入，宽敞大厅的两旁全是簇新的两层店，路易威登和普拉达（Prada）占据了两侧最醒目的位置，登喜路（Dunhill）、杜嘉班纳（Dolce & Gabbana）、托德斯（Tod's）、芬迪（Fendi）、迪奥（Dior）以及杰尼亚（Zegna）的双层店铺沿两边一字排开，颇有气势。

同样奢侈品商户云集的中信泰富广场内，万宝龙（Montblanc）充分利用拐角优势，其两层店铺在南京西路和陕西北路都清晰可见，店铺内还矗立着约一层半高的镇店之宝——来自欧洲阿尔卑斯山最高峰的花岗岩，"泉水"从岩石顶端顺流而下，将这两层店铺装点得气势恢宏。

淮海路香港广场内，卡地亚（Cartier）、蔻驰（Coach）和蒂芙尼（Tiffany & Co.）分居广场南北两座，均拥有650平方米左右的豪华店面。几乎与香港广场同时开业的还有位于陆家嘴商圈的上海国际金融中心（IFC），风格独特的两层店铺清晰可辨，路易威登、古琦、卡地亚、普拉达、乔治·阿玛尼（Giorgio Armani）等品牌都在这里开了规模很大的形象概念店，奢侈品市场的繁华盛景向浦东蔓延。

作为长三角龙头的上海，其城市气质可以承载这些奢侈品的品牌文化，江浙沪的富豪和达官贵人完全可以为奢侈品企业的发展提供强大的顾客基础。他们知道，只有昂贵，顾客才能欣赏他们。昂贵是产品区分富人和相对贫困的人的最好方法。

其实，只要我们营销人走进任何一家店铺，都会发现这样的奢侈品店铺几乎门可罗雀，社会是个大金字塔，奢侈品就是为金字塔尖提供服务的，一般的消费者都没有胆量进店，因为那样是自己给自己压力，昂贵的价格就如重锤一样敲击你的心灵，让你耳边响起贝多芬的《命运交响曲》。一般情况下，进店的人都是潜在的消费者，按照情景营销的方式，在这样的环境中，营销人员将消费者带入到购买以后的梦想中，促成消费者购买。同时，营销人员也会向顾客灌输自己的企业文化。很多顾客可能身在高位，但是此时一般不会做一些质疑性的提问，因为奢侈品本身就是一种信仰，对待它要像和尚被授袈裟一样的虔诚。

让我们看看上海这几个商圈中，这些企业是如何展示自己的奢华的。位于恒隆广场的路易威登的两层店铺里，空间的利用上延续了品牌高水准的建筑设计。二层与一层的中间层被巧妙地设置成陈列顶级腕表和珠宝的"微型博物馆"。别出心裁的是，路易威登将远在巴黎的手工工场也搬进了这宽敞的两层店铺中，在首层大厅一侧的私密房间内，来自法国的手工艺人正专心致志地为旅行箱敲上铆钉，为顾客度身定制手工皮具。同样位于恒隆广场的登喜路概念店将品牌体验空间拓展到了地下一层。顺着楼梯步入底层定制体验区，来自英伦的资深裁缝师在这里为预约贵宾提供专享定制服务，一旁的主题餐厅为顾客提供了休憩场所，动感的水族箱令宾客们可以在享受美酒佳肴的同时观鱼赏景，转换一番都市生活中的繁忙心情。

除了楼面的空间，奢侈品牌在连接两个楼层的楼梯上也大做文章，引人眼球。杰尼亚将其产品陈列区拓展到了楼梯一侧，便于人们在上楼时也能与产品亲密接触。迪奥店铺的楼梯紧挨着由96块液晶屏组成的背景墙，滚动播放品牌广告片和服装秀。在乔治·阿玛尼黑色风格的店铺中，设计师别出心裁地安装了一部店内电梯，方便快捷地将一楼和二楼连通在了一起。而在淮海路开张的路易威登店面中，螺旋向上的楼梯一旁漂浮着两朵几可乱真的白云，给人以通往天空的错觉，故命名为"天空之梯"。

当然，随着新贵阶层的日益壮大，贫富差距的拉大，购买奢侈品的人群在高速壮大，很多中产阶层也开始咬牙购买奢侈品，以彰显自己的身份。满足面子的需求，是消费升级以后的最大需求。奢侈品能够给顾客面子，解决顾客的欲望和需求，顾客也会对品牌奢侈品抱有一分偏好。说拨动顾客心灵也可以，这样也算是感动营销的一种策略。

作为商家，都需要一个本地化的问题，奢侈品也需要和当地的文化做一个协调。古琦总监贾娜妮（Giannini）就曾为其位于上海精英国际的两层店铺的海派设计作过注解，贾娜妮说："新的设计理念主要是为了让专卖店的装饰设计更加璀璨明亮。每个城市都有其自身特点和风情，同时亦保留着浓厚的华贵亲切气质。对于上海而言，我想融入与这座当代都市吻合的现代建筑风格，另一方面也保留与古琦的历史传统紧密相连的标志性材质和元素。"在上海，这些店铺的气质就和上海这个十里洋场的古典和现代风尚集合在一起，唯有如此，才不会有文化冲突。

我们营销人员需要了解国内的消费其实是等级分明的，谁是你的顾客？他们需要购买的东西究竟是什么？我们能在什么场合提供什么样的服务给他们，让他们对商家抱有一份感动？我们需要研究，前文或许也已经给出了答案。

008 羊群效应：主动一点，制造火爆的销售行情

在门店和卖场的销售中，销售人员要善于利用顾客的从众心理，制造热销的场景，这基本已经是现场销售工作的常识了。

从心理学角度讲，顾客之间的相互影响和相互说服力，可能要大于推销人员的说服力，这使得从众成交法具有心理上的优势。从众行为是一种普遍的社会心理现象。人的行为既是一种个体行为，受个人观念的

支配，也是一种社会行为，受社会环境的影响。

从众成交也称排队成交推销技巧，是推销人员利用人们的从众心理，促使顾客立即做出购买决策的方法。由于人的消费行为既是一种个人行为，又是一种社会行为，既受个人购买动机的支配，又受社会购买环境制约，个人认识水平的有限性和社会环境的压力是从众心理产生的根本原因。

顾客会把大多数人的行为作为自己的行为的参照。从众成交法就是利用了人们的这一社会心理创造出一种众人争相购买的社会风气，以减轻其购买风险心理，促使其迅速做出购买决策。

例如：某面包店开业，找了十几个闲人排了一条长队，路过的人也容易随之加入排队的行列。因为从众心理常表现为：既然有那么多的人在排队，就一定有利可图，不能错失良机。如此一来，排队的顾客会络绎不绝，队伍越来越长，而在这条队伍中，多数人可能并没有明确的购买动机，只是在相互影响，相互征服，即顾客宁愿相信顾客，也不愿相信自己，更不愿相信推销员。

既然顾客有这种爱好，推销就可以营造这一氛围，让顾客排起队来。当然，顾客队伍不一定是有形的，还可以是心理上的无形队伍。

利用从众成交法有利于提高推销效率，促成大批交易。但要注意讲究职业道德，不搞拉帮结伙欺骗顾客，否则销售人员会因此而信誉扫地，令顾客避而远之。民间将穿了帮的从众销售方法叫托儿。这是一个古老的游戏。

也不能小瞧了从众心理的作用，其实米兰和巴黎时装周就是一个面向全球的时尚局。那是时尚界和媒体布下的局，只不过大象无形。他们才是时尚的制造者，他们制造了流行，定义了流行。鼓动整个产业链条，掏全球中产阶级的口袋，无数的时尚女人，自认为很自我，很有见地和个性的人，也不小心成了他们的追随者。

销售人员在实际做单过程中，也需要适时地利用从众心理促使客户尽快签单。其实这已经不用强调了，销售人员在做每一单的时候都会或多或少用到它，我们会用案例证明很多以前的用户在使用我们的产品以后获得了发展，获得了成功。既然已经有了成功的先例，客户买了就不会错。

如果不是谎言，销售人员确实能让大部分客户都能盈利的话，那么例证法确实非常有效，大量翔实的可考证的证据会为企业赢得很多的新客户。但前提还是产品和客户价值的提升，产品价值做好了，确实能让客户发展，那采取什么策略都无所谓。但是，如果产品有缺陷，却用从众心理引导顾客购买，那就是欺骗了。

现在互联网电商和微商领域发展很火，其实互联网上的购买行为和线下几乎是一样的，也是在制造一种所谓的爆品效应，就是一件商品火了，在商品的评价栏中，会有无数人的肯定性评价，这些评价足可以促发"羊群效应"，既然这么多人认为这样的商品不错，那就肯定不错了。对于一些女性群体来说，其实从众效应会表现得更加明显。

第四章
DI SI ZHANG

心理认同术——拉近与客户的心理距离才能赢得客户

销售是心与心之间的连接关系，如何在互动过程中与客户建立共同的价值基础，是销售人的一种职场修炼，与客户关系进一步，其实就离成交近一步，想客户所想，为客户欲为，能够造就一个高情商的销售人。

001 假如这是你的钱，你会怎么做

在互联网时代，虽然营销的工具可能变了，但是客户的购买心理并没有变，现在的客户越来越要求企业和销售人能够理解他们，关心他们生活的全部，而不是仅仅维系一个买卖关系。

对于现代营销而言，最重要的事情是什么？很多人说只要顾客肯掏钱就成了，其实让顾客掏钱之前，企业有很多的事情需要去做。现在做营销，最重要的不是盯住顾客的钱袋，而是要盯住顾客的心。不理解顾客的心，什么生意都没法子做，也肯定做不好。

其实，只有拉近与客户的心理距离才能够赢得客户。这其实是网络营销时代的道，而不是术层面的事情。

学会换角度去思考，告诉顾客，自己是在帮助客户省钱，会换角度去假设，面对客户，需要向他说明，如果这是我的钱，我该怎么办，帮助他们去想办法解决问题。

现代竞争已经是超级竞争了，市场竞争变得很残酷。一个企业的价值体现在什么地方，大家认为是产品，不错，产品是根本，但是更重要的是在企业之外，有一批忠实的顾客群体，他们是企业的支持者，关注企业的一举一动，他们感动着企业的感动，认同企业的价值观。

产品是企业生存和发展的基础，但是基础就和大厦的地基一样，真正的企业大厦是企业员工和顾客一起建立起来的。

企业成功了，我们企业里面的销售人员成功了，最重要的是他们做了客户认为有价值的事情，他们花钱买企业的产品，一方面是对于企业产品使用价值的信任，一方面确实是因为在情感上他们做出了选择，其实顾客在购买产品的过程中，既付出了金钱，而且还付出了情感。认同企业和产品，才是顾客购买的不二理由。

顾客是一个人，他们有着自己的价值观和喜好，企业的产品就要满足这种价值观和喜好。现代优秀企业有什么样的特征呢？那就是和自己的顾客有着深度的交流，这种深度沟通能力是企业的核心能力之一，只不过有的企业是技术本位，有的企业是生产本位。其实最正确的经营战略是客户本位。一切为了顾客，一切为了支持顾客价值的实现。也只有这样的企业，才能在市场上正确地配置资源，将自己和顾客的商业价值最大化。

而最重要的，就是真正把顾客的事情当成自己的事情，现在市场上流行一句话："员工听用户的，老板听员工的"，正是这种价值传递链的重构，改变了营销，也改变了销售人的工作内容。

顾客凭什么认同企业和企业的销售人员呢？说到底是对"企业人格"的肯定。企业是一个法人。企业和我们个人一样，也一样有人格，它们一样是一个生命体，和外界不断地进行信息、资金和物流的交换。"企业人格"必须是真诚的、正直的，它们甚至还会有一些道德洁癖，眼里容不下半点欺诈的沙子。

我们研究过很多的优秀企业，我们发现这是他们共同的特征，如果一个企业不正直，他们就缺乏真正的做事能力，也缺乏一种对顾客的敬畏之心。简单，将自己的一腔真诚都奉献给自己顾客，这才是成熟的企业心智。只有企业的员工全部这样想了，我们才说，这个企业的群体心理成熟了。

所以，在真正了解顾客的购买心理之前，我们必须学会自省，古人说，胜人者力，自知者明。企业只有真心真意地为顾客做有价值的事情，才能得到顾客的理解，顾客也才能成为企业的忠诚伙伴。

作为一个营销人员，我们已经知道获得顾客忠诚度的重要性，所以我们一开始就要去研究顾客，学会和顾客找到共鸣的地方。我们认为，顾客对企业的认同是促使顾客与企业之间产生更稳定关系的一个重要原因。由于认同，顾客容易对企业产生更深层次的、更具有承诺意义的关系，也会成为企业的拥护者。因此，企业应该关注通过多种社会影响方式来促成顾客对企业的认同，以达到市场营销手段所无法企及的、顾客与企业间的稳定关系和结果。

让顾客成为我们企业的拥护者，才是营销的最高境界。所以设法制造认同是销售人员最基础的职业修炼。他们为什么拥护企业？主要就是销售人作为企业界面，所表现出的专业和情感，能够让用户感到这是一家值得期待的企业。

顾客在购买的时候找到了自己熟悉的感觉，找到了与自己内心的共鸣，其实，顾客在决策购买的时候都需要　个自我证明的过程，这是一个心理活动。顾客需要证明自己的决策是正确的，销售人员就需要给予顾客尽可能支持性的信息，让顾客对企业和销售人员产生很舒服的感觉，让顾客产生感性认识。做到了这一点，也就消除了顾客的戒备心理，接下来的销售也就会变得水到渠成了。

销售人员需要学会认同顾客的认同，这是最重要的一种获得认同的方式，是一种让你变成他朋友的最好的方式。学会这一技巧，对于从事销售、管理、教育的人特别重要。比如，一个人最在意自己的孩子，那么你见了他，首先赞美他的孩子，他会把你当成朋友。一个人最喜欢下棋，你见了他首先谈围棋的术语和新闻，或者赞美他的围棋技艺，他会把你当做知己。一个人最喜欢某足球明星，你见了他也把自己说成是那位明星的拥戴者，则也会很快获得他的认同。跟爱钱的人谈钱，与好色的人谈色，都是一种认同他的认同方式，也都容易获得别人的认同。

一个销售人员可以让顾客在销售过程中获得知己的感觉，让顾客感到温馨；同样，一个企业也可以树立更好的形象，和顾客之间建立知己感。顾客获得他所认同的东西，让他转而认同销售人员和企业，比如，金钱、地位、名声、友谊等等外围的东西。为什么那么多的人努力要成为各类明星或政治领袖？因为每一个人对明星和领导都有巨大的认同。

追求认同的最大化，是人的心理。那么什么是认同？近些年，在顾客研究中也开始关注"认同"这一主题。研究发现，顾客对企业的认同能够促使顾客与企业保持长期的关系。一般来说，我们把顾客对企业的认同定义为：顾客对一家企业产生亲密关系的认知状态，这是个人通过对自己和这家企业在身份特征上的主观对比而产生的。对于零售企业来说，顾客认同是指顾客通过对比自身和零售企业在身份特征上的相似性，而产生和形成的与零售企业亲密关系的感受。

我们看到，有些企业有着一些独特的、持久的、主要的特征，并且向顾客提供着有吸引力的、有意义的社会身份和形象。与这种企业保持长期的关系，会帮助顾客对自己的身份进行定义；顾客在购买和使用企业产品或服务时，发现了自己与企业在身份上的相似性或一致性，由此产生了对企业的认同。比如追求品质、品位的顾客到北京燕莎商城、北京当代商城这样的高端百货购物，个人会感知到个人身份与商城身份的相似性，就容易产生对商城的认同。

但是，这种认同不同于品牌认同，因为品牌只是产品的象征，而品牌身份也是有别于企业身份的，比如香烟品牌万宝龙与菲利普莫里斯公司之间是有差异的，二者的身份特征完全不同。品牌身份表达的是有关于具体产品的，而企业的身份特征则更多的是组织文化、组织价值观念等重要的、持久的、独特的特征，是那些能把特征组织与其他组织区别开的一些基本特征，比如索尼公司的创新和品质可靠性，苹果公司的创新身份，IBM 公司的稳重身份，会使他们的顾客对自己的身份产生类似的感觉。根据概念内涵，当顾客感知到他的个人概念（个人身份特征）的某些方面与这家企业的身份具有重合时，就产生了认同的感觉。

所以，顾客—企业认同是一个连接顾客与企业关系的认知桥梁，是顾客对企业产生的一种共同感，这种共同感的程度，依赖于顾客感受到的、其个人身份与企业特征的相似程度。研究表明，顾客对企业的认同是最强有力的连接顾客和企业关系的纽带，它能够带来积极的、有利于企业的行为。

002 全面了解客户需求，帮助消除客户的顾虑

在前文我们已经说过，现在经营企业的逻辑已经变了，现在是产品和服务极大丰富的时代，甚至在商品大部分都过剩的时候，只有换一种竞争方式，才可能改变企业的营销困境，在竞争中脱颖而出。

互联网大数据时代，阿里巴巴集团的创始人马云说，现在已经从信息技术时代过渡到数据财富时代，现在，关于用户的实时大数据是企业最可珍视的战略资产。因为拥有用户信息，就能够懂得用户，懂得用户，才能够知道他们需要什么。

精准营销是这个时代的营销变革趋势，精准营销的前提就是全面了解客户需求，帮助客户消除他们内心的顾虑，让他们放心地购买产品，在中间消除所有的心理障碍，这是销售人的主要工作。

心理学告诉我们，人之所以会犹豫，大体上是因为有一种内在的冲突机制，就如身体中总有一个感性的人出于自己的欲求想要得到，但是另外一个人冷静理性地劝说自己要放弃。这种冲突是购买不能成为行动的主要原因，也是构成客户纠结和犹豫的内在逻辑。

销售人员怎么才能尽快地做成订单呢？前提是自己的产品是否符合客户的需求，产品的问题解决了，剩下的问题就是如何快速地和掌握决策权的客户进行很好的洽谈。对于销售人员来说，潜在客户都是经过筛选的，所以如何接触签单的人就是个核心的话题了。

知己知彼则百战百胜，我们的客户是什么样的人，按照以往的交往方式，要获取一个人全面的信息需要长时间的接触，需要通过人脉去了

解客户到底是一个什么样的人，这在销售人员的工作中是日常事务。

互联网时代，获取信息不再是问题，了解一个人就有了更多的方式。我们需要多角度地去了解我们的客户，客户的志趣，客户的内心以及他们的追求。这些东西对销售工作非常有帮助，让客户和自己待在一起感觉很舒服，只要产品没有什么问题，那么生意上也容易顺风顺水。如果能够和客户保持同样的爱好，表现出相同的价值观念，那么两个人可以在很短的时间内找到亲近感。共同语言在商业上就会产生价值。

怎么才能多方面地去了解自己的客户呢？首先我们还是使用传统的渠道，托人了解，尤其是做大客户的销售人员，人脉的运用不仅现在是重要的，未来也将不可或缺，有些客户对企业非常重要，他们向我们企业不断地订货，一旦建立了联系，就是长久的重复购买，从某种意义上来说，维护好这些大客户比开拓新客户更加有现实意义。

客户的自媒体是销售人员介绍自己的比较好的方式，同样也是我们了解客户的比较好的渠道。客户的网络日记会暴露自己内心的想法。客户在网络上的阅读习惯也会透露出客户对某一类的客户的偏好。对于活跃在网络上的人来说，留言、发表看法或者撰写网络文章都会留下足迹，都会透露顾客的爱好。所以从这些渠道来收集他们的信息是非常好的。

我们用在网络上收集到的信息对客户进行性格和心理分析，性格心理学是销售人员应该知道的一个学科。它是研究人类思维、行为模式的一门科学，它通过对人类思维、行为习惯进行研究、分析和总结，使人的日常表现与反应具有可判断性与预知性。通过学习性格心理学，可以帮助销售人员在接触客户过程中区分不同性格的客户，并针对客户不同的性格特点使用不同的对应策略，以简化销售流程，提高销售效率。

其实，销售人在全面了解客户的需求之后，隐藏的问题就会暴露出来，销售人能够在这背后找到客户顾虑的真正原因。否则你永远都不会知道到底是什么地方出现了问题。人是灵动复杂的，销售人需要和客户进行深入接触，问清客户内心的真实想法，鼓励客户直接说出自己的顾虑，其实这样做，销售人能够知道自己的销售在什么地方出现了问题。在工作中我们不能回避问题，有时候，客户说出真实情况，我们可以改的就要改进，如果实在是无法克服的困难，那也不要过分地勉强。毕竟生意是建立在平等自愿的基础上的。

客户的顾虑有很多，你不能够一一地猜出来，不要主观去臆想帮助客户解决问题，你给了客户一车的香蕉，而客户需要的只是一个苹果而已，你为付出而委屈，客户也会觉得委屈。所以，用艺术的方式来解决客户顾虑的问题，是销售人必须准备的功课

003 无论何时，销售员都要以客户的利益为主

要让销售人站在客户的立场上想问题是不难的，但是要站在客户利益上，将客户的利益放在第一位，这已经不是生意经，而是一种商道了。有时候，我们情愿损失掉自己企业的一些利益也要保证客户能够做好生意，能够这样做的企业其实不多。

我们相信客户的判断力是足够的，他们能够判定我们和他们合作的过程中能够实现他们的最大利益。商经上都说，商业规则其实是冰冷的，这也符合实际。合作的基础就是互利，如果没有互利的基础，或者对于互利的预期，那么销售人和客户之间其实就没有合作点了。那么双方可能就只会成为生活中的好朋友，这不是销售人想要的结果。

销售是有目的的行为，人们在生活中总是排斥有目的接近我们的人，所以客户和销售人之间要成为真正的朋友不是容易的事情。那些在商场上交朋友的人可能会失望，人的一生中很少能和合作伙伴成为最好的兄

弟，更多的只是互利之上的包容。

就合作来说，天下没有不散的筵席，双方大体上合作的互利空间尽了，也就没有办法继续合作了，虽然我们常将商业合作人为地披上一层温柔的面纱，实际上内在还是硬邦邦的利益合作。销售人必须能够让客户赚钱，这是硬道理。当然，客户也应该有立场，帮助销售人的企业获得相应的发展。

商业是理性的，一个感性的人在商场上很可能会吃亏，所以在商场上，所有的销售人都必须是理性的人。有些商场上建立的友谊是经不起分析的，现实就是演好自己的角色，老老实实地帮助客户赚钱，再拿回属于自己的一份。

既然市场是理性的，那么营销也应该建立在理性之上。其实在商业中，人际关系具有无穷无尽的复杂性，想要在这方面做得多么好，那也不容易。但是我们可以将事情做到很好，如果客户是一个理性的人，那么只要你为人不是太过分，还是有机会合作的。

这就是企业的理性，与大企业之间的这种合作，实际上已经做到了系统理性，在这样的环境下，销售人不得不依靠系统营销的流程来做事。这就需要企业把重点放在营销工具系统建设上，复杂的动作由公司来做，简单的动作让给销售人来做。如此，销售人在营销的过程中就能够避开感性竞争了。用自己的情感做生意虽然也是一种方式，但是那毕竟是费尽心血的事情。

王小姐是苏州一个做某国际品牌电器开关和程控控制器公司的销售。在一个冬天的夜里，王小姐有一个昆山的客户，工程上的六个程序控制器同时出现了问题，使得项目处于停工状态。而工程一旦停工超过 5 个小时，就可能造成很大的财产损失。

王小姐的客户是这个工程的承包者，他在夜里打电话给上海的另外一个供货商，结果那个供货商不愿意在半夜里送货到工地。客户心急如焚，于是给睡梦中的王小姐打电话，说明原因后，王小姐对这个客户说，虽然这几个程序控制器不值多少钱，但是一定会在第一时间送到工程工地。于是，王小姐半夜起来，先驱车到库管处拿了钥匙，再从企业仓库里提货送到工地，客户很快在工程师的协助之下解决了问题，避免了损失。客户对王小姐非常感激，因此在后来的工程合作中，一直都使用她的产品。而且，客户还将本来不做工程的王小姐拉到了工程项目中来，他们成了很好的生意伙伴。

几年之后，客户越做越大，王小姐也随着客户的发展赚了很多。客户总是会提这件事情，因为在所有同类的客户关系中，只有王小姐做到了无论何时都在为自己的客户着想。这样的服务精神才是能够做好事情的。客户相信王小姐是那种不离不弃的人，所以可以做很好的合作伙伴。

在销售人销售过程中，总有一些具体的事情能够迅速拉近客户的距离。在商场上有一个规则，就是做事需要有利益，但这是总体上的规则，不是具体事情上的规则。在一些具体的事情上，我们照顾了客户的利益，成全了客户，那么客户有很大的可能会给我们相应的回报。

你尊重了客户的利益，在你的利益上，客户也会照顾你。这是交易互利的原则。当然，我们帮助客户，需要客户明白我们的付出。如果我们遇到不明就里的客户，让我们满足他们过分的要求，那销售人就只能回绝了。

004 投其所好能够最迅速地达到让别人喜欢自己的目的

俗话说，"江山易改，本性难移"。每个人都有自己与生俱来的特质，虽然不易改变，但并不是人们性格的全部。因为人们成长的环境、教育程度、智商、信仰、经济状况、父母的影响等，都能塑造他们的性格。我们能够了解客户的性格和知识面的偏向，就能很好地与客户沟通。中国式销售总是先交朋友后做生意，有时候销售工作真会带一点江湖气，认你是朋友，就会跟你做生意；认你做兄弟，就会通过合作，造就双赢的氛围。而与之相反，一旦对方感到跟销售人员待在一起很费劲，沟通不对路，订单就很难做。对事不对人从来都是冠冕堂皇的话，如何打动客户是每个销售人员都会遇到的问题。所以，我们了解客户，通过更多渠道去了解他们，分析他们，将他们的性格进行分类，学会投其所好才是正确的路径。

销售的过程不光是让客户接受产品的过程，其实也是让客户接受销售人员为人的过程，与客户建立关系有很多方法，但都要对客户进行事先的了解。

韩先生在北京销售机床刀具，在刀具行业开拓了很多年，在行业里算是做得很好的销售了，有一个客户谈了好几个月却不能打进去。这是一家军工企业，刀具使用量很大，负责采购的刘经理软硬不吃，每次拜访态度总是不冷不热，韩先生为此感到很苦恼。

韩先生有一次偶尔在百度输入了刘经理的手机号码，发现能够搜到很多关于刘经理的信息，刘经理是典型的体育爱好者，在大学时代就在万米长跑中跑出河北省第四名，而且也是当时学校篮球队的主力队员。在刘经理的博客中得到的信息是，他在企业里还组织了一支篮球队，而且会在不下雨的周六下午到中央财经大学篮球场打球。得到了这个信息，韩先生很高兴。

为了更方便和他交流，韩先生特意找了些与篮球相关的资料来看，在接下来的见面交谈中，韩先生跟他聊到了许多关于篮球的事情，刘经理很开心。经过简单的准备，韩先生在一个周末驱车特意去了他打球的地方，买了个篮球，穿着运动衣在球场上练习篮球，刘经理看到他，真是非常的开心，对"巧遇"也有点惊讶，立即邀请他进球队一起打球，两场球下来，大家都大汗淋漓，自然也就成为球友了。

碰巧，当天晚上球队聚餐，刘经理邀请韩先生一起参加，韩先生没有推辞。吃饭的时候，韩先生提出要做候补队员，大家也都很高兴。刘经理主动提出让韩先生周一去公司谈一下。周一的时候，韩先生成功拿到了订单，数额不大，但刘经理告诉他，慢慢来，自己会帮他想办法。

后来，刘经理不仅自己企业用上了韩先生的产品，另外还给他介绍了三家同样规模的用户，他们成了很好的朋友。韩先生既锻炼了身体，还交到了朋友，真的做到了一举两得。

全面了解客户，才能够打消他们的防范心理，投其所好的策略是最好的和客户亲近的策略，但是销售人员不要忘了一点，那就是真诚，我们做事方式不能像车站附近的饭店一样，碰到一个宰一个。不能积累人脉的销售永远是原地踏步。只有把握人性的销售人员才能在竞争中胜出，投其所好就是把握人性的实践应用。不同的客户就要采用不同的应对技巧。

客户的性格迥异，所以销售人员要学会和不同性格的人打交道。销售人员需要做商业和人际信息分析的行家里手，有必要具有很高的察言观色的能力，在客户交往中，需要在自己的内心有一支温度计，能够时时测知客户的情绪，找出他们顾虑的原因，消除陌生感，能够靠感觉判断出什么时候可以成交。

针对大客户的营销，需要事先做很多的工作，比如和客户的认识方式就已经开始讲究了，不能够随意就直接陌生拜访，那样不仅浪费了自己的时间也浪费了别人的时间。其实，客户是反感销售人唐突拜访的，越是高层管理者，他的时间越少属于自己，所以耽误了人家的工作时间，事情一件压一件的时候，其实客户很难安排时间和销售人进行深度沟通。而没有深度沟通的销售行为，大部分都是徒劳的，这样会大大降低成交的效率。

事实上，好的业务都是在轻松的时候谈成的，客户喜欢什么，都需要事先搞清楚。这样做的目的，就是要为客户定制一个很好的场景，这个场景就是客户所喜欢的。具体如何去营造这样的场景，就需要销售人根据客户的秉性，通过对他侧面的了解来定制了。

005 "一诺千金"，承诺客户的要立即去做

销售人在销售过程中，必定有一个给予客户承诺的过程，这个过程大体上就是对于客户需求给予满足的承诺。很多企业现在都提出超越客户需求的提法，但事实上，我们对于客户的承诺一定要小心谨慎，否则在满足不了的情况下，客户会对我们的产品和服务产生失望情绪。

销售人如何向客户作承诺，还真是一门学问。很多销售人为了客户能够快速成交，自己能够尽早拿到销售佣金，就给了客户过度承诺。结果客户在消费了产品之后，发觉这不能满足自己的需求，他们很可能会把这种抱怨上传到网络上，这对于企业的未来运营会产生不好的影响。

对于任何人来说，诚信意味着讲原则，总有一些需要坚持的东西。其实不对客户作过度的承诺也是诚信的一部分。对于客户的需求，比如一台生产设备，销售人往往会夸报产品的生产能力，客户在使用的过程中，如果能够达到这个能力，那不会说什么，如果达不到，客户就会反感，甚至以扣除余款作为惩罚。这样维系客户的方式会让客户对销售人失去信任，也会对企业产生负面印象。

善于承诺的销售人会拿出可实证的数据，然后作承诺，而不是客户说要一个什么，自己都能够让他满足。那么，如何才能够面对客户，做出恰到好处的承诺呢？有经验的销售人提出如下的原则：少承诺，多兑现，坚持说到做到。

客户会向我们询问产品和服务的情况，我们需要给予客户适度的承诺，在具体的沟通过程中，如果客户提出的要求是合理的，同时确保自己可以通过努力满足客户的要求，而且这些承诺有利于促进交易的实现，那么就可以做出承诺。在面对客户的要求时应该有选择、有技巧地进行承诺，销售人需要尽量满足客户的需求和期望。

既然作承诺，就需要表现出真诚的态度和坚定的语气，不要支支吾吾，更不要唯唯诺诺。一旦在承诺过程中的表现不够坚定、真诚和信心十足的话，客户就会对承诺的内容产生怀疑，进而对此次沟通产生不满。特别是那些现场的销售活动，承诺一定要干脆。在商场里，女人如果问，这件衣服我穿上好看吗？这一定需要肯定的回答。比如"真的很合适你""你穿上很漂亮"。这种抽象的承诺怎么说都没有事。

对于要求有数理参数作支撑的承诺，就不能乱说了。如果已经确定客户的某些需求无法给予满足，就千万不要轻易承诺。这时，可以采用其他辅助手段淡化客户这方面的需求，或者真诚地向客户表明你的难处。例如："我的爱人腿部这个毛病，吃这个药一个月能好吗？"作为医生和药店的销售员，你不能作完全肯定的回答，因为这样的承诺虽然能够让病人宽心，但是如果到了时间没有见效，就会让你丧失信誉。

如果客户坚持要你做出承诺，并且白纸黑字写在合同里，而你如果无法满足客户条件的话，那么宁可失去一次交易成功的机会，也不要失去最基本的信誉。失去一次交易也许有些可惜，但是如果失去了最基本的信誉，那以后就可能再也没有挽回客户信任的机会了。

做销售，实事求是还是主流，只有那些虚拟价值的东西，比如一件商品让客户得到了很好的体验，这样的承诺是没有关系的。对于以后要兑现的东西，销售人需要谨慎，客户提出要求，如果一口回绝，那很可能使客户感到不满；如果不假思索地应承下客户的要求，又不能确保最终能否兑现，一旦不能兑现，那么造成的后果就会更严重。

如果客户坚持某项要求，而且通过一定的努力有可能实现的话，可以对其进行比较委婉的承诺，但是要同时告知客户可能会出现的其他情况。例如："我们会尽可能地按照您的要求在12点以前把货送到，不过万一送不到的话，我会及时打电话通知您……"这样的承诺能够给自己留下一点余地，不要将事情说得太死，保持一定的灵活性。这样事先打过招呼的事情，即使最后没有办到，客户也会理解。

销售人对客户原则是少许诺，但要多兑现。如果你已经向客户进行了许诺，那就一定要尽全力去实现，否则就会失去客户对你的信任。在接触客户的过程中，如果客户不提这档子事情，可以不许诺的话，要尽可能减少对客户的承诺，即使是那些你很容易就可以做到的事情。这是因为，当你热情主动地为客户做了那些当初没有许诺的事情时，客户会感觉你做的事情超出他们的期待，这会使他们感到非常满意。而这种超出期待的满意情绪对你和客户今后的友好联系具有举足轻重的意义。

006 耐心倾听客户的抱怨

以前，销售人总是在躲避客户的抱怨，企业在碰到质量投诉的时候，总是希望糊弄过去，客户不再追究，得过且过就好了。销售人总是希望自己的业务体系中不要出现抱怨的顾客，更不希望这样的事情被自己的上司知道，因为这会带来上司对自己的不信任，以及对自己对客户抱怨处理能力的怀疑。

按照企业最新的经营理念，顾客的抱怨其实是企业的福分，顾客抱怨正是我们改进业务的机会，现在没有一家企业能够在一开始就做出完美的产品，产品都是在与客户互动过程中，听取了客户意见以后，改进再改进，然后逐步得到完善的。销售人面对抱怨，如果逃避的话，也就失去了改进自己产品和服务的机会。

其实，客户的抱怨也是一种参与到企业运营的方式，从客户的心理来讲，他希望自己能够提出建设性的意见，能够让企业改进产品和服务。人都是希望自己能够得到尊重，能够发挥自己的才智的，如果销售人真的能够放下身段，坐下来好好地听取客户的抱怨，这样的话，我们就能够得到客户的智力支持。聪明的企业会将那些抱怨的客户请到一起，让他们的抱怨具有建设性，并且一起讨论解决方案，将客户纳入到自己的研发体系中。如果这样做了，客户就能够在这种参与中找到自己的成就感。而这种成就感是非常有价值的体验，这种模式会让客户提出更多的建设性的意见。

事实上，现在的客户抱怨不像以前那样，跑到企业的维修售后服务中心来提出意见，现在这种抱怨只要动一动手指就可以了，他们用手指点一点就可以了。以小米的网络论坛为例子，其实小米的投诉和抱怨也是很多的，这些客户的抱怨好在都发表在论坛里，如果这些抱怨都是在各个大的新闻网站上，那么就会对企业的产品品牌造成很大的负面影响，企业需要给用户一个发泄不满的场所。但是在这之后，问题需要得到解决。

国内外很多企业本来也没有这么优秀，都是在市场中和客户共同解决问题，提高产品和服务质量才获得更大成就的。

事实上，要想跟客户走到一起并且合作长久，最主要的不是合作没有问题，而是出了问题如何去解决，是用良好的应对合作危机的机制去解决，还是扩大裂痕任由客户抱怨。这方面的处理能力就界定了企业营销的境界。

客户对于销售人和销售人的企业产生抱怨，这是很正常的事情，两个企业体系合作一定会有一个协同的问题，在合作过程中不可能完美无缺，或许是客户那边的问题，或者是我们服务品质的问题，总之，需要一种和为贵的原则，不要破坏双方合作的气氛。

如果是销售人和服务品质的问题，那么首先就应该对于无法实现的承诺进行道歉和补救。对于那些已经向客户做出承诺、最终却无法兑现的事情，一旦发现无法兑现对客户许下的承诺，就要在第一时间向客户表示歉意，同时要诚恳地说明承诺无法实现的具体原因，如果有可能的话，还要主动提出具体的补救措施。

维护客户关系需要真诚，销售人在向客户表达歉意时，一定要注意态度的诚恳，不诚恳的道歉态度会更激起客户的不满。同时，提出的补救措施必须要委婉地向客户表示询问，必须在客户表示明确同意的前提下再予以实施，千万不可自作主张。

对于我们服务的领域出现的问题，我们还是要比客户更专业，所以有责任帮助客户找到更好的解决方案。当然还需要注意一点，那就是必须要优于原先承诺的条件，否则仍会引起客户不满。同时，还要掌握一定的度，不要为了客户的一时高兴而不顾成本核算，最终造成"有交易、无效益"的结果。

销售人在维护客户利益的时候需要考虑到企业付出的经济成本，如果补救措施的成本太高，则需要双方更高阶层的人士商讨解决方案，一线销售人没有决定方案的权利。

那么如何才能够解决客户的抱怨呢？

资深销售人建议先倾听客户的意见，倾听客户的投诉，并设身处地地考虑他们的感受，让他们知道你在倾听并体会他们的心情，表明你理解他们的不满，可以对他们说，"我理解您现在的感受"，通常顾客在抱怨时都不希望被当做一个无理取闹的人。让他们知道他们是对的，而且实际上他们说这些是在帮助你。

承认自己的工作欠缺是必需的程序，如果是小问题，能够解决就当场去解决，如果是个大问题，就需要先道歉，然后在平和的基础上找到补救的方案。一旦了解了问题所在，并找到了解决方法，就要马上与客户联系，知会他们。比如对客户说："我已经找到一个解决办法，明天下午之前一切事情都会按照您所要求的那样处理好。"与客户保持联系直到问题圆满解决。

客户接纳了我们的解决方案，我们将事情处理好之后，就需要修补合作不愉快所留下的裂痕，危机过后，给客户去一份邮件或者微信，感谢他们提醒你们存在这样的问题，并给你们机会来确保同样的问题不会再次出现。感谢他们继续与你们保持生意上的往来。也许这样，就不会影响到以后的合作了。

007 用正确的态度对待顾客的投诉

在网络时代，人与人之间的关系在重构，管理学上将管理的重心外移，它们认为企业内部已经不存在老板，客户才是真正的老板。按照这样的企业运营逻辑，应该给予顾客主人翁的地位，让他们成为产品消费者的同时，也能够成为一个企业的生产者。

史玉柱是一个愿意向用户学习的人，他一直认为真正的知识蕴藏在用户使用产品的过程中。在做《征途》的过程中，史玉柱和十几岁的孩子们一起玩游戏，在玩游戏的过程中，这些孩子们会一边玩游戏一边抱怨，这个不好玩那个不好玩，这个地方有问题，那个地方有问题，孩子们甚至会骂开发游戏者是脑残，如果是他来开发这个游戏的话，他会怎么办。这些孩子们一边玩一边在投诉，史玉柱历历在目，当收到一条有建设性改进意见之后，他会立即打电话给团队成员，让他们连夜改进，以获得更好的游戏体验。正是如此洞悉自己的用户心理，了解他们真正的喜好，游戏才获得了巨大的成功。

客户抱怨需要最终解决企业的问题，否则抱怨就变得没有价值。比如格力空调就是将客户抱怨最终变成一个有价值的质量管理系统。每一次帮助客户解决问题，企业就能够学到更多的知识，通过改进质量，就能够生产出更高质量水准的产品。

在产品信息化的过程中，二维码识别技术是成本最低的。格力空调就正在推行这样的二维码应用计划。在格力空调的所有零部件上，都会有用于识别的二维码，二维码中具有非常多的信息，既能够反映出零部件的品类，也能够追踪到零部件的供应商，用户在扫码之后能够快速地知道该零部件在生产过程中的技术状况，以及该零部件在使用过程中，如果出现坏件问题，对于空调设备来说，会出现什么样的问题症状。

客户一开始不知道机器出现了什么问题，这没有关系，只要扫码之后，就能够在手机端获得出现问题的诊断结果。客户了解到的信息越多，对于机器出现的问题就能够理解其中的缘由。这种沟通互动模式能够获得客户的理解。

同时，在用户扫码的时候，信息就会上传到格力企业的云服务系统，由于手机等扫描设备具备确定位置的功能，智能设备的实名制的使用情况，格力企业会在第一时间内就知道何时何地何人出现了问题。在扫码之后，云系统会向最近的服务站发送信息，告知用户可能出现的问题。这可以在最短的时间内做出反应，进行维修。

其实，这样的流程是在瞬间完成了。可能客户这边刚出现设备问题，那边在极短的时间内，维修人员就能够登门解决问题了。

由于用户群不断扫码上传自己的空调问题，在后台的大数据系统中就能够出现零部件出现问题的概率，对于整体的供应体系的质量进行管理，对于经常出现的问题，就需要企业迅速改进零部件的质量。这种基于大数据的微改进体系能够大大降低产品的出问题可能性，也就能够降低服务成本，提高企业的竞争力，使得企业掌控价值链的能力进一步增强。

维修人员能够直接扫描坏件的二维码，数据就会同步上传给格力空调的供应商，供应商对于自己的产品出现问题，不会就此过去，而是深度探究使用零部件出现问题的原因，这能够深度地学习产品知识，推动企业对于零部件技术的深度理解，从而改进技术，创新技术，实现零部件的终身无故障的目标。

零部件生产厂家能够建立一个大数据系统，从而为格力空调的产品系统做系统的匹配，大数据系统能够让工厂管理更加系统化、标准化、责任化。在扫码的过程中，二维码能够精准地识别此零部件是何时何地何人生产的。对于出现的问题不是追究责任，而是针对某个人生产工艺的缺陷进行深度分析，并协助解决问题。

二维码的应用能够提升企业的竞争能力，这是二维码技术系统的价值所在。而这样的模式正是将产品的问题和客户的抱怨变成企业日常管理的一部分。

客户的投诉行为就是企业改进服务的机会，这是企业应该具备的态度，也是正确的态度，没有人会闲得慌，会认真地投诉产品的不足，都是因为出现了问题才来和企业互动的。不要轻易放过任何一个问题，客户投诉的问题，就是企业需要改进的地方。

客户在投诉过程中，希望得到企业的改进答复，同时对丁自己做出补偿。在以往的企业中，在如何接受企业投诉后的补偿问题上，大部分企业都是比较保守的。也就是给予客户的补偿尽可能的低，以造成那些投诉者付出的成本更高，让客户自己放弃获得补偿的机会，事实上，按照消费生产者的概念，一旦客户在投诉过程中，能够启发企业去改进服务，提出建设性的解决方案之后，企业完全可以进行补偿，让这样的人获得回报，这对于企业开拓市场是有深度意义的。

008 即使顾客无理，也不能失理

做销售本质上就是做人，任何生意背后都是活生生的人。所以做单就要围绕人心展开。

销售的根本就是在销售你自己，所谓"销售你自己"，其实就是让客户信任你，接受你，对你有好感。事实上，所有的销售，从技能上讲就是不断获得客户信任的过程，一旦客户对你产生了信任，他就乐于接受你的产品。

但是我们总能够发现，即使我们做十二分的努力，对于客户进行尽心尽力的服务，但是客户还是不能够理解我们销售人，相反，还可能表现出无理取闹的架势。对于这样的客户，我们可能就要对他进行一次心理分析，希望能够找到他们无理闹三分的原因。

从心理学上来讲，人在受到不公正的待遇之后往往会表现出气愤和采取针锋相对的措施，和顾客进行对抗。其实和客户进行对抗不是专业的商业行为。职业销售人会将职业生涯中受到客户的不公待遇看成是一种必要的历练。心理学上有一句话：伤害我们的往往不是事情本身，而是我们自己对待事物的看法。如果我们能够将这样的事情当成是一种常态，那么就能够以平常心看待客户的无理，并且按照程序化的努力来应对客户的无理。在销售职业生涯中，往往第一次客户的无理行为带来的压力比较大，一旦我们学会了应对的方式，这种心理压力就会消失了。

对于企业来说，需要对销售人进行这样的训练，就是学会模拟客户的刁难，在对销售人的培训课中，基本上都会设置这样的课程，让两个销售人员模拟刁难的客户，让其中一个扮演销售者，客户会尽力做出各种不适宜的话语来刺激销售人，并且以激怒对方为目的。教练在销售者被激怒之后，宣布模拟成功，然后他会和游戏双方一起来分析明知这是模拟游戏，人也会被激怒的原因，并且会告诉销售者该如何应对这样的挑战。这种反复的训练能够训练出一个合格的职业销售人。

对于很多销售人来讲，在职业生涯中会遇到很多的心理障碍，这是普遍的现象。销售人在销售过程中，成功的经验会促进自己克服心理障碍，消除心里负面的东西。所以，成功学上打气其实是没有用的，那些鸡汤类的鼓励只能有用一天半天，真正的心理能量需要自己在职业生涯中慢慢积累。将自己变成一个专业的人士，就能够面对任何挑战了。

雯是一个影视植入广告商销售主管，毕业于中央戏剧学院，是一个有气质也有学识的女孩。业务模式就是在电视剧没有开拍之前就为电视剧寻找广告植入品牌。她工作很努力，业务也做得不错，毕竟，在国内这样的公司其实也不是很多。单个单子也比较大，有些甚至一个企业就要投入上千万，甚至几千万元。对于这么大的投入，客户都是很谨慎的，有时候，客户也会有其他更苛刻的要求。

为了一个单子的签单，雯从北京飞往福建，希望能够签下单子。她和客户老总在一天的交往中，老总对雯有了很好的印象，在签单的时候跟雯说可以交个朋友。晚间老总留雯吃饭，本来是企业广告部门和媒体部门都去的，但是饭局却安排了她和老总两个人，而且是在那个城市的会所。雯一看这阵势，就知道问题比自己想象的复杂。但碍于情面，雯只好硬着头皮坐下来陪老总吃饭。

席间老总跟她谈起自己生活是多么的不如意，自己和妻子之间关系冷淡，自己专心于事业，真的希望有一个红颜知己。雯觉得老总跟自己说这些很唐突，但是还是劝说老总，能够维系一个和美的家庭。

由于喝了点酒，这位年龄已经五旬的老总突然拉着雯的手，说很喜欢她，然后就一把抱住了雯。雯立即推开了他，并且坐到了桌子的另一边。雯说："老总，您知道，我的职业是销售，销售的广告植入业务，您是看到我们的价值才和我签约的，否则你不会拿 1000 万来做这方面的业务。请您站在我的角度，我一个单身女子，一旦出现了职业污点，利用色相来赢得业务的话，我的人格就全毁了。如果你真的认同我这个朋友，就拿我当你的妹妹，或者您的女儿。"

雯继续说："老总，我很钦佩你的人格魅力，你的形象也很好，符合时下时尚大叔的理念，我也很欣赏你，但是我不能给你带来什么，除了业务，除了私人友谊，我们不可能还有其他的东西，我也不可能成为任何一个人的婚外情人，我感谢你欣赏我。但是我只能到此为止。"

说完，雯就拿起衣架上的外衣，向老总告辞。老总看到这样的场景，连忙打招呼道歉，招呼雯坐下，谈了谈业务上的事情。雯也落落大方，不计较老总刚才的举动。第二天顺利拿到了预付支票，将这个业务完满地做了下来。

　　对于雯来讲，如果当时就撕破脸皮，做出一个烈女状，并且当面骂对方是淫贼的话，那么这个事情也就黄了。雯是学戏剧的，懂得人的心理，其实作为一个企业老总，50 岁左右的男人，有典型的中年危机倾向。碰到年轻有魅力的女孩子，很容易立即动心，鉴于他们的经济地位，可能会尝试进行深一步交往。老总无论出于假意，或者是真心，但雯的谈吐落落大方，说出自己不可能为这公司 1000 万的单子，赔上自己的人生和职业生涯，对方马上就理解了。

　　面对客户的无理要求，销售人需要积极地化解，不仅要化解，还要知道客户这么做的缘由，如果理解了，那么就能够站在客户的立场，不会怨恨客户，而是能够解决问题，和客户继续维系交往。

心理暗示术——赢单的关键
是让客户不知不觉说"是"

人类是唯一一种能够接受暗示的动物，销售人的销售技巧就是暗示暗示再暗示，这是一种销售心理的驾驭技巧，学会驾驭人心，引导人心，就能够在销售事业中如鱼得水。

001 让客户一开始就说"是"

对于销售人来说，要理解营销工作的系统性，明白自己在企业中的位置，你可能会说："我是一个一线的推销员，我怎么能管得着品牌诉求层面的事情，我也管不了品牌故事传播，以及广告投放是否具有精准性。"这些都是企业层面做的事情，对于一个处于市场一线的销售人而言，最重要的一点就是能够随着客户的心起舞，独自处理客户的异议，能够让客户在不知不觉说"是"的过程中使自己拿下订单。

世界营销界知名人寿保险经纪人乔·什道夫博士说过："只有在营销员遇到障碍后，他的营销工作才算真正开始。如果客户没有拒绝，营销员这一职业就不伟大了。"

什道夫认为自己的产品价值是显而易见的，这些拒绝你的客户不过是对你的误解，在面对客户的时候，你需要站在他的立场上，顺着他的思维去展开谈话。从一开始和客户进行对话的时候，不要做任何对抗性会谈，人与人交流的过程中，总会有一个转折点，在这个转折点之前，你要顺着客户去理解他眼里的世界。等到他将自己的东西说完了，接下来就应该是销售人表达自己的观点的时候了。

当然我们在前文中已经说过，销售人做事还是要注意分配好自己的资源。对于那些一开始就彻底拒绝的人，一下子转变他们很难，那就将他们作为长期的潜在客户。在客户没有需求欲望的时候，去改变客户的心智是一个需要费很大心力的行为。有些客户认为销售人提供给他的东西和自己的需求相差太远了。

其实，客户在一开始都有拒绝心理，因为在销售人提醒客户之前，客户没有想到自己的需求。比如很多保险人在做业务的过程中，就会遇到很多一开始就拒绝的客户，他们对保险缺乏认识，致使投保信心不足，或是客户经过认识活动和情感活动后，发现保险产品的性能、特点、价格等方面不能完全满足自己的要求，因而做出不投保的决定。有人想投保但经济上承受不了，但又不愿明说；有人由于对保险缺乏一定的了解，又不愿意显示自己保险知识的缺乏；还有人对保险产品或服务的印象欠佳，但又怕引起争执等。总之，销售人被客户拒绝的理由是数不胜数的。

其实我们在销售过程中，永远要记住的一点就是我们和客户之间，时刻在找共识。如果客户不愿意走到你这边来，你就走到他那边去，然后通过引导，将对方引导到购买行为上来。关于与客户的成交技巧，实际上国际国内研究这方面的学者太多了。

销售研究者创造了许多新的销售观念，例如：特征和利益、开场白的技巧、异议的处理方法、开放和封闭型的问题等。专业销售技巧的概念来源于美国销售心理学家斯特朗（E. K. Strong）撰写的《销售心理学》。该书写于20世纪20年代，其内涵一直随时代发展不断变化，始终与市场同步前进。可以说，他是研究销售技巧的鼻祖，国内销售技巧类图书没有哪本不是借鉴了这位大师的研究成果。所以如果要寻找知识，就去寻找知识的源头，这位大家在分析了无数案例后得出了专业销售的科学程序，这需要销售人潜心去钻研。

专业销售体系包括做充分的销售准备和目标设定；成功开场，引起并维持客户的注意，赢得拜访客户的兴趣；通过提问获取客户关键信息，并观察对方肢体语言，发掘他们的关注点及购买动机；专业应对客户的反对意见，理解应对的基本原理和有效做法；识别购买信号并懂得适时地要求客户承诺，达成协议。这些都是在销售过程中处理客户异议的销售管理方法。

美国的一项调查，对所有提出异议的客户和没有提出异议的客户有一个规律性的总结：提出异议的客户，销售成功率占64%，而没有提出异议的客户成功率则只占54%，所以我们要知道客户提出异议是在关心企业的产品、关心销售人本人，客户在向你传达一种信息，就是客户对于认知、情感和利益某一部分还没有全面了解，你作为销售人做得还不到位，客户在告诉你还有一些东西你没有对他说清楚。

客户往往只是自己领域的专家，对于其要采购的产品不能透彻了解也是很正常的。有时候客户关心的东西恰是我们认为细枝末节的地方，所以销售人员需要跟客户慢慢地讲透。销售人员应该对异议进行排序，分清哪个是真异议，哪个是假异议。我们都知道异议有真有假，其实大部分都是虚假的，你要有能力把它分辨出来。销售人员需要知道在所有的这些异议里面最重要的是哪一项，对方就会把他认为最重要的真实异议告诉你。销售人员给出专业回答就可以了。

我们要善于一步步地引导客户，让客户自己担心的问题逐步暴露出来，销售人一定要相信，客户有了需求才会跟我们继续交涉，客户不着急成交，大体上是因为需求还没有被引出来，如果客户有购买欲望，那他就会用一连串的"是的"来支持你。

这其实是最简单的销售心理策略的应用，销售人在一开始就要将异议放在一边，换位思考对于客户的好处，多讲一些，客户总是能够肯定销售人，其实在肯定销售人的时候，也就渐渐地将自己的抗拒心理放下了。这时候我们将自己的推销目的推导出来，就能够实现对用户的引导，用户顺理成章也就答应了。这对于很多小型交易是比较奏效的策略。

002 重复说明一个重要信息，加深其做出购买的行为

销售人销售过程中，需要和客户做一些迂回的心理小游戏。这样的客户引导策略是很有价值的，这是区分销售人销售水平的主要标志。

在销售中，销售人首先就要观察客户的需求。其实需求是个比较复杂的结构，不是直来直去的，比如买轮椅，在家庭中不是老人自己走不动路自己来买，而多数都是孩子帮着自己来买。而使用者是老人，老人

自己的需求是什么样子，这其实都是需要间接去了解的。

就购买轮椅这样一个行为，在销售人和客户进行对话的过程中，有经验的销售人就能够深入理解客户家庭关系。客户和家庭关系人的亲疏这样的信息都能够被推导出来，这其实是很简单的心理导引术。

家中有行动不便的老人，其实作为子女付出一定是很多的，在现在的都市中，服侍一个老人或者一对老人对于中年人来说，确实是个很艰巨的任务。客户可能自己有工作，还有子女的情况烦心，在上有老下有小的情境中，活得很不容易。其实客户在帮助老人购买物品的过程中，最希望的就是理解。客户如果觉得我们是懂他们的生活状态的，就会很快拉近距离，也会将自己全部需求都讲出来了。

客户希望自己的行为能够得到肯定，这是最重要的心理。在购买的过程中，销售人如果一直说："您真是一个孝顺的人，老人有你这样的女儿（儿子）一定会感到很欣慰的。"这样的话语如果一直重复的话，就能够产生很神奇的效果。因为这肯定了客户整个付出过程中的价值，这种价值能够鼓励客户继续做下去，而且，购买轮椅只是其中一个小过程。销售在这样的对话中很顺利地就完成了。

销售人在销售商品的过程中，一定要肯定客户所做的事情，重复一个重要的信息，也就是以客户的整体事业为核心，自己是客户整体事业的支持人和构建者。从沟通来讲，这就是一种深层互动的过程，

用户核心价值是一定需要及时提炼出来的，这是销售人的一种销售基本功。这种核心价值就是客户真正介意的东西。在互联网时代，竞争是全网比价的竞争系统，我们在竞争中需要什么样的防火墙，让我们能够在营销过程中远离价格战，一个最基本的路径就是站在用户的角度，去发现他们的核心价值，构建产品、甚至重构企业整个服务架构，重建企业的传播系统，一切都是为了用户能够觉得我们的产品和服务是在懂得他们的基础上为他们而做的。让自己的产品对于他们而言，是一个有情怀的产品。

如果我们的产品是按照客户核心价值来构建的，我们事先就会对客户的行为进行深入的研究，我们能够发现他们在需求背后的需求，然后针对他们真正在意的东西来重构我们的表达体系和传播体系。

销售人一定要能够谙熟客户内心的想法，现在在企业战略中有一个"强需求"理论，就是企业能够提供具有足够刺激用户需求的产品。然后在向客户传达信息的时候，只需要建立自己满足这种强需求的诉求就可以了。

网络时代的用户接触非常多的信息，网络营销同样也要遵循同样的规则，比如信息尽可能的少，但是传达的信息却要尽可能的精炼。比如小米的信息传播就很简单：一个雷军的面孔，一个小米的标识，企业的行为哲学就是："站在风口，猪都会飞。"企业的经营管理哲学是："专注、口碑、极致、快。"企业几乎所有的传播都会按照这样的传达在做，小米的传达路径非常清晰，也非常简单，能够让用户很清晰地理解小米的事业和产品到底是什么样子的。这种简单重复的传播非常有效，小米出色的传达系统为小米企业的快速发展提供了很大的助力。

从用户心理学角度讲，现在是信息爆炸的时代，企业的价值传达系统占据了非常重要的地位。销售人员其实都是企业的品牌管家，品牌企业都会有一套自己的独立学说。销售人员要像传教士一样将自己企业的理念传达出去，这是今后企业营销的一个重要课题。

传教，并不是在销售某种有形的产品或无形的服务，而是在传播一种理念，一种信仰。传教士从来不会对你谈及商品和利益，不会跟你有利益上的纠葛，他们只跟你谈你自己，他帮助你认识到你存在的问题，启发你想去寻求解决这些问题的方法，最后让你确信他正是可以帮你解决问题的人，你自然就会遵从他的建议来接受他想让你接受的一切。

品牌管理是一个错综复杂的事情，很多企业没有品牌，却妒忌品牌给企业带来的利益，其实品牌维护是一个费心费力的事情，品牌都是点滴沟通汇成的大海。销售人员应该向传教士学习，首先应该学习传教士的心态，每一天只要能工作，就要将自己企业的品牌理念传达出去。传教士把传教当做一个崇高的事业，销售人员也应把销售当做事业来对待；传教士始终认为自己是在帮助众人，为众人带来他们最需要的东西，而从不乞求，销售人员也不应该自视低人一等，因为生意不是靠低声下气的乞求得来的，那样做只会向客户表明你都不相信你的商品对客户有价值；传教士面对无数次拒绝和挫折，仍然百折不挠，保持一颗平常心，销售人员也只有不断克服自己的挫折感和畏惧心理，才有可能坚持下去。品牌传播就是不断地重复再重复，直到自己也以之为傲，深信不疑。

品牌管理分为大众品牌和小众品牌，关于大众品牌，有无数的专著和经验可以去参阅，小众品牌建立和传播对于很多小企业和销售人员是有指导意义的。简单重复企业的理念和用户的核心价值，也许是最低成本的让客户认同的方式。

003 隐晦表达更容易被接受

销售就像谈恋爱，这是一句人们很常用的关于销售过程的描述。跟交朋友一样，不要第一次见面就说爱上人家了，那只会让别人觉得你不是真诚的、随口即来的不靠谱的角色。靠谱是一个女孩子对男孩子一个比较重要的印象，所以循序渐进的转折才是销售成功的不二法门。

人们对于陌生人都有防备心理，这是很正常的现象。如何让一个新的客户接受自己，则需要事先多谋划，按照人性的规律来一步步地解决人与人之间的信任问题。

做销售就像谈恋爱，得矜持一点，与客户保持一定的距离，每个人的心理都有一个安全距离的问题，当我们和客户交往时，在一开始就表现出过分的亲热的时候，客户很容易就做出自己的初步判断：这是个职场的老油子，太油滑了，太功利了，我得警惕一点。如果客户真的这么想了，那么以后的单子可就难做了。

其实隐晦表达更容易被接受，对于一些大客户的营销，就需要拉长互动的时间表，而不是缩短交往的时间表。单子越大越完整，就越要遵循这样的规律。

在当下的市场中，几乎没有什么市场真空，对于大客户营销来说，你进去了，意味着往往就有其他的供应商出局，以这种心态进入企业，需要一个长期努力的过程才能够获得客户的信任。

甜言蜜语、无孔不入，一味地迎合讨好让客户烦躁厌恶，客户恨不能逃之夭夭。其实我们总是想先交朋友，后来才合作的模式，这样的方式是对的，做客户不是我将货物和商品销售出去就行了，这是一个相互磨合的过程。

交朋友的方式不需要什么特别的技巧，人与人之间需要一种价值观和生活观的趋同，这是非常好的一种方式，人与人之所以能够走近，大体上在很多看法上都是能够共情的。共享信息之后，才能够获得彼此的好感和信任。对于销售人来说，其实是一种比较友善的人格，需要具有足够的包容心，以客户的价值观为主导，这是一种修炼。对于太主观的人，可能不太适合做销售工作。

如何和客户之间进行销售的表达，确实是一个费心的事情，像谈恋爱一样的费心。不过，对于绝大部分人而言，还是一步步地引导比较好一点。话说得太直接，是无法收回去的。什么事情都有一个度，过分必然产生反效果。营销活动是一种人与人之间的心理战，因此轻松的心态、必要的技巧以及不可或缺的娱乐精神可以事半功倍。

好事多磨，这是一个事情的基本规律。我们在做大客户营销的时候也需要知道这样的规律，一开始就不要往直接业务上面去引，而是设法让客户知道我是什么样的人，我们的业务结构是什么样的，这些信息能够在接触中表现出来，销售人的传达最好能够让客户对自己的企业产生浓厚的兴趣。运作任何一个项目，都需要基于人性的思考，如此才能够获得客户更多的认可，客户自己主动提出来要试试产品和服务，这才是销售应该达到的境界。

隐晦表达和保持一份神秘，能够激起人们的好奇心，这种传达模式的中心其实是一个心理游戏。这是一种常用的心理引导策略，杰克罗琳当年的图书营销，就是在全世界英语国家中同步进行这样的隐晦表达，制造神秘感和期待感的场景，让全世界的小朋友们趋之若鹜。

《哈利波特和火焰杯》在正式出版前完全保密，越是遮遮掩掩，越是造成公众强烈的期待心理。书评文章都扣住暂不发表，作者不得接受任何采访，海外译本也被推迟，唯恐不慎泄露玄机，甚至书名、页数和价格等信息也仅在上市两周前才公布。刺激性的细节，包括一个主要人物的死亡以及哈里的情窦初开，被技巧性地一点一点透露给垂涎欲滴的新闻界。印刷商和批发商必须签署严格的保密协议，书店严格遵守指定时间才能售书的规定，所以在正式上市的 2000 年 7 月 28 日之前，读者只能通过上锁的橱窗看看那些诱人的封面来解解渴。被吊足胃口的读者还可能不在第一时间去抢购吗？

这本图书上市以后，全世界的小朋友都到书店门前排队抢购，因为人们已经受不了出版商几个月的连续"勾引"了。正是因为整体的策略得当，罗琳的图书在全世界都大卖，她成为具有 5 亿英镑身家的富豪女作家，据有关统计，整个哈利波特系列图书带起了包括影视、漫画和衍生品市场价值，具有 300 亿美元之多。

说话留几分，保持隐晦性和神秘感可不是什么雕虫小技，世界级企业也将这样的策略当成是一个保持魅力的方式。"非常可乐"昙花一现，已经从市场上几乎消失了，但是可口可乐却存在市场 100 年，还继续保持自己的魅力，适当的神秘感可以增强对顾客的吸引力，比如可口可乐的原浆配方，一直对外秘而不宣，甚至有一段时间不惜退出印度市场，以抗议印度政府要求其公布配方的压力。有些营销专家就认为可口可乐公司是故弄玄虚，因为在实验室里分析其成分简直是易如反掌。

所以在销售过程中，不要做清澈见底的透明体，总要留一点矜持和神秘感，不要和盘托出自己的全部，而要保持一段距离，不要太黏对方，应该保持适当的距离感。距离产生美，经常见面就会有厌烦情绪，就不会特别珍惜。

⬤004 暗示客户不购买会遭受的痛苦，刺激其做出购买行为

对于销售人员来说，要对客户做的工作也只有一个：把好处说够，把痛苦说透。

做销售的人基本上都会遇到如下的几种情形：比如"考虑一下，过段时间再说"等等类似拖延的客户异议。客户为什么没有急迫地想得到你的产品呢？原因就在于你虽然让客户已经意识到了存在的问题，但并没有更进一步地让他觉得自己的"病症"已经到了"非治不可"的地步。

有经验的销售人员会抓住客户很小的问题或缺陷放大再放大，直到大得足以让客户付诸行动以购买他们的产品。

做销售其实就是一个让客户先痛苦，后快乐，最终成交的过程。你可以用多个角度提问，让他感到问题的严重性。

客户的购买行为都出于两个点：逃离痛苦和追求快乐。其实做销售也是这样，也是既让客户感觉痛苦，同时让客户感觉快乐的过程。兴奋点主要是指容易让客户感到敏感的条件和情绪性字眼，例如：价格、优惠、送货、保障、维修、售后服务、各种形式的购买承诺等敏感条件，和客户说好以后，客户就会很兴奋。一个成功的交易在成交以后，客户一定是充满期望的，他们不仅仅会对销售人说"是"，也会说"太好了""很不错"等情绪性字眼。

美国康奈尔大学科学家做过一项心理实验，为"意愿决定我们所

第五章 心理暗示术——赢单的关键是让客户不知不觉说「是」

见"的假设提供了有力的证据，证明人们在看东西时会无意识地按意愿进行选择，带有很大的主观性。人们在生活中，很多的需求都是销售人引导出来的。善于不善于引导客户，这是销售人是否合格的标准之一。

这个根源，应该追溯到人们的心理层面。我们的行为都是由意识所驱使的，将产品做好、把营销策划做好，这些无非都是销售员心中已形成了的意愿图像，并受它的驱使。客户心目中，一切应该都是有自己的位置的，这是客户心中的图像。所以销售人需要告诉客户，原来心目中的那个图像具有很大的危害性，能够带来不好的后果，这时候，客户就会有自我纠正的愿望，并产生了改变的需求。

销售人多半已经知道客户购买你的商品或服务很大程度上是由于你触动了他的情绪，无论那是喜悦的，还是痛苦的。无论你的产品或服务有多么优秀，如果不能触动客户的情绪，他是不会采取购买行动的。这种情绪一旦被调动起来，他们自己就会对问题产生想法。如果你想要他决定采购你的商品或服务，你必须引导他进入一个情绪状态。如果你能够触发客户的喜悦或是痛苦情绪，那么就可以引起他真正的关注，并鼓励他采取行动，无论是协助他摆脱痛苦，或是能够让他强化喜悦的情绪。

李女士的家在北京朝阳，她是一个讲究生活品质的人，在企业内也是人力资源总监，这样的人其实具有很强的理性思维，不是一个很容易就被打动的人。按照她自己的说法，她在职场上就是一个和男人思维一样的人。

但是就在买空气净化器的事情上，她的看法被销售人员改变了。她在一次会上说出了自己的故事。因为李女士一直不信任这个机器，花了好几千元放在家里，真的有用吗？但是在一次参与环保企业的会议时，一位来自北京的一家空气净化器生产厂家的销售主管的演讲改变了她的看法。

这位销售主管没有去推销自己的产品，而是在叙说全世界大的工业城市中，人的肺部的健康数据对比，这些数据能够直接说明问题，销售主管在摆出一个数据后，开玩笑说，对于成年人来说，如果处于雾霾环境中十年的话，患肺癌的可能性就会大幅度地增加。同时，8个左右的雾霾粒子就可以永久性地杀死一个肺细胞。连续十年的不加防护将自己暴露于雾霾中，后果难料。他有一句话刺激到了李女士：我们这些成年人，死了就死了，这些雾霾都是我们不负责任的生活方式造成的。但是孩子怎么办呢？孩子要是连续暴露在污染空气中十年的话，他们的未来怎么办？人往往对于眼前急切的事情，急于去寻找解决之道，但是对于慢性发作的事情，却在拖延中不加处理，而这在一年两年看不出来，但是在十年八年的时间内，一定会分出家庭健康水平的高下。

李女士有一个4岁的孩子，想想孩子可能面临的健康问题，李女士的心里马上就失去了对购买净化器的抗拒心理。回到家的时候，她问询了自己的几个同龄的女性朋友，有孩子的家庭，基本上都购买了产品。这让李女士觉得自己之前太主观了，觉得自己的家里也需要一个净化系统，维护好家庭的小环境，毕竟人80%的时间都是在室内。解决了家庭空气环境的问题，能够给自己和家人一个安全保障。于是，这就成了李女士的强烈需求，在听完演讲的那个周末，李女士就在网上订了一台专业级的空气净化器。

李女士的故事说明，其实很多问题都是可以引导的，李女士最柔软的地方不是她自己，而是她的孩子。她可能对于自己的健康状况不担心，但是在谈及空气质量会影响到未来孩子的健康时，就放大了她的痛苦，这时候她就会自己寻找解决之道了。而一个事情的好处是能够看得到的，这是销售人需要跟客户呈现的事情。

跟客户讲其他客户的故事，这是很有价值的传达。客户会立即进入你的故事状态。如果你的故事情境与客户曾经有过的经历相关，他便会想起曾经有过的类似痛苦而想要避免再发生，或是记忆起曾经有过的快乐而想要再次拥有或是能够再强化。

当客户认识到自己的痛楚的时候，你开始与他对话，引导他谈论过去的经验，或是建立起几个假设的情境。当客户触动了情绪，他的头脑会开始分不清什么是事实，什么是虚幻。解决客户的问题，而非销售你的产品。直接说出客户最痛的地方，不停地刺激他们，这能够激起客户直接构想解决问题的能力。

在客户面前，不要尽说你的产品的功能，而要说它可以为客户解决什么问题。客户希望能够尽快摆脱痛苦，或是尽快实现快乐。他要一个能够确保实现愿望的解决方案。

当销售人成功地触发了客户的痛苦情绪时，不要太快进行其他行动，让你的客户先沉醉在他的情绪中。因为是情绪因素激发客户的采购行动。而销售人的后续作为，必须能够让客户继续维持在他的情绪状态中。这样才能够实现快速的转化，实现购买行为。

005 暗盘优惠：让顾客在感激涕零中成为忠实客户

顾名思义，在交易中，摆在明处的叫明盘，摆在暗处的就叫暗盘了。在销售过程中，任何客户都觉得自己是独一无二的，事实上也是独一无二的，他们希望能够在交易过程中得到特别的照顾。觉得自己在销售人企业这边能够拿到的条件是独一无二的，这能够给客户很大的心理安慰。

在今天，互联网已经普及了，人们在进行选购商品的时候，比价的系统很完善，只要用手机上网，当场就能够查询到市场的一般交易价格。在这样的市场竞争环境之下，销售人想要将事情做好，用好暗盘策略，照样能够突破价格战的封锁，将企业的竞争从价格战变成价值战，还能够获得用户的认可。其实，暗盘策略用得好的话，是获得铁粉客户的不二选择。

事实上，暗盘之所以能够让客户得到满足，原因就是这是私下交易，有很多的细节是不向外透露的，这就能够制造一个信息暗箱，让客户觉得自己受到了独一无二的待遇，所以会产生了尊贵感，继而愿意和其销售人之间形成一个比较牢固的关系。

本来，暗盘是一个金融概念，但是在销售过程中，无论是在大客户的销售中，还是在门店的销售中，都是一种常用的心理策略。在金融市场中，暗盘就是大机构之间的交易价。由于当中买卖并非暴露于大众之前，不会经联交所披露个中内容，所以这些"不见光"的买卖被称之为暗盘。基本上，凡有买家在场外开出欲买入的价格及股数，无论是否有人承接其买盘，所开出的价格已是暗盘。由于暗盘价格是跟随市场波动的，市场需求若远大于供求，暗盘价格将会上升，相反则一切逆然。

既然是暗盘，就会有两个交易商之间的特别约定，所以我们也可以将暗盘视为"特别约定"，指销售人将客户拉到一边，给予客户特别的优惠条件。

小周是一个品牌时装店的销售人，从形象上来说，不是一个很出众的人，但是在整个品牌几十家店中，她的销售额名列前茅。其实她也没有什么秘诀，她是一个细心的人，每一个顾客进店的时候，她都能够让对方获得一种贵宾的感觉，VIP 客户的最主要的优势就是暗盘策略的应用。

小周和一般的销售人不一样，她善于积累客户，每一个进店的客户，她都能够跟他们进行友善的交谈，达成交易的客户，她都会留下联系方式。微信里的朋友都加得满满的。这些关系的维系，都是一对一的关系。在店里有新货的时候，她会给适宜穿着衣服的客户对象发微信，并且告诉她，这样的衣服适合客户，还神秘兮兮地告诉客户，来的时候，会给客户最大的优惠，其他人都是没有的，唯独你能够享受这么大的优惠。谁让我们是好姐妹呢？其实，小周对于客户也是很真诚热情的，平时除了跟进店的客户进行交流达成交易之外，会拿出大量的时间跟微信客户进行深度沟通。

每一次老客户进店的时候，如果客人很多的话，她都会用眼神示意老客户不要声张，自己会私下跟她们进行交易。比如新客户能够拿到的价格，这些老客户也看上以后，会在客户价格基础上再享受优惠。并且告诉对方这都是自己能够给出的最低价格了。这让老客户很满意，客户也渐渐地信任她，她就成为这些人的"衣着顾问"。就这样简单的将公开的交易变成了暗盘交易，小周获得了一大群忠实的客户。

在销售人做生意的过程中，客户希望能够获得优先权，这是可以理解的，就比如我们去窗口买票的时候，希望自己能够成为贵宾一样，享受到贵宾通道服务，这就是暗盘策略的一个变种而已。

事实上，我们需要将客户每一个人都独立出来，为他们设计一个单独的通道，让他感觉到在销售人的客户联系表中是排在第一位的。这种感觉很重要，也能够获得客户的认可，客户觉得既然你这么对我了，我也要这样对待你，你成为他的 VIP，他成了你的 VIP。这种关系就建立起来了，这种彼此感激的关系能够比一般商业关系更加铁一点。

这个世界上，人都是要刷存在感的，那个让你存在感爆棚的人，实际上在中国文化中是一种知遇之恩，这在东方文化中可不是一个小事情。在很多的场景中，我们都显得很渺小，只有在那些在乎我们的人的眼中，我们才很特别。所以，当我们对一个客户表现出享有很多优先权的时候，在心灵层面的满足感是很好的支持交易的力量。

把最优惠的条件给我们的客户，并且这种优惠条件让客户感觉是独一无二的，这很重要，在建立忠诚的客户关系中，暗盘优惠策略是所向无敌的。

006 利益引导法：人人都有趋利心理

趋利心理是一种人性，我们总会有那么一点点的贪婪，这种弱点却是销售人需要把握的客户心理状态。

人们总是希望得到，而害怕失去本来就拥有的东西，所以利益引导法是一种很好的销售策略。人们在商场中因为商家的促销，可能买回来一大堆用不上的东西，这就是一种想得到小奖品而加量购买的行为。

聪明的商家都是使用诱饵来让客户购买更多的东西，这在门店小额促销过程中是最常用的策略。商场里几乎每一天都有特价，这种个别商品的特价其实能够带动所有商品的销售，其实，商家目的就是通过小的让利点，将客户引导到自己的店里来，客户来了之后，就会产生新的需求，这种需求能够让商家赚钱。

生意的本质就是互惠，得到与付出是相随而生的，所有的销售高手都明白这个道理。所以商业贿赂在国内的商业界是普遍的事情。在大客户的营销中，销售人在多数情况下都需要考虑客户的个人利益，这在桌面上是不允许的，因为这违背了生意公平竞争的原则，但是这样的策略真的有效，所以在全世界，商业贿赂问题都是一个难题。

我们都知道，这个社会事实上有两套规则，规则和潜规则，有两种语言，能说的和不能说的。很多客户个人都是一个正常的人，碰到能够到手的利益，起一点贪念也是再正常不过的事情。

万科集团董事长王石是中国知名企业家，王石说自己不行贿，但多数人都不相信他不行贿。北大光华管理学院请他去做讲座，主持人现场进行民意调查，请台下的学员举手，看看有多少人相信他"不行贿"，结果只有30%的人举手。王石后来一直就这个问题坚持去进行讲座，学员不断在变，调查一直进行，但每次都没多少人相信他从不行贿。

王石觉得自己的企业是凭着竞争能力和客户价值赢得市场的，在向市场提供有价值的产品的时候，当然不需要跟政府或者利益方有桌面下的交易。这虽然是一条捷径，但是一旦走歪了就得不偿失，成为万科企业的原罪。王石知道行贿能够给自己的企业带来更大的好处，但是他不做，这就是给自己留下一条安全的路。

王石说自己不行贿，大部分人都不相信他说的话，交易是双方有黑箱的，不是你说出来别人就相信你。不过这却成了新闻。行贿是违法的事情，不行贿仅仅是不做违法的事情，最低的法律标准为什么会成为最高的道德准则，为什么遵守法律底线的"不行贿"会成为大新闻？——这其实预设着一个前提，就是行贿已成默认的潜规则，行贿已经被去道德化，不被视为一件什么羞耻的事。正因为此，王石才会成为道德标杆，"不行贿"也才成为新闻。

销售人需要懂得商场之上那些猫腻活儿，这不是鼓励销售人去行贿，或者帮助客户来提成回扣。但是我们需要知道，在销售同样的商品的时候，为什么会被别人抢走了生意。其实这里面有我们心照不宣的秘密。

客户方面的决策人如何才会和销售人员一条心，并且心甘情愿地支持你呢？这里面有两个因素可以考虑，一个是销售人员个人的人格魅力，足以和他成为真诚的朋友，这种情况有，但很少，朋友不是一朝一夕就能做成的，而且项目合作中的彼此，更多的是利益关系，还是应了那句话：没有永远的朋友，只有永远的利益。

再一个因素，销售人员和客户合作，双方利益关系的一致性很重要，当然这种利益既包括桌面上的利益，也包括桌面下的利益，也就是个人利益。很多时候，第二种因素充分利用好，保证双方的各种利益一致性，彼此就有可能成为一家。

台湾作家刘墉出过一本书《我不是教你诈》，其中说了很多常识性的生活规则，同样本书也不是教你诈，而是教你能够全面立体地看待问题。对一个人一件事，光知道好的一面不知道坏的一面，那是愚民；知道人或者事情好的一面，也知道坏的一面，并且选择好的一面，那才是一个好人。王石知道行贿的套路，但是他不行贿，这也算是一个智者吧。记住，一个人的操守是无价的。

现在，整个经济形势处于一个不景气的大环境中，国内一般中小民营企业没有什么自主创新和不可替代的产品，大部分企业都处于产业链的下游，同质竞争你死我活，有个文化学者曾戏谑地说，这种活法真的很"下作"。随着互联网商业应用越来越广泛，这种竞争还会加剧。说这些有什么用呢，就是告诉我们销售人员要看到当下市场竞争的现实。在现实中，能够帮企业拿到订单才能够让企业活下去。在现实中，还是要低头。

其实，销售人员通过多次拜访客户，混了一个熟脸以后，就可以在企业以外的场合私下跟客户面谈，让他们在企业内和自己形成利益同盟的关系，这段过程其实也是客户考验销售人员的时候，相互做出综合评价之后才能取得信任关系。所以在这方面的真诚和信用对销售人员来说是不可或缺的。商场之上有时候称兄道弟只是表面，利字永远是摆在中间的。销售人员对客户内线需要一个考察的过程。

具体怎么样进行利益引导，这也是一种技巧的问题。这些跟销售人员面谈技巧有关。没有人会在网络上和电话中讲私密的事情，最有价值的销售往往就藏匿在一对一的面谈之中。汉语的表达很精妙，桌面上的利益叫面谈，桌面下的利益叫密谈。销售人员不需要去做违法之事，但是什么都不懂就是一种罪过。

销售人在客户企业内部需要内部利益同盟者，这就是企业的内线，内线是否主动提供项目信息；企业项目有进展或有新的调整的时候，如项目组成员，是否第一时间告诉你；能否及时提供竞争对手的信息；能否主动把你引荐给高层领导或者决策人；有这几条就够了。

商业上的利益输送，我们销售人员可以不去做，但是我们需要弄懂。怀揣纯正市场理想的销售人员会碰到南墙，借用一位老销售的话，"三百六十行，行行潜规则"。

007 让第三方为你说话，这种心理暗示更有效果

现在是一个人们不相信广告，但是相信口碑的时代，这是互联网兴起之后，人们寻找到的传播规律。

人们情愿听社交媒体中对于企业产品的评价，而不会直接听从企业销售人或者企业传播过程中传达的信息。换句话说，人们希望看到其他用户对产品的评价，而不是直接听从企业的劝说，所以，大家都说大媒体的广告现在没有用了。其实也不是传统的广告没有用了，而是传播的效能大大降低了。客户能够自己比较分辨信息，拥有多个信息渠道来源，所以他们也是见多识广的，不太容易被忽悠了。

现在的销售人需要好好利用信息工具所带来的媒体特性，来帮助自己去做更多的工作。销售人需要让自己的客户帮助自己来代言，这样的话客户就能够接受朋友的推荐，在网络营销过程中，用户在朋友圈中分享自己正在使用的产品，并且说这个产品很好用的时候，实际产生的促销效能确实就比企业直接推销所产生的效能更好。

王先生是做一种外墙保温材料的，产品也就是一个大路货，反正什么工程都是要用的。王先生为人不错，是个面相看起来很厚道的人。在进入一个路桥公司的家属楼的建设保暖项目的时候，王先生找到了甲方吴总说了好几次，吴总都没有答应，认为这个保温材料是标准品，用谁的都一样，所以总觉得这个事情给王先生，不如给自己的另外一个熟人呢。顺水人情给自己熟悉的人总比给陌生人强。

王先生没有获得业务，感到很失落，毕竟也是四十多岁的人了，跑了几次，白费劲，心里也是不甘心。于是他跟自己的另一个客户李总说了这样的事情，这位李总说，我可以帮你试试。

李总和吴总本来就有一些交集，他们都是当地行业协会的理事。李总于是做东，请吴总吃饭，吃饭的时候，李总向吴总推荐一个保温材料的供应商，并且说自己的工程部门一直在用这个企业的产品，使用效果不错，价格合理，质量也很不错，关键是对方人不错，所以建议他们见见。李总于是就给王先生打电话，让他过来聊聊。其实这事是李总早已安排好的，目的就是通过自己的推荐，用自己的工程现身说法，这样更加有说服力。等到王先生到了现场，吴总一看是见过面的熟人，也非常高兴。于是就说看在李总鼎力推荐的面子上，这个单子就给他做了。这个工程就这样了，通过第三方客户的推荐，真的比自己直接推销效果要好多了。

第三方一般都是企业产品的用户，用户的评价是最有发言权的，客户内心里很容易被触动，比如网络上一双鞋，客户不知道这鞋合脚不合脚，穿起来舒服不舒服，但是客户在后面的评价栏里留言了，并且说这双鞋不错，自己穿着特别舒服，这样，客户就比较相信另一位使用者的话了。这也不奇怪的，因为实践出真知啊。

在客户企业内，我们要找到支持我们的人，比如我们的产品在客户企业里使用的时候，需要企业内部的人能够帮助我们说好话，这样的话就更容易获得客户企业的整体认可。商场上的刀光剑影是无形的，销售人员和客户交上了朋友，也就是发展了内线，内线这个词在港台这些地方多数称之为教练。教练其实就是在企业内部帮我们说话的人。

我们看到很多的顶尖销售人员在行业内做了多年销售以后，在家睡觉也能带来订单，那不是因为这些销售人员是超人，而是在众多的企业中已经有了我们所说的内线，或者叫教练，自己可以稳坐中军帐，其实这都是他们前期努力积累的人脉资源在起作用。但是，顶尖的销售人员不会睡觉，因为维护老客户其实也是一个费时费力的活。这些人就是我们交易中能够进行临门一脚，推进销售的第三方，这个第三方通过不断地说销售人的好话，可以改变客户内部对自己的看法。

其实，第三方推荐也是常用的一种增加信任感的心理策略，在以前，人们要去见人的时候，会有人帮助写推荐信，而这种推荐信，其实就是一种第三方的信用背书。这能够让被推荐人尽快获得信任。

现在大学生毕业的时候，做的简历上，很多人会寻求第三方人士的推荐，这其实也能够促进用人单位对这位毕业生的认同，因为这些推荐信是侧面了解一个人的方式。如果一个毕业生有权威人士的推荐的话，那么应聘中优势就更加明显了。

008 欲擒故纵策略：有时后退是为了更好地前进

很多防范心理比较重的客户是很难接近的，对于这样的客户，需要一种欲擒故纵的心理策略。对于这样的客户，一定要让他们卸下面具之后，才能够慢慢地导入到我们设定的生意系统中。

比如，我们和这样的客户在接触的过程中，不要总是急于推销自己的产品，那样就会引起客户的警惕心理。其实在商场之上，谁都知道时间是很宝贵的，但是对于挑剔和自以为是的客户，你不能打断他们的做事风格，那样他们可能神经质地冒出一句话回绝我们。

对于销售人来说，销售工作不是强买强卖，客户在没有真正需要之前，我们不能将产品硬塞给客户，我们销售的东西恰恰是客户想要的，这样的销售工作才能够顺理成章。所以我们就需要将客户真正的需求考查清楚，这时候就要采取欲擒故纵的策略。

北京一家肛肠医院，他们的销售渠道就是不断地在网络上寻找全国有肛肠病的人，将他们集中在一个群中，找几个年轻的医护人员，不断加入全国的肛肠病人的微信群和 QQ 群中，在群中不断发言，说专业的事情，但不说自己是哪家医院的医生，在群里不断和病人进行聊天，对于病人的询问，会给出很专业的方案。很快，这些群主看到这些医生很专业，就将他们变成群里的管理员。

在群里聊天谈病的时候，很多有肛肠问题的人都加上医生的 QQ 号和微信号进行私聊，医院向腾讯购买了商业 TM 号，这些 TM 号一个号就可以加上十万人。这样，这家医院的医护人员建立的社群中，就积累了大量的肛肠病人。对于这家医院来说，最主要的问题就是如何实现这些潜在患者的转化了。

经过一年的持续性的努力，这家医院的社群建设卓有成效，这几个年轻的医护人员除了在几百个肛肠病人群中拥有管理员地位之外，还为自己的医院一共建立了 7 个 TM 号，积累了 70 万潜在客户。对于国内的肛肠科患者而言，这是最大的一个专业的网络社区。

对于如何转化病患的问题，这家医院其实也不急于变现，而是继续给大家做专业级的服务，他们开始创立电子杂志，向全国一百万社群的成员推送。同时继续加强和社区中一些患者的互动，而这些互动能够继续维系医院和医生的专业地位，他们从来不在社群中打硬性的广告，因为他们认为这样的客户体验不好，虽然医患关系和一般买卖关系不同，但是都需要创造一种患者能够接受的方式。

虽然没有直接硬性推广，但是社群给该医院带来稳定的患者群，在转化效能上比其他的方式更加有效。当一个患者长期接触企业的医护人员的时候，就会对医护人员产生很好的信任感，一些问题就会直接对医生讲，最终，业务能够从线上走到线下，对于医院的业务发展起到促进作用。

其实现在的企业经营模式已经发生了根本性的变革，企业运营中最佳的策略就是拥有大量的潜在用户，并且和潜在用户之间形成一种深度的连接关系，不要显得太功利，太急切，给予客户一些专业化的支持，这样的话就能够不断地将需求强烈的用户转化过来，其实这是网络时代使用最为广泛的策略。

互联网中很多模式都是免费的，但是免费不是白送，真正聪明的商家往往在免费的背后隐藏自己的商业模式，给予用户专业的服务，对于线下来说，这意味着成本的增加，这是办不到的，但是对于线上的服务，成本就大大降低了。这使得企业能够维系维护大量潜在客户所需要的成本。

2003 年的时候，马云创办了淘宝公司，淘宝一上来就是帮助大家在网络上免费开店，大量吸引用户过来，还在全国各地免费开课，让大家能够学习网上开店的技巧和技术。对于很多人来说，这是天下掉下来的馅饼。实际上马云是有自己的商业模式的。在淘宝上开店，淘宝官方控制着淘宝上用户流向，所以掌柜开了店，如果要想生意好的话，就需要向淘宝官方够买流量，这就是淘宝能够变现的地方，也就是一个迂回的赚钱策略。

人们以为马云的招数就是靠着这一招盈利呢，实际上不仅如此，马云开始打起了在淘宝上生意做大的掌柜的主意了。马云在淘宝的基础上内生出一个天猫模式，这是一个 B2C 模式，马云认为，我们需要提供更加专业的服务，所以需要正规的有资质的企业入驻淘宝天猫商城，由于他们能够把握流量，所以大部分的淘宝流量都分配给了天猫。而天猫是收费的，一个天猫店年度的维系费用就达到了十几万元，有的店铺需要投入上百万元来获得流量。马云从而实现了商品的变现。

所以，马云的欲擒故纵之术达到了炉火纯青的地步，这种步步设局的诱推之法，让企业获得了上亿的用户，能够指引用户顺着自己的指挥棒朝前走，这需要通晓消费者心理的战略大师才能够做到。

心理掌控术——
抓住"上帝"那根"软肋"

　　一个销售人，一眼就能够看穿客户的主体消费行为方式，几句话就能够判定客户的身心弱点，抓住客户内心的软肋，就能够因人而异，找到最佳的成交策略，运用客户最舒服的技巧赢得订单。

001 爱慕虚荣型客户——奉承是屡试不爽的秘密武器

爱慕虚荣型的客户其实很容易从客户群中分辨出来，他们多数都是奢侈品品牌的追逐者，当他们走到销售人面前的时候，会自觉不自觉地炫耀自己的某种物件，或者自己的漂亮容颜。他们是随时准备开屏接受别人赞美的孔雀。

对于这一类的客户，最好的方式就是对他们保持一点点的崇拜感，虚荣型客户在别人面前摆阔气、讲排场，其目的就是要得到别人的赞美和恭维，让别人对自己产生尊重和重视，并从中得到愉悦。所以，针对这类客户，销售员应该给足他面子，适当地说些恭维的话，让他的虚荣心得到满足，高高兴兴地把东西买走。

我们如果洞悉这类客户的内心，其实他们还是比较苍白的。因为真正自信的人不需要借助物质来提高自己的地位，他们相信自己的人格魅力，靠学识和专业能力来跟人打交道。这当然是很好的人格体系，但是我们是销售人，不是客户教育者，所以让客户开心，购买我们的产品就行了。

其实我们看到很多人不虚荣，只不过人与人之间虚荣的内容不同罢了。理解了这一点，也就理解了为什么那些大的学问家，在别人赞美他们学问高、见识超群的时候，也会表现出很高兴。他们和那些借助品牌抬升自己的人其实在心理本质上是一样的，都是虚荣惹的祸，谁都希望自己能够刷出很强的存在感。

销售人需要学会赞美人，赞美、信任和期待具有一种能量，他能改变人的行为，当一个人获得别人的信任和赞美时，他能感觉到获得了社会的支持，从而增强自我价值，变得自信、自尊，获得一种积极向上的动力，并尽力达到对方的期待，以避免对方失望，从而维持这种社会的连续性。这是一个连续的心理活动过程，了解了虚荣型客户的心理，我们就能够成为他们的心理能量的支持者。

在大客户营销中，每个客户都是理性的角色，这是大客户营销的特点，即使一个虚荣的客户，在面对几百万甚至数额更大的订单的时候，也会刻意隐藏自己内心的秘密，在外表上变成一个理性的人。我们此时能够通过观察他们的举止，采取适当的溢美之词，至少能够拉近销售人和客户之间的关系。

其实，对于虚荣型的客户，一旦碰到合适的赞美，他们就会卸下自己的警惕心理，迅速拉近彼此的心理距离，从而能够加速成交进程。在门店的销售中，语言和表情在销售过程中占据很大的比重，所以需要努力针对不同的顾客，事先模拟训练，从而迅速拿下顾客。

吴小姐是一家时装店的店员。她是一位很有销售经验的销售员，能够在客户还没有说话之前就判断客户是否是一位爱慕虚荣的人。一天，一位打扮雍容华贵的中年女士走进店里，在店里转了两圈后，在高档套装区的一套衣服前停了下来。这位女士个子比较小，从她的表情来看，脸上有一股坚毅的表情，这样的女士自尊心和虚荣心是比较强的。而且看得出来，还是个很精明的女人。

吴小姐连忙走过去招呼她，礼貌地介绍："小姐，这套服装既时尚又高雅，如果穿在您这样有气质的女士身上，一定会让您更加高贵优雅。"女士点点头，表示同意。吴小姐见她很高兴，对这套衣服也比较满意，便又说道："这套衣服质量非常好，虽然价格很贵，但是适合您，您知道吗？我们这款衣服一共只有几件，其中一件已经被一位影星买走了，还有一件，也被我们本地一位著名企业家的夫人订走了，我觉得您的气场和她们比起来，都是同类人，可以定下来我马上给您包起来？"

女士听完吴小姐的话之后，立刻露出了笑容，谦虚地说："谢谢啊，您过奖了，我就是一个普通人，怎么能够和明星比。"吴小姐强调了一下，说："我真不是在恭维您，您身上散发的气质，是天生的。我觉着这件衣服适合您，看您的手，就知道您是富贵之人啦，买下吧。"那位女士听了愈发高兴，吴小姐连忙就开了个单子，这位女士就去收银处交款了。

其实，在门店的销售中，碰到虚荣型的客户，也不能够随意说出些肉麻的话，以为这样人家就买账了。还是需要观察一下具体的情况再进行适当的对话。赞美要符合实际且要有度，这是很重要的事情，其实不管在什么地方，赞誉一个人的时候，于无形之中才是高的境界。

大部分人都喜欢听取对于他们的赞誉，毕竟，在这个时代还是非常需要存在感的，赞美要有事实依据，不能无中生有，不然会适得其反。销售人需要让客户感觉到自己是非常重要的，赞美他们自己最在意的东西，这能够让他们在心情舒畅的时候购买我们的产品。

其实，对于销售人来说，最重要的修炼就是能够懂得客户互动过程中的一些心理学常识，对于客户，销售人最重要的能力就是能够进行平等交流的能力，你如果要赞美客户有才华，那就要能够懂得别人才华的价值。所以赞美人也是需要水平的，要珍惜赞美，不能逢人就赞美，客户是要我们去懂的。

和客户的现场沟通，奉承客户的时候不要降低自我，这也是一种销售心理的准则，完全放下自我的销售并不能够获得客户的满意，客户期待你在赞美他的时候，继续保持你自己行家的地位。这种赞美是相互的，不是一味向客户那边做妥协，赞美客户的时候，也不需要太多，要尽量具象，不要让客户费脑子。

赞美是把利剑，对从事营销工作的人，有很大的作用。因此，应该熟悉、掌握它。不仅要懂得珍惜它，恰到好处地运用它，最重要的是要真诚地运用它。

002 节约俭朴型客户——让他感觉所有的钱都花在了刀刃上

对于开源不足，节约有余的用户来说，他们一般都是墨守成规型的客户，不太容易接受新的事物，这样的客户就需要让他们觉得销售人提供的产品是合算的，帮助客户把账算好是非常重要的。

事实上，传统企业经营者和一些致力于长期经营的企业一般在财务上比较保守，他们可能不会大手大脚去购买奢侈品，向自己的周围人脉圈显示自己的财富地位，而是一方面开源得力，一方面又节约有道。这能够为企业运营提供一个比较稳妥的环境。对于这样的客户，销售人需要知道，他们追求的其实是企业的稳定和稳步发展，理解了客户心中需要的东西，我们就能够跟他们进行适宜的对话，为他们企业稳定发展做出自己的一份努力，做一个建设性的支持者。

其实很多企业家都是比较"抠"的，这不是什么坏的事情，台湾企业家王永庆生前就是一个生活很简朴的人，他从来不乱花钱，而是希望每一分钱能够发挥自己的价值。一个牙签盒子就能用半辈子，这就是王永庆的财务风格。

销售人在和俭朴型客户打交道的过程中，需要好好地将自己的价值服务说清楚。既然他们如此注重财务上的安全感，那么我们就要将产品用途和功能讲清楚。节约型的客户虽难打交道，但只要给他合理的价格，能为他节约一点钱，成交率就会很高。

从消费心理学上来讲，爱慕虚荣的人喜欢刷自己的存在感，而俭朴型的人可能有更强大稳定的内心，不需要再借助外界的物质来装饰自己，这样理性、目标明确的人确实不是很好打交道，需要销售人在理解他们内心的想法之后，进入他的频道，他才会对我们提供的商业价值来兴趣。

换句话说，他们知道自己要什么，不会买自己没有打算要买的东西。对于每一次购买行为，都是精心衡量然后再寻找价值最实用的那一款。对于高价位的产品不舍得购买，多年以来的节约习惯使他们对高价位的产品比较排斥，对产品的挑剔最多，拒绝的理由令你意想不到。他们不会是奢侈型消费的购买者，而是实用主义的购买者。

侯先生是一位国际数控机械加工设备的国内销售商，在面对一位保定客户的时候，碰到了一个难题。这位客户是一位机械技术类的专家，也是一位很好的机械结构工程师，姓姜。这位姜先生是一个很理性也很简朴的人。家里有辆奥迪车，这是接客户用的，自己平常上下班就骑自行车，而且是骑了很多年市面上看不到的28型自行车。侯先生对他的第一印象就是：这是一个不拘小节的人。很实在，但是也很难打交道。

事实上，侯先生也是一个有点身家的人，他是从北京开着捷豹车去拜访客户的。中午的时候，姜先生带着侯先生吃了一顿黄焖鸡米饭，中午饭就算打发了。这让侯先生感觉碰到抠主了，恐怕单子很难拿到。

在与姜先生的接触中，侯先生的心态马上就平静了，因为这个人对自己更抠，抽烟吧，抽的是中南海，他也喝酒，办公室内有半瓶子的白牛二还留着，这大概是几个人出去喝酒的时候，喝不完带回来的。

姜先生看见他盯着白牛二看，笑着说："白牛二真的是国民酒，十来块钱，喝了不上头，要是别的酒，恐怕没有办法喝，那些北京侃爷不就是一盘花生米一瓶白牛二打发时间么。"

侯先生笑了，他知道自己的客户是一个彻头彻尾的实用主义者。

话入正题。侯先生的设备一台就是250万。这对于客户企业来说，是贵了。但是在参观企业的过程中，姜先生的设备已经十几年没有升级了，基本没有自动化的设备，都是人工机械加工。这几年来，技术工人的工资很高，人工机械的操作对于技术要求高，而且效率低，一台自动化的数控设备能够抵上十几个技术工人的工作量。人工操作一旦出现失误，会有大量的废料产生。虽然这两年冷轧钢板和钢材价格跳水得厉害，但是还是会浪费一大笔钱。

姜先生希望自己购买设备，但是还是嫌价格太贵。事实上他有这个财力，他这个工厂之所以还能做好，完全是因为在技术领域很厉害，客户都是一些高端的，一个技术本位主义者不看那些没有用的，完全要实用的。

经过两次接触，又进行了几次电话沟通，侯先生始终是一个态度，向姜先生强调一分钱一分货，根据产品的性价比，确实是物有所值，不能再降价；侯先生一直强调产品质量可靠，这是顶级设备，不要把重点放在价格上，而是放在产品质量、性能上。尽管如此，姜先生还是希望能够给予最大的优惠。

侯先生没有办法，于是将姜先生带到自己的另一位要好的客户那里，让客户跟姜先生说明设备使用的情况，用数字说话，这很有说服力。姜先生回去后，没过几天就邀约侯先生签单了，而且很快就付了款。按照姜先生的说法，他不打无准备的仗，在和侯先生谈事的过程中，已经分头将钱款都准备好了。

从姜先生的案例中，我们看到，那些生活简朴的老板有时候不是没有实力，简朴只是他们自己的生活风格。其实他们也并非一毛不拔的人，他们花钱都是花在刀刃上，显然，侯先生用客户使用情况告知姜先生，这能够说明产品的品质和带来的效益。

销售人只要能激发客户的兴趣，而后分析物有所值，让他们有感受，着重强调一分钱一分货，将商品的特征解释清楚，指出价值所在，告知价格不只是价格，还包含了许多其他的成分，强调产品的生命成本或强调投资回报率，告知对方报酬率高的才是重点。

客户得弄明白到底有何用途，否则一切都是浪费。有时候，俭朴型客户的谈判主要纠结点就在价格上，说清楚差价的异议，试探出他们嫌贵到底贵了多少，以价差来衡量在服务与产品上的差异，销售人能做到循循善诱，客户就会很爽快地打开荷包，比如对方以价格为由，拒绝购买你的产品，销售人就可以分几次推销，把一年划分到每一个月中以减少对价钱的压力。

003　犹豫不决型客户——用危机感使其快下决心

其实，犹豫不决型的客户是普遍存在的，销售人在销售过程中遇到的客户，很多都在犹豫的过程中。从心理学上来说，人对于自己在乎的得与失，都会犹豫，不在乎的，则很容易做决断。

在客户企业中，并不是有些领导者不犹豫，而是他的角色在企业中就是做决断的角色，所以才表现出比较干脆的决断能力。但是在内心里，他也是打鼓的，这种决策心理我们销售人一定要明白。

对于组织决策而言，只要存在高层领导者，那么客户就会表现出犹豫的心态，因为领导者的存在能够让客户经办人感到有心理依靠。当客户有两个人在场的时候，如果销售人用心观察的时候，就是位阶低一点的人总是会不经意地问询位阶高的人意见，以将一些决策的决定推给领导，躲避决策带来的不确定和不安全的因素。

犹豫本身也说明企业生存状况可能出现了一些问题。这是我们销售人需要思考的问题，客户的交易条件是不是具备，这是需要销售人注意观察的问题。比如企业的资金暂时不允许现在完成项目交易，这就需要将客户变成潜在客户，此时，就是追单逼单也是没有用的，因为客户没有这个财力。

对于条件已经具备的客户，就需要销售人运用适当的策略来搞定犹豫不决型的客户。客户犹豫是有原因的，一般情况下，比如成熟的客户在转型的时候，就比较难，因为老的业务还在盈利，新的业务开展起来的前景还不明朗，在开拓新业务的过程中，客户一旦碰到阻碍的话，就会回到自己熟悉的东西，因为他会觉得还是老业务自己能够掌控。在客户的内心里，其实一直处于一种摇摆的状态。

我们销售人在遇到很多客户的时候，在企业一些新的项目实施过程中，总是会碰到这样一种类型的决策状态，客户企业的总体经营状况就处于一种摇摆的状态。除非老业务已经江河日下了，他们才下定决心要转型，购买销售人提供的项目方案。

其实客户之所以迟迟不决策，主要还是危机感不够，所以，销售人的主要任务就是设法将客户的痛点找出来，然后设法加大客户的痛苦。在销售的过程中，销售人完全可以跟他讲老业务的不堪，比如你给他提供一个消息，又一家和他们一样类型的企业倒闭了，这也会加重客户的心理压力。同时，也要跟客户讲，有一个客户企业因为转型成功或者使用了自己的产品，现在获得了很好的运营成果。这些一正一反的劝说能够促使客户快速决策。我们也假定客户在成交后，也能够获得更大的利益。销售人需要做的，就是要让客户看到，这是一笔合适的买卖。

面对犹豫型的客户，一定要具有引导他们的能力。假定成交法主要适用于决策能力低、依赖心理强和被动求购的这一类顾客，不适合自我意识强或没有明显购买意向的顾客；也适合那些需求比较迫切的企业用户。因此，应用时要看准顾客类型和成交信号，表情自然大方，煞有介事，语言温和、委婉、亲切。切忌自作主张和咄咄逼人，避免产生强加于人的高压气氛。

销售人从正反两个方面去陈述顾客的购买行为，将购买绘成一幅顾客愿意看到的场景，将不购买绘成一幅客户不愿意看到的场景。如此制造反差，让客户产生选择向好的愿望，促使客户签单购买。

销售人遇到犹豫型的客户，一定要讲故事。销售人讲述故事的缘起，不同于我们平时的故事，销售故事要有明显的指向性与倾向性，它的立场是：促进销售的发生，让客户产生立刻购买的冲动。

李小姐是一家美容医院的美容顾问，她在给院里的同事们讲如何促进顾客进行美容活动时，说："面对在脸上做手术，几乎所有人都是在多次咨询以后才下定决心的，顾客在需要对某事做出一个选择时，往往会显得犹豫不决。"

一般情况下，她们来美容院更多的是出于朋友或亲人对她的劝说。比如她的朋友说："你居然有了很明显的眼袋，你应该经常光顾美容院啦！"可能就这一句话让她产生了去美容院做护理的念头。但当她真的到了美容院，她们往往又会想："是不是真有用呢？选择哪个价位的比较科学划算呢？"这类人一般会考虑得很多，依赖思想也比较重，如果有美容顾问告诉她哪一类护理项目最适合她，效果最好，她会表现得非常高兴，否则会很沮丧、忧虑。

接待犹豫不决的顾客，需要牢记住的一点就是主动为她做出决定。鉴于这类顾客强烈的依赖性，过多地征询她的意见会给她增加更多的压力，让她更是措手不及，如果她问"究竟有没有用呀"，美容顾问应以肯定的语气回答："不会让你失望的。"

但同时要遵循一个原则，就是不可为了推销高价位产品而欺瞒顾客，应仔细询问顾客的皮肤类型、身体情况，认真为其诊断后，根据顾客的实际情况，帮她选择价格最适合的项目，往往这类顾客就是美容院以后的常客和最好的宣传者。

李小姐认为，对于犹豫型的客户，需要给出足够的危机感，比如她们在做之前，可以讲一些故事，比如某一些不太爱收拾的女人，受到老公的嫌弃等等。这类故事能够促进她们下决心来改变自己，对于促进业务发展有很大的帮助。

销售故事的目的在于向客户提供足够的购买理由。故事可能启迪客户从平时司空见惯的生活场景中捕捉不同的灵感，或者启迪客户从新的角度、视角去看待生活场景、自己生活中遇到的问题，从而培育新的市场空间，寻找新的可能客户。

好的销售故事让客户有醍醐灌顶、幡然领悟的乐趣，它通过与客户的情绪对撞，让客户正面强烈的情绪参与到销售中来，得到独特的情绪体验。

销售人员向客户做正反两方面的陈述，并且让它成为故事，这是销售场上永恒的说服技巧。

004 贪小便宜型客户——
给他一些小便宜，实现自己的"大便宜"

人性的根本特征就是贪婪和恐惧，消费主义社会主要就是企业劝说客户，激发他们内在的欲望，然后让他们花钱购买。其实，在销售的过程中，利用客户贪小便宜的心理，能够做很多的事情。对一些喜欢贪小便宜的顾客来说，最好的方法是谈话的一开始就告诉他，我们的产品能给你省钱，绝对能给你一些额外的优惠。

其实，被欺骗，大部分都是因为贪婪才造成的，如果一个人是一个很会分析的人，按照逻辑来演绎的话，那么就不会有上当的事情。这种类型的客户总是希望天上掉馅饼，做买卖一定会赚钱。于是才有贪小便宜吃大亏的情况。

对于现实生活中人们爱占小便宜的心理，在门店和商场的销售中，已经有了常态化的应对策略。比如在一家商场中，总有一款产品是亏本销售的，但是有销售量的限制。比如，鸡蛋2元一斤，每个人限购1斤，能够让很多顾客讨到3元左右的便宜，这样的话，就会有很多人进入商场来购物，有很多的老大爷老太太很早就起来在商场面前排队，等着限量的鸡蛋。

其实，购物是一个场景，这些人在进入商场的时候，不可能直接买了鸡蛋就走，他们的购物方式是看看自己还有什么需要的，然后就一起买回家了。商场看似吃亏了，但是其实能够促进商场整体营业额的上升，这就是一种以特价商品为诱饵的促进购物的技巧。

爱占便宜的人不管在你面前装得多么大方，内心真实的想法还是希望你能便宜卖给他产品甚至免费送给他。关于产品到底是什么样的，能给他带来多大的好处，他们往往是放在其次的，根本没把你的介绍放在心上，他们在乎的仅仅是价格——越便宜越好，最好不花钱就可以拥有。当你给他们一些便宜的时候，他们对你的态度会来180度大转弯。

事实上，伟大的企业也可以是由具有贪小便宜心理的人组成的，当初淘宝刚刚建立的时候，都是免费的，淘宝还给大家做服务。很多小网店的掌柜看到免费，于是都在淘宝上开店了。

网络社区和网络社会的关系，国内很少有人在做这方面的研究。很多人对于电子商务大鳄们拼命抢占市场占有率和扩大规模不理解，其实我们将他们放在社会的角度也就理解了。我们研究实体社区，发现小区边上的商家一开始都是保本或者亏本经营，这些商家为什么要这么做呢，因为他们是想和自己的社区一起成长。这个社区越大，人气越旺，作为商家就能获取更多的利润。

其实这些电子商务的大鳄们都是网络社区的组织者和建设者，这个才是他们的真正的角色，既然是社区，那肯定是按照功能来划分的，单纯的以经济为目的网络社区，那就是我们说的大型网络商务平台了。

我们不可以说网络社区就是这些网络大鳄们建立起来的。其实在建设网络社区的过程中，它是参与社区的所有人共同建设起来的，这里面有很多复杂的互动过程，在这个过程之中，这些核心的企业行为担负着协调和管理职能。大量的蜂巢并不是蜂王建立起来的，它是由千千万万的工蜂在自觉自愿的本能基础上建立的一个王国。参与网络社区建设的人，绝大多数不是该企业的员工，而是网络平台的顾客，因为顾客多了，社区大了，这些网络平台才能扩充人手，投入更多的资金来完成自己社区基础设施的建设，以及游戏规则的制定。

现在我们就明白为什么那些网络大鳄们不断鼓吹中小企业上网的原因了。因为有个人站在高处，手里面拿着一根长筒望远镜，说，在前面很远的地方，有一群狼正在赶过来，我们所有人必须筑墙，否则我们都会有被吃掉的危险。同时，他又对大家说，来我这里开店做生意吧，我们是完全免费的。

结果果然有很多小企业和个人在网络先哲们的指引之下做起了筑墙的事情，因为这个事情必须去做，这和自己的未来息息相关，所以大家也都是满怀热情地去做这个事情。上百万人在这里构筑这个庞大的城堡般的社区，上百万人在这里需要吃喝拉撒，在吃喝拉撒的过程中就造就了网络电子商务热闹非凡的局面。绝大部分人在为大型电子商务平台筑城的过程中，学会了在网络上消费，买东西，养成了网络购物的习惯。上百万的买家的购买力是惊人的，这就是免费带来的力量。

网络购物习惯养成之后，谁也管不了狼是不是真的会来。但是人们在购买东西的时候，总会对自己或者别人说，要不要淘宝一下，要不要京东一下，要不要当当一下，或者其他什么一下。其实消费者购物习惯的转变，才是网络大鳄的终极的经济理想。因为电子商务改变经济格局的时候，他们就会成为这个时代的英雄。

免费培养了用户的网络电子商务的技术路径，一旦用户习惯了在哪里购物，拥有了购物体验之后，就会产生路径依赖。这样，当用户开始离不开平台的时候，其实平台就开始收费了。现在，一些平台已经建立了电子商务霸权，整个规则都逐步逐步地向平台方倾斜。从免费到霸权建立的过程，实际上就是利用了这些小掌柜们爱贪小便宜的心理。

回到销售人具体的场景，一旦销售人在业务拓展的过程中遇到爱贪小便宜的顾客，我们不要有求必应，客户说什么就是什么，他想占多大的便宜，你就满足多大的需求。当你发现客户有得寸进尺的倾向时，最好马上打断他这种不切实际的想法，就说"公司有规定，我不能这样做"或者是说明你不能再降价或免费赠送的理由。

当然，说话的时候要柔中带刚，尽量让他们理解你和公司的苦衷。说完这番话，接下来再给他一点甜头，让他感觉自己仍然获得了很大的优惠和便宜，客户决定购买就不成问题。

005 分析型顾客心理：直到他挑不出毛病

销售人在大客户的开拓体系中，遇到最多的客户类型就是分析型的客户，这些客户具有良好的素质和专业素养，对于销售人提供的产品和服务，他们可不是门外汉，这些人往往具有准专家的知识储备。面对这样的客户，确实够销售人喝一壶的。

对于市场很懂，对于产品很懂的客户，我们奉承和赞美这样的小伎俩是没有用的。他们处理事情的方式是冷的。分析型的客户喜欢用数据说话，不喜欢那种感性的表达，如果销售人主动跟他称兄道弟，可能他们嘴上不说什么，但是在心里，他们是不吃这一套的。

销售人在面对分析型客户的时候，需要做好自己的功课，不是吃吃喝喝就能够解决问题的，事实上，在今后的销售中，销售人首先就要做到比客户更专业，这是一个专业度的竞赛，但是也是这个时代的现实，我们所有的商业门槛都提高了。如果我们在销售过程中，不想被客户看扁，自己就要好好努力，让自己成为这个行业的行家里手，能够给客户一些建设性的建议，而不是总被客户引导着。一旦销售的进程全部被客户引导着，这种生意就很难做。

面对面面俱到的客户，销售人的功课需要提前做，将客户所有能够挑出毛病的问题，都做出预案。实际上，大部分杰出的销售人都是有预案的。他们善于学习，从来不打没有把握的战争。

事实上，未来的企业组织都是知识型的组织，人们都是自己领域的专家，这是一个专业人士遍布职场的时代。做一个有创建能够帮助客户解决问题的销售型专家，是未来营销的一个方向。客户不接受一个不如自己了解产品的销售人，而且，在销售人说出外行话之后，客户会在心里表现出蔑视，尽管这是内心里的，但是对于我们销售的结果也是不妙的。

李老师是国内知名的营销培训师，从业经验已经有了近20年，对于这么多年来的营销变革，李老师有自己的感悟。那就是现在信息对称的年代里，客户越来越见多识广，企业运营越来越务本，而且这是必需的路径，没有第二条路可以走。

李老师在研究思科案例并且给思科新的销售人进行培训的过程中，发现现在一般的科技企业都希望销售人员本身就是个技术工程师，换句话说，也就是能够将技术工程理解透彻的销售人员。这是企业非常欢迎的复合型人才。因为思科认为，竞争其实就是一个专业度的竞争，这能够让客户从营销人员的专业度上看到对企业的素质的认同。而且，专家型的销售人能够真正理解客户的需求，能够给客户提供更加有建设性的意见。而这正是客户所需要的。

无独有偶，在德国企业的营销体系中，基本上也是技术型的工程师和销售人一起来完成销售任务。技术工程师能够更深地理解客户提出的具体的想法，他们会有技术层面的实现路径的建议，而销售人往往重在和客户关系的联络。这种组织所产生的专业度，能够回答各种各样的技术问题和系统问题，这样的销售系统能够给客户留下很好的印象。

面对分析型的客户，我们该如何去面对呢？

分析型的客户说出的话和态度是有数据支撑的，所以说话办事都要有证据，不要让挑剔型的客户看到我们的不专业，对于一些专业问题，如果真的不能解决的话，那就求助企业的技术工程部分，实现团队化作战。

销售人一开始如果做不到全面解决问题，先承认对方的一切说法，不要顶撞，要去研究客户提出的问题，得到确切的答案之后，再将自己的建议提交给客户。对于分析型客户，他的角色类似于一个考官，销售人作为学生，需要经过他的专业度考核，然后才能够谈之间的客户关系，以及个人关系。这样的人既有原则性，也有专业性，只要我们的行为能够被接纳，做成长期客户的可能性还是很大，因为分析型客户的选择是不随意的，他们在选择中会牵扯很多的精力，也就是说，难搞的客户一旦搞定，很可能会成为很忠实的客户。

分析型的客户也是选择困难户，在选择之前，他需要对于市场上所有的竞品都做过研究，彼此所长所短也是了然于心。所以做出决断之前，这种煎熬也是常有的事情，销售人的态度在过程中一定要诚恳。毕竟和气生财是个硬道理。

006 精明型顾客心理：他能否得到实在的优惠呢

销售人在人群中一眼就能够看得出来人的精明，其实，精明真的是写在脸上的，这是一个人在长期的做事风格中沉淀下来的东西。精明型的客户就是步步算计，这需要销售人很费脑子与这样的客户进行周旋。

精明型的客户其实就是善于在利益分切的过程中尽量多占有一点利益，这也可以理解，毕竟人在生意中都是为了获得更多的利益。面对这样的客户，我们就需要做好准备，设计一套交易原则，不然很可能被他们绕进去。

对于精明型的客户，实际上他们主要的视角就在利益的博弈上，他们往往不是专业度上的厉害角色，是做生意的好手，实际上他们要的就是最大的优惠，和最优质的付款条件，也有可能延迟付款时间，利用销售人企业在他们企业的沉淀资金完成短期运转。整个项目进入后期以后，他们可能开始抱怨客户服务的质量等问题，然后补充一些条款，减少尾款的支付等等。

对于这样的客户，我们需要了解他每一件事情总是占上风的心理，在做客户的过程中，就要防范交易风险。其实，在交易博弈的过程中，我们的交易对象越是精明，可能得到的价值越不明显。因为销售人可能会考虑到后面尾款的风险，事先进行加价处理，或者加强了前期的付款期限的限制，尽力规避后来的风险。这对于精明客户来说，其实也占不到额外的便宜。

但是，精明型客户是精力充沛的，他们还是很会算计这个交易过程中得到的实惠，实际上，朝三暮四和朝四暮三在本质上是一样的。在交易中，让精明型客户感到自己获得了实惠比真正给了实惠更重要，他们需要的价值其实是自我感觉良好。

姚先生是一位从事磨石机械的销售商，是一位很善于做生意的销售人。有一个长沙的客户，很精明，一开始，他跟姚先生接触的时候就不是很诚实，说要订购5台套设备。姚先生感觉是笔生意，于是就给这位胡先生报了一个价格，分两次付款。

在交谈的时候，胡先生说话总是飘忽，让姚先生找不到东南西北，他很圆滑，做出很多很亲近的状态，企图拉近关系。当说到实质问题的时候，他总是沉默，对你的讲解无动于衷，看得出来，他有自己的一套想法，定力很强。姚先生找他谈了好几次，他还是继续搞关系，兄弟来兄弟去的，姚先生对这个事情就有了自己的想法，自己需要跟这位先生保持一定的距离。不付款，套近乎，其实也就是在等着后面用友情来杀价呢。这样的客户心里很清楚，比谁都有一套。

面对这种精明型的客户，姚先生报价时留了一手，就是比一般客户要高出 10%，果然，在几次接触后，胡先生提出先买一台使用，用好了再买其他四台。其实这就是销售上常用的一招，就是想拿到最低价了。而且，胡先生提出这个机械的使用可以先少付款，试用看看。这让姚先生很生气，但是不好发作。只是在签单的时候，不让价。姚先生知道，这样的交易不好预测结果，所有的钱只能在前期就收了。所以一口咬定首款就是 9 成，并且对胡先生讲这是惯例。因为机械的成本很高，利润薄，留下尾款 10%，如果保质期中没有问题，会在 6 个月以后付款。

由于胡先生事先的情感策略没有起到作用，于是就按照协议首付了款项。6 个月以后，设备使用没有什么问题。但是胡先生还是以设备使用掉漆为由，拒付余下的 10% 款项。对此，姚先生已经了然于心，这10% 的要价已经提前打足了。

在我们的工作中，精明型的客户和干练型的客户很容易混淆，实际上，干练型客户还是我们销售人比较欢迎的客户类型。干练型客户说一是一，说二就二，不喜欢拖泥带水，又豪爽、不拘小节，是很好打交道的人。

很简单，干练型的人都是急性子，他们也喜欢和他们一样干练的人，所以销售人最好也要干练一点，拜访之前，对客户查询资料全面了解，不能贸然拜访；给客户一个干练的印象：注意着装，规范动作，站有站姿坐有坐相；讲求产品报价技巧，突出自己的优势和特点，有自己的做事风格；和客户交谈要开门见山，有做事爽快的感觉；做事干净利落，不要拖泥带水，并且要守时，让客户觉得遇到了知己。毕竟，同样是爽快人，这可以大大加快交易的进程，提高交易的效率。

007 外向型顾客心理：喜欢就买，求你不要啰唆

在企业中，性格外向的人更多的是承担着一种企业与企业、部门与部门之间的桥梁角色。其实沟通者的角色，在企业组织中是非常重要的，我们从管理的角度来说，一个企业的沟通成本其实是非常高的，如果一个企业沟通顺畅的话，在同等市场竞争条件下，就能够获得更多的竞争优势。外向型性格的人天生就擅长沟通，一个人的才华只有通过系统的工作才能显现出来，那么外向型性格也许就是最好的推销自己的人，我们看到销售经理和销售老总很多都是外向性格为主的人。

外向型性格的人如果做到了企业的领导者，那么企业一定会给人很有活力的感觉，因为这样的领导者很可能还是一个时尚先生，他们创办的企业一定也很有意思。外向型客户很享受那种被热烈的场面簇拥的感觉，人生豪华的大幕开启，王子和公主走在人群中，众人为他们的魅力所折服。也许这种成为中心的感觉正是外向人格所追求的人生。

一个典型的外向的人的最大特征是喜欢表达，总是喜欢在各种场合展示自己，他们是舞台的灵魂和晚会的中心，不管是真是假，只要有掌声，他们就很快乐。只要有鲜花，他们就能超常发挥。无论他们成为多大的企业主，本质上他还是一个人来疯。

外向者做事的方式就是要保持自己的热情，若是一个事情太静态了，他们就找不到让自己投入激情的依据了。不过，不仅仅对于性格外向的人是这样的，其实任何人都不可能长期做他自己内心不认同的事情。外向的人离开他们擅长的人际关系领域，在系统按程序做事方面往往就会显得很"低能"，其实也不是真正的低能，而是外向性格的人在内心里抗拒这个事情。

性格外向者就要按照自己擅长的方式去做事，比如做一个演说者，大型会议活动的组织者，他们语言丰富，尤其是善于讲故事，他们有一种奇特的本领，总能将一些枯燥无味的东西讲得生动活泼，多姿多彩，引人入胜。在一个群体中，外向的人总是出色的鼓动家和宣传部长。

对于销售人来说，性格外向者的内心其实不是很世故的，他们认为自己内心的感受，也就是别人对自己的感受，他们特别在乎自己的人格魅力和影响力。他们注重友谊，喜欢交友。他总能在最短的时间内和陌生人建立关系，并把这视为自己的荣耀和快乐。

他们喜欢结交三教九流，有着孟尝君一样的心境。他们喜欢被人们称为朋友，他们喜欢把任何人当做好朋友，而不在意对方的真实意思。活泼型人可以和任何人交朋友，从环卫工人到明星，从公交车售票员到公司总裁。

一般而言，销售人通过观察，会发现，性格外向的客户很多都是直肠子，他们的情绪善变，他们会因为小事和朋友翻脸，但是很快又和好如初。他们是视朋友为财富的人，事实上，他们的职业机会和发展之路也都是朋友提供的。一个性格外向的人在工作岗位上，除了给他们一个程序性的框架之外，最好能够给予他们一个自由发挥的空间。

销售人在面对这些外向型的客户时，其实就是要给他们最大表现空间，自己不要在边上多啰嗦什么，他们就是喜欢随兴而发，最反感按部就班，因此不管什么紊乱，也从不做什么计划。他们相信车到山前必有路，他们相信自己的聪明，也相信自己的好运气。当然，他们最擅长的领域一直是人际关系领域，人本身就是灵动的，所以这种性格的人天生就是与人打交道的料。

而这种喜欢就买的客户，恰恰是我们销售人最喜欢的客户类型。他们能够说出自己的需求，不像一些内敛性格的人要你去猜。有些人天生话就很多，就算是一些鸡毛蒜皮的小事，他们都会放大来说，不说出来他们就会不高兴，甚至有些事物他并不了解也会凭空设想，信口开河地大说一通，也不管别人是否愿意听，嘴上痛快就行。

销售人在遇到这种客户的时候，做一个好的随从就可以了，他高兴了，就买了。

让他们去说，不妨充当一个忠实的观众，等到他说累说到高兴为止，但是在听的过程中需要把握好时机插入你对产品的介绍。想成功地销售产品，对他们这类人群需要学会顺从和迁就，千万不要试图抢走他们的话题，除非你根本不想销产品给对方。

008 内敛型顾客心理：他能否真切体会到你的真诚

销售人需要学会跟内向的人打交道，就需要理解内向型客户内心的一些特点。对于慢节奏的内向型的客户而言，他们喜欢慢生活，而排斥急惊风式的生活方式，其实，在工作中他们也会选择比较慢的工作节奏，但是，工作节奏慢不代表就是低效，只要方向是正确的。其实，内向性格的人最能够做到坚持不懈，当然思维缜密有时候会影响决策的效率，所以步调慢，但是做出的决断很多都是高质量的。

内向不是无能的表现，实际上内向性格中有两种性格区分：一种是做事认真，做事慢节奏，但是做事完美的人；一种是决策能力比较差，善于自省的内向型大客户。

柳传志就是典型的内向性格的人，在中国的企业家群体中，柳传志保持着领导企业几十年没有出现大的战略波动的纪录。在做联想之初，他就做好了"先贸后工"的战略部署，尽管也碰到过困难，企业也没有出大的内伤。柳传志一直强调决策拐大弯的战略思路，如果一个企业要转型升级，必须留下足够时间和财力，使得整个组织都能够顺利到达目的地，很多拐急弯的企业不是被撑死就是被饿死了，做事业就是要按照步骤一步步做起来。内向性格者不相信什么奇迹，他们觉得一切都是来得理所当然，所以外在上我们能够看到内向性格者的稳健和安全感，确实，在机会面前，内向性格者是能够沉得住气的人。

内向性格者也是能够做战略决断的人，他们有贯彻决策的魄力和行动，尤其是在关键时刻，你能够看到内向性格领导者难能可贵的领导力。内向者能够在长期巨大压力下生活和工作，这在现在也是被认为做企业和事业最重要的特质之一。

不要被内向客户的外表偏柔所欺骗，和软弱的性格不同，弱性格是敏感，不敢决断，综合众人意见。内向性格是一种坚韧的强硬派。

对于客户中走到领导岗位的内向性格者，我们需要小心了。对于他们认定的道路和方向，别人是很难改变的，这也是内向领导者的优势。内向领导者和外向领导者一样，实际上是事业系统的创立者，只不过内向性格的领导更加关注市场，由外而内，经过缜密的计算，得出结论；外向领导则出于内心建功立业的梦想，由内而外去建立事业，外向性格的人有时候靠直觉去做判断。

弱性格的内向者对于人际关系其实是十分敏感的，我们知道，他们可能在肚子里准备了十句话，但是说出来的被他认为是最稳妥、最不得罪人的两句话。他们总是能够兼顾各方的意见，很难说出带有火药味的话，这种客户的性格是随和的，销售人在零售领域会遇到很多这样的客户，其实，那些内向性格的人内心很丰富很敏感，你为他们做的大事小事都能够记得，而且销售人为他们做的事情，他们会很感动。

感动内向型人需要销售人用自己的诚挚打开客户的心门，让自己的心与客户的心联系在一起，这种影响将会长久，容易带来连环销售。

其实人心都是肉长的，在别人的帮助、关心下不可能不感动，从小事做起，勤为客户多做好事，从心底感动客户；平时多为客户着想，在客户的立场上考虑问题，让客户得利；管好客户的口袋，自己赚钱要让客户也赚钱，取得客户的信任；关心客户，热心帮助客户，缩近与客户心灵的距离，这些都是对付内向性格客户的不二法宝。

内向性格的客户会仔细地听我们介绍产品和公司，在倾听的过程中还会不时地提出问题来让我们解答，一般都是想要更多的了解产品资讯，他们保持沉默主要是因为他们心里带着许多疑问来了解产品，而对于我们销售购买产品兴趣不是很大。但是他们不会在表面上直接回绝我们，而是婉转告知我们他不需要。

对于内向性格的领导客户，我们需要知道他们也是有火药味的。很多时候，人是需要一点火药味的。对于委屈，外向者急，当场就顶回去；内向的领导者阴郁一点，可能会替你物色一个更好的位置，为你找到一个更好的替代者。内向领导者寻找安全感，他们创办的企业不会出现"大厨拿掌柜"的现象，其实只要不是原则性的问题，内向领导者是不会这么做的，霹雳手段和菩萨心肠在一个人身上结合得不矛盾，这也是个奇迹。要知道，就忍耐性来说，内向领导的忍耐性是比较强的，作为完美主义者肯定具有忍耐性，因为这个世界本身就不完美，任何事情都不完美。

所以，和内向的人打交道，不要觉得他们是软柿子，其实，他们硬起来，一样是很难缠的。

009 标新立异型顾客心理：他需要的就是个性

我们走在大街上，总是看到很多敢于秀出自己的人，将自己的头发染成金红色，他们将自己的腰带变成铁链状……凡此种种，我们能够感受到一种标新立异的"作"和"不群"。其实在外表表现出来的标新立异者只是少数，大多数的这种性格心理的人都是活在自己的内心里，即使他们只穿着普通的衣服，只要和人一接触，我们就能够感受到他们的热情。

孩子时代，他们就是典型的人来疯型，在长大以后，他们还是人来疯，只是社会要求他们稳重大方，其实只要和人相处熟了，人来疯的本性马上也就暴露出来了。在职场上，这种敢于秀出自己的方式能够给他们带来不少的优势，秀出自己，其实就是敢于推销自己的表现。

标新立异型人格者不走寻常路，即使做了企业的老板，也不会和内向的人一样进行保守式的经营。维珍品牌的创始人理查德·布兰森进入每个行业时，并不是新产品的创造者，但是却创造了新的商业模式，致力于建立一家快乐的公司，在解释公司为何取"Virgin"这个富有争议的词汇为名时他说，"处女"这个名字性感，易产生联想并过目不忘。其次，"处女"意味着一种生活态度：自由自在的生活方式、叛逆、开放、崇尚自由以及极度珍贵的浪漫。当大多数消费者把维珍看成品质、价值、创新、娱乐、挑战的代名词时，维珍品牌就成为"一种终身关系"，这样就不会限制它跨行业的延伸。

值得注意的是，在每一次维珍品牌延伸时，布兰森都会身体力行地进行一次独特的作秀。他曾经只穿三角短裤和美国肥皂剧《海滩护卫队》的女主角帕美拉·安德森合拍维珍健力饮料的广告；他曾和20个几乎全裸的模特打着"所见即所得"的标语在伦敦街头为维珍手机做促销宣传；他开着坦克驶入纽约时代广场宣传维珍唱片连锁进军美国；他飞到新德里，骑着一头白象到印度国会演讲；他曾经沿着英吉利海峡的沙滩裸跑。

正是他这些出格的举动，使得他的红白相间的维珍品牌在"英国男人最知名品牌评选"中排名第一，在"英国女人最知名品牌评选"中位列第三。而他本人，在BBC2001年进行的一项民意调查中，被评为最具启发性人物的第二名，高于耶稣。

布兰森很喜欢变化，总是喜欢做出一些特立独行的事情，布兰森不仅善于个人之间的沟通，也善于进行大众沟通。这位英伦企业家和投资家性格善变、好奇，喜欢新事物。"善始善终"对于他来说，是很大的考验，这也不是他追求的目标。好在布兰森知道自己的弱项在哪里，他总是能够说服投资者，也能够将事情交给善于执行的团队。

其实，跟这种类型的人打交道，就要做和他们一个类型的人，实际上，太中规中矩的销售人也不太受人们的欢迎。

作为销售人，与独特的客户打交道时，不得先入为主，不要认为凡是有个性的客户就是难缠的客户，只要摆正心态运用恰当的方法，订单会手到擒来。这样的客户希望我们所在的公司也能够是一个充满激情做事的企业，在价值观上能够保持一致，对于销售来说，就是最重要的了。

销售人在想与这类客户交谈的时候，不要到办公室，而是要在新奇的地方，如到咖啡馆或茶室等激起他们的兴趣，甚至内衣大赛的场所，他们会有兴趣，因为他们就是与众不同。在沟通的时候，要知道他们这种人其实是好奇心很重的人，所以对于新奇的事物，他们都想知道，好吃好玩新奇的都是能够让他们高兴的东西。换一种沟通方式，不得单刀直入，先和他谈谈他喜欢的天文、地理、奇闻、轶事，等到话题引入后再引出产品。这也是他们能够接受的方式。其实，接触这样的人，需要跟他们一起玩，这很累，但是只能这么做。

心理读人术——
小动作"出卖"顾客大心理

读懂人心，是这个世界最高的推销智慧，人心不是一本天书，而是隐藏在人的肌体语言中，一个小小的细节就能够泄露客户内心的密码，读心之术，是销售人必备的核心技能。

001 "魔鬼"藏于细节——读懂顾客的非语言信号

对于在一线工作的销售人来说，顾客的非语言信号需要很好地把握。非语言信息其实才是真正具有巨大的信息量的东西，很多我们不能直接问询的，都可以通过非语言系统分析来得到我们需要的答案。

在营销技术受到限制的时代，人们的远程沟通工具只有一种，那就是电话，关于电话营销的技术书籍很多，但是根本上就是一条，电话营销其实是一种概率性的事件，就是通过大面积的电话沟通，来寻找真正有购买需求的客户。在现在的保险体系中，电话营销还占据主导地位。

其实，电话营销主要适合一些小订单的销售，因为这些小订单的流程是比较简单的，客户不需要犹豫太久就能够下订单了。所以电话营销还是非常有效的，要不然，就不会有那么多骚扰电话了。

语言信息系统其实也是个大系统，语言能够投递出情绪和态度。电话销售人能够感觉到客户在接通电话以后的态度，以及对于提供的产品有没有兴趣，他们在电话那一头的表达完全是没有顾忌的，需要就需要，不需要就不需要，这也是干脆的事情，所以电话营销还是很有效率的事情。因为客户在面前的时候，他们可能会委婉一点，但是在电话里，他们是不会顾忌销售人的心理的。不需要就直接拒绝了。

对于非语言系统的信号，则是销售人需要把握的事情，我们在生活中，商场上，总是碰到一些人，这些人使劲地胡吹瞎侃，边上的人都已经开始厌倦了，他们还会说个不停。其实，这其中最重要的原因，就是不懂得观察周边客户的身体语言，这些是能够从侧面看到客户内心的东西。

其实，人与人在一起，具有最丰富多彩的信息。人体的每一个部分都是带有信息的，只不过粗心的人是不注意这些细节的。其实，人类在几百万年的进化中有着系统性的观察能力，能够洞察隐藏在语言之外的真正蕴含的信息。在你接触一个不靠谱的客户的时候，其实在接触过程中就有了很多不对劲的地方，虽然也说不出来是什么原因，但是我们的观察能力能够帮助我们找到逻辑的漏点，让我们能够抓住机会，或者规避风险。

非语言的信息真的太过丰富了，而且客户在交谈过程中，眼神、面部肌肉和眉宇间一点小小的变化就能够让人感觉到，这些不是客户自己能够控制的，这些信息的流露能够看出客户对我们自己，对产品和服务的现实态度。

当我们在交谈的时候，客户有没有认真在听，这些当然是可以看出来的，如果表达没有打动人，那么就需要换一种更好的说辞。

销售人作为一个很好的倾听者，能够问出客户想要表达的问题，这是很重要的事情，客户回答问题的态度，多一点的表达还是少一点的表达，本身都能够带有他们对销售人的看法。这种看法，使得我们能够在判断对方身体语言的基础上，继续谈下去。

从动作语言判断客户的心理状态，这是需要观察的事情，虽然有些图书中已经做了总结，但是人是很灵动的，你根本无法用一个标准的框架去判断一个人。对于与人打交道，就不需要有任何的教条。

那么，我们如何才能够获得客户的非语言信息呢？答案其实就在细节之中，销售人在销售过程中，要做一个细节主义者，这就要做一个有心人，比如客户的衣着品味就能够透露出很多的信息。一个非常爱干净的人实际上几乎肯定是一个完美主义者，他们有一点洁癖的倾向，也就会有一点精神洁癖的倾向，对于和这样的人打交道，还是要小心的，因为我们很可能因为粗陋的一句话，就给客户留下不好的印象。

其实，客户的整个人都是透明的，不管他们如何学会伪装，我们都能够识破他们到底是什么样的人。同样，一个穿着随意的客户企业的高层管理人员，可能是一个专业能力非常强的人，这些人已经强大到不需要用外在的东西来装饰自己，他们很自信，也不需要像别人来刷存在感，对于这样的客户，结合他们的谈吐，我们就很容易将他们的要求找出来，在自己的工作中，就能够适应他们的做事风格。

魔鬼其实就潜伏在细节中，销售人需要学会统合信息，就如对一个人的大数据分析一样，将来自不同层面、不同身体部位的细节动作，不同场合所表现出来的信息做一个统合，那样，你就会突然发现，这个客户其实所有的优点和弱点都被你掌握了。这对于以后深入打交道是非常有价值的。

002 眼睛就是顾客赤裸裸的内心

一句歌词"你的眼睛出卖了你的心"，恰如其分地表现出一个人内心的情况。在爱情里，通过眼神，很容易判断出一个人对另一个人的情愫。一个眼神投送，其实包含的信息量是很大的，眼睛是通向灵魂的窗户，销售人在销售的过程中，一定要注意客户的眼睛里包含的信息，而分析这些信息，就能够发现这些信息背后的意义。其实，眼睛所能传递的心理信息远超人们的想象。

眼睛是人体中无法掩盖情感的焦点，人的情绪很多时候都会反映在眼睛里，哪怕只有一瞬间，所以，观察人的眼睛，可以知道人的心理变化。同样的，与人交谈时要敢于和善于同别人进行眼光接触，这是一种礼貌，更重要的是眼睛能说话。客户如果在敷衍我们，可能就不会跟我们目光相对，以掩饰他们自己内心里不想跟我们进行深入接触的事实。

销售人需要将自己对产品的自信投送出去，如果希望给对方留下较深的印象，眼睛凝视对方的时间就应该久一些，以表示自己的自信，同时，眼神也能够示意，看看客户是不是也投过来善意的回应。

当与客户谈话的时候，发现对方总是把视线投到上方，或是关注其他的身外之物时，表示对方对于这场谈话内容丝毫不感兴趣，但是由于自身的教养使他不能过于失礼，而不得不敷衍搪塞。在客户交谈的时候，如果对方漫不经心而且不时做出闭眼的动作，那么就应该及时停止谈话，并随机应变，其实这时候，最好是停下来，不要自己一味地表达，而是开始问客户问题，让客户来表达自己的意见。在表达自己得意的事情的时候，他们自己的精神头才会出来。

其实我们能够看到客户眼中的对我们的期待，这种观察不是语言能够表达的，眼部和脸部的肌肉能够清晰地反映他们内心里的不安感，希望我们能够帮助他们解决问题。如果想在和陌生客户的交往中获得成功，那就要以期待的目光注视对方，并辅以浅浅的微笑和不卑不亢的态度，这是最常用的比较温和而有效的方法。

有些客户对我们不热情，我们也能够感觉到。眼睛给人一种冷冰冰感觉的客户，他们常常对周围的任何事物都漠不关心，缺乏热情，总是只注意自己的利益得失和自己的内心感受，在必要的时候，他们甚至可以置一切于不顾地保护自己。对待这样的客户，需要判断他们交谈中的诚意，

但是有一些人是不露声色的人，他们的眼神里能够读出的信息很少，不过也没有关系，在和客户交谈的过程中，如果他们开始并不太有兴趣，当他突然把目光集中到说话者的眼睛上，或者是直直地注视着说话者的时候，可能是因为此时此刻的话题引起了他的注意。这时候就是继续进行引导的良机。当然，这样可能出现相反的情况，如果这个人一直保持这种姿态与人谈话，就说明他已经对面前的人产生了成见，或者说他根本就不认可谈话的内容。有些人是给人留点面子的，即使你说错了什么，或者表达的价值观和他不一样，他也不会驳斥，而是内心自我压制了一下，不跟销售人计较，但是却悄悄地打了一个叉。

一个人的精气神其实全在眼神里，我们有时候碰到一些人，跟那个人根本无过节，但是我们一开始就不喜欢他们，其实自己也说不出一二

三来。其实很可能是在交谈过程中他们习惯于斜眼看人或者用余光扫视别人，他们斜着的目光表露出他们轻视一切的心态。每个人的眼神都在不停地释放着关于自己心里的信息，能不能察觉到这些信息，是准确抓住对方心理的一个重要因素。

很多眼神是我们能够观察的，其实这也跟一个客户的职场生涯有关，有些人你就是从他们身上收集不到更多的信息。但是有些眼神却是不能自主控制的，比如一个客户在兴奋的时候，瞳孔会变大，这是看到喜爱的人或事了；看到反感的事物以及内心紧张时，瞳孔会缩小。这个反应就不是能够自主控制的了，其实电脑的眼神监控就是利用瞳孔大小来判断客户对于广告是否有兴趣的。

客户在对我们不说真实情况的时候，眼睛会转向特定的方向。比如有人情绪不好时眼睛会向下看；眼睛向上看和向四周看可能意味着在撒谎。大部分人其实无法控制眼神转移。只有少数人能够做到若无其事地撒谎。

人在内心高度活动的时候，眨眼速度非常快，但阅读、用电脑工作时速度会放慢。比如在和白宫实习生的性丑闻中，美国前总统克林顿在法庭上作证时每分钟眨眼次数超过 92 次，反映他面临的压力极大。这种事情不是他自己能够掌控的。

客户如果疲惫了，就会出现眼神停顿，目光呆滞的情况，可能说明你的话太无聊了。有人在不舒服的场景下会半闭着眼睛，眼神也会变直。

眼神能够传递出无数的潜在信息，但是只是客户肢体语言的一部分，如果我们观察到其他的信息，综合在一起，我们就能够了解客户更多的秘密，将客户变成一个透明人。

003 眉语，是顾客的第二张嘴

俗话说，聪明出眉眼。如果说眼睛是脸上的主题，那么眉毛至少也算个"副题"了，说眉毛是内心的晴雨表完全不过分。眉毛是脸部五官的重要组成部分，双眉的"表情"可以反映出人的喜、怒、哀、乐等复杂的内心活动。

扬眉、蹙眉、横眉等动作，必定在透露着兴奋、愁苦、愤怒的心情。晴雨表应该是灵敏的，所以眉毛的样子，它的长短、弧度、浓淡、色调，都在很微妙地表达着一些情绪，影响着一个人的形象。作为人的五官组成部分，控制眉毛运动的肌肉群是如此地精确反映一个人的内心。只要留意观察，我们就能够发现眉毛实际上能够反映出一个人更多的气质。

在古代的相学中，一般来看，眉毛给人的初步印象有以下几种：眉毛清秀弯如新月，显示聪明智慧，端庄博雅。眉毛竖立的人，往往神刚气暴，性急勇猛。两眉毛又黑又浓密，头发又厚，多是思想不太敏锐的人。眉毛上长有螺旋状毛的人，刚健勇猛。

尽管这不太科学，但是还是给销售人在做客户的过程中提供大量的潜在信息。眼睛是人生的一幅画，那眉毛就是画框。因此，眉毛也就成为可以指示心情变化的参照物。客户的眉毛细微活动的时候，其实也不是人能够自主控制的，比如一个人经常思考问题的时候，就会锁眉。这是很简单的道理，其实几岁的孩子就学会读懂大人的眉语了。

客户和我们接触时，我们需要集中观察客户的眉眼，在交谈过程中，客户可能在语言上不置可否，但是他们的眉眼能够发出真实的信息。这就是读心术。

当客户第一次遇到你并对你微笑的时候，他的眉毛会不由自主地"抖动"——眉毛会快速抬起来，然后再降下去。这种面部动作只会发生一次，并且总是伴随着微笑。如果你对眉毛多加注意的话，你的眉毛往往会向外扩张，而如果对方也有同样的动作，那就说明，对方也同样对你很感兴趣。反之，如果眉毛不动，那说明人家可能不想被打扰。

其实这是几百万年人类进化的成果，人类一开始并不是靠语言来表达的，而是相互之间用表情来表达一部分信息。我们在接触客户的时候，如果他正在为自己的生意发愁，当客户处于焦虑的状态的时候，他的眉毛就会"拧"在一起——眉毛抬高，朝彼此靠拢。根据心理学家的观点，这是一种矛盾的表情：肌肉既想借这个动作把眉毛抬起来，又想把眉毛压下去。这种表情包括了伤痛、痛苦、愤怒和恐惧等因素在内，共同形成了焦虑的表情。在生活中，我们遇到什么事情的时候，装着很镇定，但是我们比较亲近的朋友还是能够发现我们自己不对劲的地方，多数都是眼眉透露出了焦虑的信息。

当我们提出客户不能接受的一些条件的时候，客户往往会微微抬起眉毛。而生气的标志一般都是压低眉毛，并且两条眉毛彼此靠近，中间还有竖纹。耸眉亦可见于客户说话时。人们在热烈谈话时，差不多都会重复做一些小动作以强调他所说的话，大多数人讲到要点时，会不断耸起眉毛。

总而言之，眉毛的变化丰富多彩，心理学家甚至指出，通过眉毛的变化可以深入地了解到一个人心情变化的过程，因此眉毛也被誉为"心情变化的指示器"，这对于销售人的市场销售是很有帮助的。

通过观察客户的眉毛，心理学研究者已经能够分辨眉毛运动时表现出的一些信息，比如双眉上扬表示非常欣喜或惊讶，单眉上扬表示不理解、有疑问。皱起眉头表示客户可能陷入困境，或者表示拒绝、不赞成。此时就需要换一个表述方式，或者互动方法了。

客户心情愉快的时候，眉毛会迅速上下活动，把握这样的信息，就是能够提出成交的时候。如果客户愤怒的话，我们可能不小心刺激他们的时候，可能会出现眉毛倒竖的情况。客户眉毛抬高的时候，表示对我们的表达感到吃惊，他们也处于高度精神集中的状态，这时候引导他们成交，也是好时机。

客户有时候也会不高兴，如果我们一早去拜访客户，发现客户眉毛压得很低，那么这时客户多半是在生着气呢，这可不是成交的好时候，如果这时候谈事，大多不会有期望的结果。相反，我们如果观察到客户的脸上，眉梢上扬或舒展，表示客户见到你很高兴，其人心情坦然、愉快。谈事的成功概率就会大大增加了。

ⓄⓄ④ 读懂客户的手部动作

人类的手部是生物进化史上的奇迹，人类的手被认为是最灵巧的身体部位，人身体中的某些肌肉在控制着手，使手能够灵活地运动并做出各种细致的动作。

这也是进化过程中逐步形成的，原始人类不善于使用语言或者语言是不成熟，所以会用舞蹈和手势来表达信息。虽然随着言语的发展，手势逐步退出了主要信息传达方式，但是我们的手在表达信息的时候，还会不自觉的有些细微的反应。如果销售人仔细观察的话，就能够发现客户细微动作背后的那些内心的情感反应。在人类的进化过程中，我们的双手曾经发挥了至关重要的作用，因此，双手和大脑之间的联系远远超过身体的其他部位。

当人们收到外界刺激的时候，由于大脑皮层受到紧张的刺激，神经递质和肾上腺素之类的激素激增，此时人通常会通过手来传递一些紧张或者幸福的信号。我们在紧张的时候，手放在那儿都觉得不合适，就是这个意思。

和客户进行会谈接触的时候，需要观察客户手部细微的动作，在观察手的变化过程时会结合现场环境而定。手开始抖动的时候通常是心理上的安慰，如果还用手去触摸鼻子或者其他身体部位，那么就说明了这个人内心深处的惶恐不安。但是需要一提的是，虽然手的抖动可以反映出很多信息，也可以判断某些人的非语言行为，但是，并不是对所有人都能通过手来查看出其内心的变化情况。例如，摊开双手表示坦率、诚实和谦恭，紧握双手表示拘谨、焦虑和挫败，手心向上表示妥协、服从和善意，手心向下表示权威、自信和命令。

人在害羞或者紧张的时候，不知道怎么样的手势是合适的，其实是在本能地隐藏信息，人们通常习惯把双手放在身体前面，很容易就能观察到。因此，手部的动作哪怕再细微，也能够像一面镜子，把人们的心事照个底朝天。

当我们和客户进行交谈的时候，客户双手突然来了一个叉腰的动作，然后又放下来了。其实他是在表达自己在这场会谈中需要主导权的意思。当人们双手叉腰时，撇向外侧的双肘就像武器一样，不仅可以占据更大的空间，还能够起到威慑他人的作用。其实，他是想获得更大的空间，销售人这时候就需要注意，不要过分地挤压客户，不要让他为难，可以先顾及他的情绪，慢慢来引导，不要操之过急。

当我们和客户面对面的时候，尤其是刚见面的时候，客户对销售人不了解，所以会有一种自然的防御心理。客户双臂交叉于胸前是一种典型的防御性动作。当客户做出这样的举动时，就好比是在自己和他人之间筑起一道屏障，从而将自己不喜欢的人或事物统统挡在外面。这种手势还是要争取自己的空间感，本能地投射出自己的不信任。

尽管双臂交叉的动作有很多种，但它们所传达的意义很明确，那就是拒绝、否定和防御。具体观察时，根据手部动作的不同，会有细微的差别。有些防御会在几分钟的陌生感之后放松下来，然后就进入了一个自然的状态。

如果交谈得不是很愉快，客户对销售人看不惯，双臂交叉的同时，还伴随握拳的动作，说明这个人带有明显的敌意；如果双臂交叉的同时，还伴随抓上臂的动作，则说明这个人内心感到紧张和不安，希望以此来安抚、宽慰自己。这时候，销售人就要学会，不要直接说销售的事情，而是能够找到客户感兴趣的事情，化解掉他的敌意。

有些客户是有点傲慢的，这不奇怪，在我们和客户地位不对等的时候，他会用双手传递出一种优越感。将手背在身后总是给人一种权威、自信和力量的感觉。摆出这种姿势的人，通常会将心脏、咽喉等易受攻击的身体部位暴露在外，以此来显示自己的勇气和胆量。意思是你有什么尽管放马过来，我看看你到底有几斤几两。

有些客户在聊天过程中，突然背在身后的双手不是握在一起，而是一只手抓住另一只手的手腕，则其所代表的含义就会大相径庭。握住手腕的动作表明这个人的内心充满了挫败感。这说明自己坚持的一些东西，在销售人的游说下，要放弃了，变成接纳对方之前的一种态度。

如果客户和我们交谈的时候，总是五指张开，手掌向上和我们说话，就被视为是坦率、诚实和谦恭的象征。当人们敞开心扉，或者想说真话的时候，他们多半会下意识地露出全部或部分的手掌，以此来向对方证明自己的诚意。这时候，客户可能就是在暗示你，我是诚心想和你做生意的，所以你也需要跟我一样，咱们坦诚以待。

在交谈中，客户握紧双手，紧握的双手如实反映了他们内心的拘谨和焦虑。而且，心理学研究表明，双手紧握的高低，与人们的心理挫败感或沮丧情绪的强烈程度密切相关。通常情况下，双手位置越高，说明挫败感越强，或者情绪越沮丧。这时候我们就需要照顾好客户的情绪，不让这种低落感影响成交。

人们在交谈中喜欢摸自己的脸，用手触摸脸部的动作经常与撒谎联系在一起。不过，当人们头部保持直立，手轻轻靠在脸颊上时，表明他们正在思考问题；而当他们用手抚摸下巴时，则表明他们正在考虑如何做出决定。也许没有认真考虑我们交谈的内容，正在想着另外的事情呢。

习惯抓挠后颈的客户多半性格内向，不太容易与人相处；而习惯拍打前额的人多半性格外向，很容易与人相处。有时候也表示对销售人带有歉意，比如前面答应的事情后来就忘记了。

人的双手就是一套精美的生物系统，能够生动地反映一个人的内心世界。抓住一个人手势所透露出来的信息，准确地予以应对，能够加快我们成交的速度。

那些撒谎者最常做的手势动作

人类具有复杂的信息传达系统，或真或假，这就需要很好的读心术，能够在客户有意布下的迷魂阵中，识别出真正需要的信息。对于老销售人来说，这是一个必须掌握的课程。

我们必须能够判断出客户的谎言，不是为了揭穿他们，而是我们对交易主导权的把握，不能被客户释放的信息烟雾弹所蛊惑。当客户内心藏有秘密而感觉心虚时，手部动作会非常不自然。比如，用手捂着嘴和下巴，用手摸摸耳朵和脖子抑或揉揉眼睛和鼻子，明明没有出汗却用手擦拭额头。这些都是不自然的表现。客户开始频频做这些动作的时候，就意味着他们可能要对我们撒谎了。

女人的长发有时候会成为她们试图躲藏的工具，有的女性为了掩饰心虚，还会把头发向上拢。此外，把手插着兜里，以及不停拨弄桌上的物品，这些小细节也不容忽视。以上这些都是为了避免内心想法在脸上显露出来而不知不觉做出的动作。这些动作的表现，其实就是对我们隐瞒了什么事，如果要问的话，一般听到的多数是谎言。

其实，人在撒谎的时候，身体反应的一些参数就会改变，这不是人能够自主控制的，这就是测谎仪的工作原理。只要撒谎，人的内心就会紧张。因此，即使面部表情很自然，在其他动作上也会暴露。能够很好地控制手部动作的人并不多。所以，据此猜测对方内心的想法，是非常有效的手段。有时，乍一看对方的表情很自然，但手却不听使唤地不停晃动，这就足以暴露他的心机。这时就要多加留意。

客户总是希望能够得到我们的底牌，所以他就会选择一些谎言来诈我们，希望销售人能够说出实话，透出企业交易的底牌。人在撒谎的时候，双手就会不断地抚摸一些地方，比如自己的腿，拍打自己的腿以自我压惊的那种状态，示意自己冷静下来，将谎言故事编得圆满一些。如果销售人发现客户在做这个动作的时候，不妨将故事听完，然后找出故事中的破绽，提问一下，这时候，如果客户是撒谎的话，他都会愣一下，顿一下，然后开始解释为什么。这时候，也就是他们在撒谎了。

有些人在撒谎的时候，会故意掩饰自己内心的紧张，用手摸摸自己的额头，也是这个原因。因为额头如果出汗的话，或者湿度比较高的话，能够被销售人识破，所以他们就会自己掩饰，自我观察，是不是自己在撒谎的时候露馅了。

其实，人在撒谎的时候，就是立即编一个故事，这个故事需要逻辑自洽，不自相矛盾。其实，这也不是一件简单的事情，而是一种高级的智力活动，所以整个人都在努力协调，讲好这个故事，而且会根据对方的反应不断地做调整。这里面的破绽一定会有的。手势和脑袋之间有着精密的关联，这时候，人的手就会有许多不自觉的动作，而且动作和表情都比平时要夸张很多，一旦出现这种情况，我们就可以判断，这个人在说自己的过程中，一定改变和隐瞒了大量的信息。

人在紧张的时候，也就是在撒谎过程中，会出现呼吸紧张的事情。这时候说话人自己的身体会感觉到呼吸紧张，也就是需要的氧气增加了。呼吸急促的时候，身体会要求自己镇定下来，这时候，摸鼻子，或者将自己的手放在鼻子周围，就成为最常用的动作，其实是身体在协调控制自己的鼻息。这种方式和几百万年进化史上狩猎中控制自己的呼吸有关，这种本能性的反应使得人类在高度紧张的时候还会重复出现这样的动作。

其实，这些都是人类的正常反应，都是微反应，如果不细心观察，也就不会发现，但是要抓住一些细节，并不是每时每刻这些信息都会出现，这对于销售人做事是很有帮助的。

微表情、微反应就是客户脸上以及身体其他部位转瞬即逝、不易察觉的细微表情和动作。这些表情和动作是客户面对外界刺激时的瞬间反应，来不及掩饰，是客户内心真实状态的显示。如果销售人足够细心，就能在客户意识到自己"失态"，采取补救措施之前捕捉到这些真实的信号。

另外，人们的衣食住行也都能成为观察其内心世界的窗口。穿着打扮、兴趣爱好、生活习惯，这些常人熟视无睹的现象只要留心，都能从中获取有价值的信息。这些技巧，能让销售人了解客户的内心，从而在商务交往和日常生活中进退有据，从容不迫。

006 怎么坐？腿怎么放？你能看出客户怎么想

人们在生活中，总是被要求坐有坐相、站有站相，也就是避免不好的坐姿会给人留下不好的印象。身体和语言一样，随时都可能透露我们内心的秘密。心理学家发现，连无意识摆出的坐姿，都与性格和心理状态有微妙的联系。一个随意的坐姿实际上就能够读出一个人的内心。

一个人的坐姿跟环境有很大的关系，在一个正式的商业环境中，我们受到环境的感染，可能姿势就比较正规，一般不会出现那种随意的状况。一个人坐姿有很多种，每个人都有自己习惯的、觉得舒服的坐姿，而恰恰就从这个小细节上透露出自己的性格。一个人在环境中，一旦过了拘束的时间，就会露出自己的本来面目。

销售人在和客户见面后，需要仔细观察客户的一些姿势行为，如果他们的坐姿一直是比较正统的，那么和我们的关系可能就不是那么近，一种公事公办的态度，对于销售人也是一种不近不远的处置方式。这时候就需要加强私人之间的一些谈资，让客户放松下来，这样才能够谈得更加深入，从而促进交易的进行。

一个人的性格很容易就能够在坐姿中被识别出来。正襟危坐，双脚并拢且向前倾，脚掌着地，如果销售人面对的是这样的客户，那么就说明这个客户做事有条不紊，但容易较真，力求周密而完美，有时甚至有洁癖倾向，这难免拘泥于形式而显得呆板。大体上，这样的客户是一位比较真实的客户，没有太多的花花肠子。其实只要把事情做好，这样的客户还是讲原则的。

虽然从外表看来，客户有些冷漠，但这都是假象。这类客户只做那些有把握的事，从不冒险行事，因此缺乏足够的创新与灵活性。但是一个性格恒定的人总是让人觉得很靠谱。不过，现在这一类比较刻板的客户还是比较少见了。他们其实并不善于跟人建立亲密的关系。

有些客户的性格就比较可爱了，他们的坐姿是怎么舒服怎么来，这些客户在一开始的时候，就跷二郎腿，不管怎么坐都很自然。他喜欢将自己放在最舒适的状态，其实这样的客户是很好相处的，他们能够袒露真实的想法，也比较自信，懂得如何生活，周围的人际关系也比较融洽。和这样的客户在一起，很容易建立比较亲密私人化的客户关系。

一些女性客户也会跷二郎腿，一只脚勾着另外一只脚。这其实还是一种防守的姿态，非常在意掩饰自己的隐私部位。这样的客户一般是生性比较内敛的，为人谨慎、矜持，没有足够的自信，做事甚至有些犹豫不决，让人感觉性格太复杂。不过这样的客户吸引力和分寸的把握度还不错，虽然矜持，但是还是能够建立很好的私人关系。稍微被动一点的性格也是讨人喜欢的。

有些女士，在坐下来的时候，大腿并拢得很紧，这说明这样的人不是豪放型的，比较婉约，脚尖并拢，脚跟分开地坐着，有点内八的状态，这样的客户其实内心是比较青涩的，这样的姿势说明客户做事易犹豫不决，有时过分地一丝不苟将影响变通性。因为性格偏内向，所以习惯独处，交际只局限在她自己感觉亲近者的范围内。不过，这样的客户很有洞察力，能以最快的速度对他人的性格做出准确的分析和判断，也是属于敏感一族。

心理专家发现，其实双腿和双脚也能够和手臂一样表现出防御的状态。有时坐在销售人面前的人把双脚向前伸，脚踝交叉摆着，当男人显示这种坐姿时，通常还将握起的双拳放在膝盖上，或双手紧抓住椅子扶手；而女性采用这种坐姿时，通常在双脚相碰的同时，双手会自然地放在膝盖上或将一只手压在另一只手上。其实这种坐姿是不舒服的状态，就和双手抱住臂膀是一样的动作，也就是防御状态。防御状态实际上很可能会进入态度上的进攻状态，喜欢发号施令，伴有嫉妒心理。这样的客户可能是个很难相处的人，所以销售人要小心谨慎。

对于一些客户而言，他们在内心里不太关心别人怎么看他们，所以坐下来的时候，没有一个固定的坐姿，双脚一直在抖动，而且还喜欢用脚或脚尖去带动整体的抖动。这样的客户不在乎对面的人的情绪，所以表现自私，凡事从利己角度出发，对别人很齐啬，对自己却很纵容。但是这样的客户很善于思考，能经常提出一些意想不到的问题，也能够带来一些比较新的想法。我们要附和这样的客户，让他们提出想法，只要成交，可以委屈一下，权当交个酒肉朋友。

具有领导力的人都是比较自信的人，敞开手脚而坐的人一般都具有比较强的领导力，有指挥者的气质或支配性的性格，也可能是性格外向，有时不知天高地厚。女性若采用这种坐姿，还表明她们缺乏丰富的生活经验，所以经常表现得自以为是，也不是很好相处，但是这样的客户很可能会成为未来的企业高层，这种自信心对于未来发展是非常有帮助的。在和他们做生意的时候，需要尊重他们的想法，或者自己也需要提供更多建设性的意见。

在销售职业生涯中，销售人会碰到各种各样的人，这么多人都有着很多与众不同的动作、神情、坐姿、姿态。不同的人心里都有隐藏的不同的秘密。只要做一个有心人，就能够修炼成一个读心的大师。

007 从饮酒、吃的习惯把握顾客的心理

中国人商务交际和生活交际都是以吃吃喝喝为主的。虽然有些销售

人不胜酒力，不喜欢喝酒，但是还是少不了酒桌上的交际场合。其实一个人在酒桌上的表现，就是这个人展露自己的窗口，也是观察人的好机会。

中国酒桌文化是中国文化集中的投射点，这里面可以看出中国人之间的关系结构和社会结构。在商务交往中，酒桌上的事不是小事情，每一个动作和语言都能够看到地位的尊卑。酒桌上其实是一个人影响力最佳的投射器，也反映出一个人的真实性格。

我们可以从客户对酒的喜欢来对客户进行一些初步的性格测试。一般喜欢啤酒的客户，是一个乐于为别人服务的人，处事也比较灵活，同周围的人都可以合得来，所以朋友遍布天下，是个喜欢交际的人，性情中人，这样的客户具有同理心，按理说说服他们并不是很困难的事情。

喜欢喝红酒的人，不管是男人还是女人，其实都是重视情调的浪漫主义者，平日做事重感觉不太理智，所以很容易被感情牵制，千万要小心。这样的客户做事程序性思维比较差一点，其实他们判断事情的标准更多是出于自己的喜好。

说喝其他酒不过瘾，每次都要喝白酒的人，这样的人自我意识都是比较强的，实际上是一个比较强势的人，不太注重别人的感受，爱恨分明，同自己不太熟悉的人，一开始就会同他们保持距离，但是只要进入内心，就是一个有情有义的好朋友。这样的客户就要让他们的侠义衷肠表现出来，成为销售人销售的助力。

喝酒不拘一格的人，比如喜欢到酒吧这种场合喝酒的客户，一般是情感丰富的人，很重视其他人对自己的评价，因此对朋友的要求都很高。但是也是逢场作戏的高手，你不知道他们说出的话的真假。这样的客户是处事非常灵活的人，极度重视人与人之间的和谐，所以一般不会与其他人发生争执。但是在酒后很容易出现失态的事情，不太按照常理出牌。跟这样的客户打交道，其实也是比较累的，因为这样的人一般原则性比较差一点。

其实对于酒桌上的文化，前人早已经有了深层次的总结，有一些读来非常有意思，销售人多学必定有益。

中国企业家严介和就将酒桌上的吃吃喝喝上升到了理论的高度。严介和说："因为我觉得人生如梦，对酒当歌也是一种形式。梦是虚幻的，看不见的，而酒是看得见的。人的一生就是酸甜苦辣的组合，都化在一杯酒里面。人生如酒，成也，败也，又能几何呢？"

他认为：酒场上最能反映出一个人的内心。一种人非常讲义气、重感情，这种人在酒桌上就表现为常喝醉，动不动就喝醉了。这种人处朋友是没得说，因为他重感情。但是，这种人不能办大事，因为他能处人不能处事，太感性了，大事不能交给他。所以，常喝醉酒的人能处人不能处事。

严介和认为什么酒都不喝的人也不是什么好的人性，从感性走向理性的极端。这种人从不沾酒。无论遇到什么样的人，无论是什么场合，无论是多么激情澎湃的人造场面，他始终不端杯，这种人可以处事但不能处人。为什么不能处人，这种人太理性了，谈不上感情，谈不上义气。义气施于人嘛，当你遇到困难的时候，当你需要他帮衬一把，为你双肋插刀那是不可能的。关键的时候，他能不背叛你，不落井下石那都是好的了。你看历史上的叛徒，都出自这种人，都来自这个群体。当然，那种身体不适，不能饮酒的人除外。

第三种人原则上不醉，该醉的时候醉得也很坦然。这种人既能处事又能处人，往往就是领袖。领袖就是既有感性的引领，也不失理性的回归。

严介和总结说，酒场上基本上就是这三种人。网上也有人说严介和是喝酒的专家，能喝也很豪放。这么多年，我还不知道什么叫醉酒。万一觉得自己喝高了，就躺下来休息一会儿，这也是正常的。我基本上能把自己管理得很好，不会乱来，酒后无德这是从来没有的。

酒桌之上，多少肮脏之事发生了。但是严介和说：真正那种阳春白雪的领袖，因为没有经历过"肮脏"的洗礼，往往对肮脏的东西不敏感，容易被肮脏所陷害。真正的领袖需要从肮脏中走出来，方不为肮脏所染，并变得越来越干净。如果一个人没有经历过这些，一味追求阳春白雪，往往最终会为肮脏所害。相反，正因为领袖了解肮脏的东西，才能做到左右肮脏，最终达到改造肮脏的境界，成为真正的领袖。

严介和的喝酒品人之术，其实值得销售人学习，这种视角看似简单，实际上背后往往是人生的格局。这种酒其实是男人心理暗战的战场，也是一种文明的角斗场。

谈及喝酒，就不能不提及女人喝酒。在商场上，喝酒的女人有些特别，喝酒透露着女人的性情。从酒桌上看女客户往往比平时更准确，更清楚。酒到杯干，来者不拒的女人，性格是豪放的。喝得不多，却爱装醉的女客户就要提防一下，聪明女人在职场上还是很有杀伤力的。这样的客户自我控制极佳，而且做事讲究手段，目的性很强。

销售人在多年的职业生涯之后，进化成一个酒场老将是一个必然的事情，谁让我们生活在一个吃喝均是文化的国度呢？酒桌识人，其实就是一场修炼。

008 积极创造让客户无法抗拒的强大气势

在销售的过程中，我们谁都可能不自信，说要保持强大气场，其实做起来很难，我们内心里一直有一个敌人，在掐灭我们的自信心。所以，销售就是要建立自己的自信心，自信心是做好销售事业的必要元素。

那么剩下的就是如何积极创造一种让客户无法抗拒的气势了。我们的思维能改变我们的行为，我们的行为也能影响我们的思维。所以，不自信的时候，可以去做一些准备动作，也许我们的气势就能跟着上来了。

具体怎么去做呢？我们在有些书上看到的资料是没有用的，因为，他们要求你表现出自信的方式是盯着客户看。这其实是不对的。如果你想说服别人，盯着别人的眼睛看，并不是一个好的方法，眼神交流或许会给人造成威胁感。动物进行眼神交流时一般是要进行主宰权的争夺。其实人类的思考模式也不例外，如果你盯着别人的眼睛想说服他，这可能会引起他的抗争，你并不能说服他。

销售人在面对客户的时候，会在陌生人面前塑造更好的形象，所以，我们不会什么话都说，我们也会很自觉地将自己美好的一面展现出来，会投入更多的精力来做这件事情。但是事实上有一个方法能够解决问题，就是在客户面前故意表现出一种自由轻松的状态，以让客户自己也轻松下来。

也就是假装一见如故的感觉，假设对方就是你的好朋友，如果你们是好朋友，估计你们坐在对面就开始各自拿出手机为对方点赞了。因为，我们不会在好友身上花太多精力和他们聊天，彼此不会动脑筋去想我下一句话是什么，不要去想，自然而然就很好。

如果我们见面，首先对客户说，我们都放松吧，先喝点吃点什么，找点干果咖啡，帮客户磨一杯手工咖啡，也是拉近亲近感的方式。总之，我们会表现得更自由，更放松，也更懒，在好友面前没有在陌生人面前炫耀自己感觉来得爽快。自然，我们自己很舒服，客户也很舒服。

但是如果客户给了我们很大的威压感，这时候我们也需要表现出强大的气场，销售人自己可以先从肢体上表现出自信的感觉，展开自己的双臂，胸向前挺。要像一个黑社会老大一样地去感受、感觉周围的空气。哥伦比亚大学和哈佛大学的学者进行了一项实验表明，这种高力量的姿态，会让睾酮（一种和统治欲相关的激素）增加，应激激素（也就是压力激素）皮质醇减少，并提高了力量感和风险忍受度。

我们看到在会议营销过程中，培训师上场的时候，会预先热场，通过一些夸张的自我刺激来激发自己的热情，然后就可以滔滔不绝地讲出来。这里面其实包含了很多心理学和生理学的道理。一个人的气势是可以自我激发出来的。

我们注意观察，就会发现，在一开始，这些当众进行演讲的培训师，总是将自己的声音控制得大一点。声音不要太尖，而是要低沉而坚定，低沉不是微弱，声音比较小，也比较没有说服力。声音的大小实际上能够反映一个人的意志，也反映了一个人体质的强弱。敢于大胆表达，能够让销售人获得气场。

销售人在处理好内在的气势来源之后，就需要在外在上也做出一些改变。一个人的气势是靠外界的一些东西支持的。销售人是需要好车好衣的。简约是可以的，但是不要不经挑选就盲目出现在客户的场合。

这几年颜色性格的研究在中国很热，心理学家蒙策尔特研究发现，不同的性格、不同的情绪决定着人们所偏爱的颜色。快乐时，我们更爱选择温暖、明亮的颜色；悲伤时，我们则会偏爱那些冷冷的颜色。同样有研究发现喜欢蓝色的人更为冷静，喜欢黄色的人则更为积极向上。不管科学不科学，销售人还是选择比较热情有张力的颜色的衣着。不要随便，而是要有精心的设计感，不一定很贵，但是一定要在细节上能够体验到匠心。

对于大人物而言，我们可以看到他们近乎不变的着装风格。奥巴马经常身着深色的西服，乔布斯是经典的牛仔裤和黑色秋衣，他们会觉得换衣服麻烦，而深层性格中有着比较坚定的自我意识。如果销售人的客户多次身着同样款式的衣服，那么你可以断定这位客户有比较坚定的自我，也是比较自恋的。对于自己的自信，销售人自己也要表现出一点点优越感。

但是过分重视着装常常是为了巩固脆弱的自恋。这对于建立气场是不利的，如果一个人对自己有信心，就不需要不断检查自己是不是穿了合适的服装，而信心不足的人就要在外表上同样贯穿内在的自恋。所以，一个有气场的销售人需要有自己一贯的穿衣风格和谈吐风格，这能够带来客户的认同，认为你个人比他自己强很多的时候，就会产生私人间的主导和导引关系，这对于销售成功是很有帮助的。

心理博弈术——
销售中不可不知的心理学诡计

销售强调战略上的势能，也需要了解细节战术，在销售中最常用的信息学的诡计，却能够成为销售人制定策略的最佳技巧，这是一个讲战略的时代，也是一个讲究策略的实战时代。

商战中常用的心理战术

一项研究表明，人的情感沟通只有7%是通过语言实现的：37%在于话语中的强调口气；56%完全与言辞无关。所以，沟通大部分来自于策略的成功，战术的成功，而不是表达语言的多少，沟通更多是使用语言之外的情感引导策略，让客户和销售人之间形成连接关系，然后在这个基础上形成交易。

商战最常用的战术就是情感战术，这是一个基础，最杰出的营销理论就是要让销售人充满爱心来做事，这其实算是一个心理学诡计，因为情感其实也被做成一个陷阱，客户会在销售人的情感攻势下，出于对于相互关系的珍惜，跟销售人之间形成一种比较固定的商务关系。

销售是销售人员与客户之间心与心的互动。销售的最高境界不是把产品"推"出去，而是把客户"引"进来，所谓"引"进来，也就是让客户主动来购买。比如我们不断地拜访客户，对客户嘘寒问暖，刚开始的时候，客户可能有抗拒心理，但是时间长了，销售人出于真心的帮助和关心，就让客户有了心理依赖。为了换取继续获得情感的关怀，客户可能就会在生意上面更多地照顾我们。这其实是利用了人性的弱点，所有人都渴望自己有存在感，别人看得很重要，可以产生强者对于弱者的情感心灵依赖。

销售是一场心理博弈战，所以虚张声势也是一种最常用的营销诡术。有些营销人员总觉得自己有求于顾客，感觉比顾客矮一截，其实大可不必。市场经济之中大家都平等自愿，都有随时变更交易对象的权利，如果我们的产品和服务不满足对方要求，就是把人家捧上天也不会有用。因此要相信对方选择我们是一种明智选择，对他来说也是有利的。如果过于谦卑反而让对方感觉你不自信，你的产品和服务肯定有什么缺陷，即使不会转身离去也会提出更苛刻的要求。所以有经验的销售人员会故意做一些夸张的东西，来增强客户的感受，销售人可能会开着豪车，戴着名表，穿着名牌的服装，这些都是一些装点门面的工具，销售人可以用表面上的成功来说明自己的事业风生水起，自己的产品在市场是如何的受欢迎。这种自我包装的销售人其实是一种上进心很强的销售人。

需求导引诡计，也是销售中最常用的商场策略。现在市场营销就是要求企业从客户的需求去开发产品，这是没有错的，但是我们要学会将客户自己内在的需求激发出来。起初客户是想买一个小的，我们只需要将他们的内心的欲望引导出来，就能够让他们购买一个大的。本来客户没有这方面的需求，但是在激发之下产生了需求，这就是销售人真正发挥作用的地方。不要仅仅停留于满足客户最低要求的产品。

其实，在很多的领域，客户和销售人之间的信息是不对称的，这时候，销售人就可能提示客户可能遇到的风险。但是大部分销售人可能会借助自己的信息优势恐吓客户，在一些医疗系统和亚健康领域，这种事情是非常普遍的，这足可以引起客户内心的恐惧，既然客户开始恐惧了，他们就可能把选择权交给了销售人，这时候，他们自己就成了待宰的羔羊了。这种也是利用了人性中恐惧的心理，进行心理引导，在客户内心里种下了恐惧的种子。

在大部分商品供求领域，市场都是供大于求，而且是严重过剩的。所以现在普遍有一种销售诡计叫做"不好意思营销"。就是利用客户贪小便宜的心理，先赠送一点吃的喝的，让社区中大爷大妈们去蹭小便宜。但是当这个事情有了几次之后，这些销售人员就开始进行逼单，也就是在情感上逼着这些客户购买。确实有很多客户也就买了，买回了很多的保健品和健身椅之类的没有实际价值的东西。

同时这个诡计还派生出一个背后鞠躬心理诡计，也就是要大爷大妈去买一个特别贵的东西，被拒绝后，就会推荐一个相对便宜的东西，这时候，大爷大妈觉得先前拒绝了人家不好意思，于是就买下了他们认为代价不高的东西。

在国内营销界，还有一种销售方式就是请出专家来，利用专家的权威性来证言产品是很好的，是能够帮助客户解决问题的。借用他人或群体的力量影响客户，是营销实践过程中一个常用的诡计。

其实，大部分消费者对于商品的知识还是贫乏的，他们无法判断专家的真伪，或者大部分消费者根本就没有批判精神，这时候，厂家会营造很多商品畅销的假象。这些销售诡计真的能够让厂家在推销过程中获得很好的效益，但是这也是营销过度的表现，对于企业长远发展也不见得都是有利的。

002　抓住人好面子的特点，让客户乖乖束手就擒

几乎每个人都或多或少有点要面子的习惯，要面子的心理机制是一种自我认同感的缺失，实际上，每个要面子的人都有自己的心理弱点，维护的东西就是自己内心里不愿碰触的地方。

一个很要面子的客户，实际上在昭示他们往往有一个不太幸福的童年，也就是在童年的时候，没有什么人能够走入他们的内心，引导他们自我意识的确立。我们从小到大也没有什么教育启发我们找到自己，了解自己，所以不知道怎么定义自己，慢慢地就形成一种通过外界来定义自身的认知习惯，是一种内心自我认同感缺失的补偿行为。

可以这样讲，要面子就是内心自我比较脆弱的人在寻找外在的一些补偿的机制。在外在上用一种物质性的方式超越别人，让别人羡慕和赞美来获得心理营养的方式。因为在中国，父母的教育没有引导孩子从内心里认同自我，所以在群体上，培养了咱们中国人根深蒂固的毛病：死要面子。在国内，成功的营销都会塑造一种场景，告诉你他的产品能给你带来什么前所未有的面子，然后引导客户去购买。其实整个消费形态

的畸形，大体上和面子有关。

不过对于销售人来说，好面子就是人性的弱点，就是要去开掘的市场机会。要面子的人，其实是很容易搞定的。因为，本质上，要面子的人大体上是一种靠外界证明才能获得心理满足的人，所以说服这样的客户是比较容易的，换句话说，好面子的客户是很容易被引导的，这就是一种营销诡计，你好面子我赚钱的游戏。

对于奢侈品销售而言，必须知道顾客心理的主导作用。劳力士手表不是用来看时间的东西，而是用来显示身份的东西。人们戴上它觉得很有面子，这是生意的实质。门面的事情，都是给别人看的，好面子之人就是特别在意外面人的评价。

好面子的客户其实有着同样的心理活动。比如，销售人要是跟他们说："哎呀，像您这样的人到哪儿都是人们关注的中心，你不穿好点行吗？这个真的适合你的气质。"客户听了就会很高兴，因为他们确实觉得别人的一举一动都是在秀，都是在气自己，让自己没面子，都在跟自己争夺注意力，所以一定要精心地装扮自己，维护社交场中的中心地位。

好面子的客户，其实更在乎不相干的人的评价，不听身边靠谱的人的建议。所谓靠谱，他们可能就会认为100多万的车子真的没有什么用，除了拉风骗女孩真的不知道能够体现什么价值。但是，其实，好面子的人就是这样，我就是要拉风，我就是要让那些年轻漂亮的拜金女孩投过来艳羡的眼光，喜欢被一帮子美女簇拥的感觉。作为厂家的销售人，有意无意地就告知客户这是吸引女孩子的神器，能够让你很有面子。

这就是我们前文说的，要面子是因为一种心理补偿机制，内心总觉得自己不如别人，童年的心理缺失是一个人一辈子的心理无底洞，样样事情怕丢面子，诚惶诚恐，唯有奢侈地秀出自己，才能够让自己觉得还是能够获得社会认同的。

客户在购买过程中，一般来说，有三种类型，一种是要当鸡头，瞧不起凤尾，主动要挣面子，寻求优越感；一种是好歹是凤尾，瞧不起鸡头，不要丢面子，寻求一种归属感和不被鄙视的存在感；另外一种就是死要面子活受罪了，不要太丢面子，防守策略，明知不可能有面子了，那就不要输得太惨。销售人只要分清这三种状况，就能够对客户上下其手用策略了。

面子营销就是一种场景营销策略的应用，成功的营销都会塑造一种场景，告诉你他的产品能给你带来什么前所未有的面子。而且惯用手段就是激起你的攀比心理，因为攀比带来的面子感最强烈。在介绍产品的时候，一定不要以价格和质量诉求为中心，而是以客户的心里妒忌对象为中心，告诉他有这个东西，就可以战胜他内心里那个敌人。比如一个30岁的年轻女人，可能妒忌20岁的青春无瑕，这时候就告诉她，这个能让她胜过20岁的女孩，那么她就会动心。

其实关于面子的问题，还有一个视角，就是销售人在销售过程中，一定要有面子思维，一定要保全客户的面子。客户都是爱好面子的，都喜欢在别人面前展现所长。在拜访中，我们遇到客户正在和消费者聊天，这个时候我们应该把握机会，抓准时机，抬高客户，加深客户在消费者中的印象；同时也让客户对我们产生好感，使我们的工作十分顺利地进行。

保全客户在众人或者消费者面前的面子，同时也不会影响到客户今后的生意。经营零售业的客户非常明白"你敬我一尺，我还你一丈"的意义，如果我们保全了客户的面子，他们也会非常尊重我们，为我们保全面子，相互支持，相互配合。

003 "冲动是魔鬼"让客户在冲动中做出购买决定

人性的弱点，就是企业设计消费"陷阱"的地方。其实，人都是容易冲动消费的，或多或少都有一点。一个清高自律的学者，在看到自己喜爱的好书珍藏本的时候，也会按捺不住购买的冲动，想要即刻拥有这套书。冲动是人性中普遍的弱点，冲动消费是其中最常见的一类。

好的产品和销售，都能给顾客购买的理由，顾客愿意买单是冲动消费的前提。企业设置冲动消费的场景，就能够瞬间促发客户冲动购买的欲望，从而控制不住自己，要购买和拥有自己喜欢的东西。

在英国的一项调查中，十分之一的受访者承认看不懂银行对账单上的余额，近四分之一的受访者表示宁可"今朝有酒今朝醉"。研究报告说，限制人们理财能力的是一些"行为"特征，包括乐观、自负以及渴望立即达成愿望——后一种特征常常导致在超市过度消费。这项由英国农村商店联盟和伦敦政治经济学院等机构联合进行的研究称，超市过度消费、冲动消费以及购买超出自己支付能力的东西都说明人们"天生不会管钱"。农村商店联盟的纳萨莉·斯潘塞说："我们的一些天性事实上会损害我们的理财能力，我们把这些天性称作理财能力的行为障碍。"

其实，研究者是在想如何控制人们的冲动消费，提高他们的财商，但是商家却是在设计让顾客冲动消费的说辞和策略。如何迎合客户冲动型的需求，其实就是一个营销技术层面的事情了。

其实，对于门店的消费来说，还是需要为消费者制造一个购买的理由，这个理由是能够引起冲动的"核心冲动源"。

促销其实是冲动消费的动力之一。价格也是客户选购产品的理由之一，若是你的客户对价格非常重视，你就可向他推荐在价格上能满足他的商品，否则您只有找出更多的特殊利益以提升产品的价值，使他认为值得购买。

销售人做终端的时候，一定有过促销方案的设计。商家实行的"买二赠一、买五赠三"的活动，或进行有奖销售，或购买某产品有惊喜赠送等等，对于很多女性购物者来说构成了很强的吸引力。

其实对于理性的消费者来说，他们只购买自己事先计划好要买的东西。有时在一些比较大的终端卖场，这些宣传就会显得非常不起眼，许多顾客并不知情，顾客开始时本身并不需要购买产品，自己也不知晓，但一旦进入实际的终端卖场，听说会有赠品或是打折优惠，就有可能购买，不为别的，就因为这种产品我可以要，但我也可以要别的厂家的，而购买你的就是因为你有东西可赠，或者有奖可抽，再者就是有折扣打。

这个是很容易捕捉的心理活动，几个老太太在一起，她们会比较谁更会过日子，有个对比心理，自己的熟人在某处买的多少钱，而自己买到同样的东西却比她的价格低，就是炫耀一下自己"砍价"的能力，其实也是一定的虚荣心在作怪。许多消费者购买产品时一听说有优惠，就会一哄而上，不管自己到底真的缺乏还是根本不需要。如果抓住这类顾客的购买产品心理，厂商自身做一些优惠活动，则更有利于产品销售。

其实对于冲动消费来说，很多时候青年、儿童和青年女性占了主导，对于品牌的表达，他们没有什么免疫能力，所以我们看到年轻大学生用高端手机和穿着品牌服装的比例还是比较高的，价格不是主导因素，最主要的主导因素，就是品牌的诉求表达满足了他们的欲望，于是他们就冲动购买，这些孩子使用的商品有时候比他们在职场赚钱的父母更加高档。当他们成人以后，或者尝试到生活不易的时候，冲动消费才可能被相对抑制。

冲动购买也是有前提的，那就是安全、安心，基本不会为基础的功能和质量担心。一位直销小孩玩具的直销员，提到每次有家长带小朋友购买玩具时，由于玩具种类很多，很难取舍，但是只考虑到玩具的安全性时，家长们几乎都立刻决定购买。因为这些问题恰恰是家长们最关心的，玩具是感性消费，比较容易产生冲动购买行为。

其实，对于不同的消费者，在场景中会摆放不同的商品，这样就能够针对精准需求进行销售，因为冲动购买的前提就是契合客户的兴趣、嗜好，让他们冲动消费，商品若能和客户的兴趣、嗜好结合在一起，抓住这点诉求，一定能让客户感到高兴。

对于如何制造冲动需求，零售研究者还总结了一些规律，其实这也是一些促销的常识，能够适应消费者的生活状态。现在很多商场都是一种休闲加购物的复合形态。当消费者处于不那么拥挤的购物环境中时，人觉得很舒适，本来只是来购买一包纸巾的，却在购物场所中吃了一顿饭，看了一场电影。而当处于拥挤的环境中时，比如周末的超市，人们更愿意尽快买完必需品，结账离开。

商场和门店一定要能够有完整的支付手段，人们花现金的时候会心疼，因为是一张一张数出去的，但是刷卡的时候就不那么心疼了，这样客户可能意识不到自己花了多少钱。比如网上有一个经验之谈，就是给女友信用卡副卡是一个错误，给她一沓现金，显得更大方，她花起来也许会心疼点。

在商场里，当消费者购买一些会引起尴尬的商品时，一般习惯于顺手一拿，所以摆的位置也是很重要的，消费者会倾向于在购买卫生巾、避孕套等容易引发尴尬的物品时顺便购买一些其他东西来避免尴尬。所以商品的陈设也是一门学问。

在高档衣服的销售店，其实导购员最喜欢的人就是那些心情不好的女人，当人们心情不好需要心理安慰时，就可能花自己的钱或者花男人的钱来报复他。很多人在难过时会疯狂购物来缓解情绪，虽然有乘人之危之嫌，但是送上门的钱，谁又能够不赚呢，给人家一个好的服务，让人家的心理获得补偿，也是一种心理安慰了。

004 攀比效应：以同类人做比较，激发客户的攀比心理

在生活中，我们总是希望自己建立一种独一无二的价值，比如在一定范围内做到第一，成为一种别人羡慕的对象，比如在自己的圈子里唱歌最好听，也是一个值得荣耀的事情。但是这种社交圈中一旦出现一个

歌喉可以媲美的人，那么两人之间的暗战就开始了，挑战就开始了。其实在生活中，这样的挑战是无处不在的。人是活在这种或明或暗的社会环境中的，即使那些你认为很高洁的大人物，也不能够免俗。

每个人的心里都会有阴暗的一面，总是会忍不住地和别人比东比西。攀比是客户的一种赶时髦的偏好，即想拥有一种其他消费者已拥有而自己还未有的东西的一种心理。在销售时，若能准确拿捏客户的攀比心理，就能很好地促进销量的增加。或者说，所有超越功能层面的消费都与攀比心理有关。

十年前是机械表的一个没落期，由于手机本身具备时间记录功能，所以人们觉得没有必要在自己的手腕上加上一个手表。所以在一段时间内，国内外倒了很多机械表厂家，这些厂家本来都具备很强的制造能力。如果活到现在，还特别善于讲故事的话，那么这些企业都会发展得很好。

但是最近几年，手表市场又开始繁荣了，这一次，手表与报时几乎没有什么关联，而是一种显示身份的工具，人们戴着不同的腕表，目的就是向自己周围的圈子中显示自己是一个有范儿、有品味的人。其实这又是手表制造企业联合市场渠道设计的一个超级诡计。它们强调一个男人如果不戴一个表是没有范儿的，于是市场上开始"表哥"满天飞了，市场又重新开始繁荣了。

这些手表品牌强调产品能够帮人获得身份，并且开始逐渐形成一种趋势时，客户就会觉得别人都有了，我也得去搞一个，要不然我就落后于别人了。所以在销售中，商家经过广告和门店销售人描述，让客户意识到，拥有这样一块手表已经成为很普遍的一件事，是男人必备的装备。只要让客户感到除了自己好像每个人都拥有了似的，就会成功促使顾客产生一种攀比心理，并拥有强烈的购买欲望。

事实上，手表的重新流行就是商家的局，利用了人性爱攀比的弱点，让一个没有功能价值的商品变成一个炫耀身份的新工具。

如何才能够激起消费者的攀比心理呢，那就是多拿顾客的同类作比较。相对于一般不相关的人来说，与同类人作比较，更容易激发起消费者的攀比心。所以客户在面对某个产品时，如果被告知同类人都拥有，即使这些东西对他并不一定有用，他也会购买，因为有没有用并不重要，重要的是如果没有，他就会觉得低人一等。这种不甘落伍的心理，实际上就是消费主义一浪高过一浪的内在动力。

攀比是一个怪圈，具有永不停息的动力。人是一路向上的，一路都会不断地变换社交圈，每一个社交圈都会有不同的炫耀和攀比的工具，自行车、缝纫机、磁带式录音机都曾是用来炫耀的工具，今天豪宅、游艇、豪车、私人飞机也是用来证明自己在某一个圈层中不甘落伍的信物。企业可以将这个信物思维当成一个策略，大到国家，小到个人都有攀比的心理。许多人会把这种潜意识的攀比当成自己平日生活、工作中的一部分。销售人员若能运用好客户的这种心理，就能刺激其购买的欲望，从而达到自己的销售目的。

男性之间的攀比心态是单一的，对于金钱的欲望，使得拜金成为主要的社会价值，在全世界都是如此。但是女性的攀比心理是多元的，一切生活元素都可能成为她们的生活攀比元素。除了通过消费满足自己基本的生活需求，使自己变得更美更时尚外，还会以购买高档次、知名品牌的商品或者购买与众不同的商品来显示自己优越的地位或者其他过人之处。

其实，女性消费者的攀比心理是复杂的，但是也是一种母性心理。心理学者对此做了详细的描述："从某种程度而言，女性在购物时的攀比心理其实也是女性对物质征服欲的释放。对于女性而言，家庭生活是她们的重要组成部分，女人们经营着自己的小生活，她们热爱它。因而，她们在乎别人超过自己的生活，她们像护着自己的孩子一般，并发出潜意识中的保护心理，因而，攀比就成为了一个重要的手段。难怪当女人们的攀比心理调动起来后，眼神中都会闪烁着强烈的自卫光芒。"

商家想要赚女性消费者的钱，就得针对女性消费者的这种攀比心理，在具体的销售环节适时调动女性的攀比心理。例如看到女性消费者犹豫不决时，可以说"这款商品很实惠，卖得很好"或者"这件商品适合有气质、有品位的女性，您很适合"等这种能够恰当刺激女性消费者敏感的攀比心理的话语。不过，需要提醒的是，女性消费者自尊心也很强，在具体的交易中要看准时机，话语要恰当妥帖。

如何利用人们的攀比心理来创造一个市场呢？生活本身就是一个秀场，厉害的企业在做好产品功能之外，会把自己的产品变成一个用于客户宣誓自己生活方式优越性的工具。买了就要秀，如果我们要研究消费者的行为，会发现微信朋友圈就是一个很好玩的秀场，这个秀场能够激发需求，实际上是消费主义更加疯狂的加速器。

女人们往往对社会或者世界上的重大事件和新闻漠不关心，甚至充耳不闻。她们关注的是自己身边的事，过着自己的小日子，什么张姐家买了一个空调了，李妹家买了个电脑啊，这些事往往成为她们关注的焦点。她们会想她们买了，我凭什么没有，我还得买个比她们家更高档的呢。没准儿第二天她就会去实现自己的想法。互联网的消费市场，很容易就通过网络社交工具传播开来，制造出一场流行。

005 门槛效应：逐步提出自己的要求，获得更大的让步

在销售心理学上，有一个著名的心理学诡计，叫做登门槛效应，对人们提出一个非常简单的要求时，人们难以拒绝，因为他们害怕别人觉得自己不通人情；当人们接受了这个简单的要求之后，再提出一个比较高的要求，人们一般会更易接受。

1966 年，美国心理学家曾作过一个实验：派人随机访问一组家庭主妇，要求她们将一个小招牌挂在她们家的窗户上，这些家庭主妇愉快地同意了。过了一段时间，再次访问这组家庭主妇，要求将一个不仅大而且不太美观的招牌放在庭院里，结果有超过半数的家庭主妇同意了。与

此同时，派人又随机访问另一组家庭主妇，直接提出将不仅大而且不太美观的招牌放在庭院里，结果不足20％的家庭主妇同意。

同类实验实验者让助手到两个居民区劝人在房前竖一块写有"小心驾驶"的大标语牌。在第一个居民区向人们直接提出这个要求，结果遭到很多居民的拒绝，接受的仅为被要求者的17％。在第二个居民区，先请求各居民在一份赞成安全行驶的请愿书上签字，这是很容易做到的小小要求，几乎所有的被要求者都照办了。几周后再向他们提出竖牌的要求，结果接受者竟占被要求者的55％。

美国社会心理学家弗里德曼与弗雷瑟从1966年做的"无压力的屈从——登门槛技术"的现场实验中总结出来了这个效应。登门槛效应又称得寸进尺效应，是指一个人一旦接受了他人的一个微不足道的要求，为了避免认知上的不协调，或想给他人以前后一致的印象，就有可能接受更大的要求。这种现象，犹如登门槛时要一级台阶一级台阶地登，这样能更容易更顺利地登上高处。简单的一句话：如果人们答应了某个小请求，那么他们很可能会答应更大的请求。

研究者认为，人们拒绝难以做到的或违反意愿的请求是很自然的；但是他一旦对于某种小请求找不到拒绝的理由，就会增加同意这种要求的倾向；而当他卷入了这项活动的一小部分以后，便会产生自己是关心社会福利者的知觉、自我概念或态度。

这时如果他拒绝后来的更大要求，就会出现认知上的不协调，于是恢复协调的内部压力就会支使他继续干下去或做出更多的帮助。

推销人经常使用的诡计就是登门槛效应，他们常常使用这种技巧来说服顾客购买他的商品，通常成功的推销员都不会向顾客直接推销自己的商品，而是提出一个人们都能够或者乐意接受的小小要求，从而一步步地最终达成自己推销的目的。

其实对于推销员来讲最困难的并非是推销商品本身，而是如何开始这第一步。当你把一名推销员让到你的屋里，可以说他的推销已经成功一半了，即使你开始并不想买他的账，仅仅是想看看他如何表演。有时我们会发现这种方法的确是个达成自己目标的好办法，尤其是用于和不太熟悉的人打交道的时候，偶尔使用一次成功率还是挺高的。

实际上，登门槛效应也常常是小推销员撬动大人物的方式，通过一个顺手就能够做到的请求，大人物觉得自己帮助了这个了人，获得了推销人的感谢。其后，这个推销人提出了一个更大一点的请求，大人物可能也就答应了。

006 "相互退让策略"：高明的销售员总是让客户觉得他赢了

在商场之上，既有共同分享的价值体系，也有相互让步、获得合作的基础。在销售人的业务生涯中，所有大一点的交易的达成，其实都是相互妥协的结果，而不是一方占尽了对方的便宜。如果客户觉得自己在一场交易中吃亏了，他要么选择不会和你再合作，要么就在下次的交易中补偿回来。所以在交易中，一定不要有胜利者的姿态，这是销售人记住的铁律。

如果销售人觉得自己的销售能力很强，在交易成功后要带着客户大肆庆祝的话，那就违背了这个铁律。无论在什么时候，在交易之后，要很诚恳地跟客户说，自己在这笔交易中，没有获得什么利益，自己回去不知道如何向领导交代，因为交易的条件已经突破了企业交易的底线。这样的话语可以让客户觉得自己能够在和销售人的交易中占据上风，而不是变成冤大头，这对于以后的订单是非常有利的。

在和客户接触的过程中，无论到什么地步，都不要很爽快地让步，销售人要表现出自己的难处。商业接触就是双方在打牌，看着自己的底牌，也要知道对方的牌，对方打出什么牌，就要有自己的应对方式。商务接触一个重要的特征，就是互动。

双方的焦点就集中在如何分配已存在的优势和劣势、盈利和损失、任务和责任上。客户得到的越多，企业和销售方得到的越少，双方正好相反。这容易导致一方认为自己是输家，另一方认为自己是赢家，或双方都认为自己是输家。

即使销售人在一单生意中赢了，也要表现出一个输家的感觉，在交易后不要表现出一个赢家的感觉，而是恳求他们下次一定要照顾自己一点，为以后的交易留下伏笔。

在市场中，销售人作为供应方，也就是市场的乙方，处于一种被选择的地位，在甲方的客户那里，对双方的交集来说，不是平等的关系。所以在这种关系中，想去获得主导权的难度是很大的，这也不是营销层面能够解决的问题。

在正规的商务活动之外，还存在另一套商务的模式，其实采用什么样的方式，是我们进入什么行业或者什么企业决定的。比如，宝洁在国内就不可能走这样的路，宝洁虽然做的不是高技术产品，但是他们有着不同的卖法，消费者认可他们的产品，他们的销售人员是靠产品力和品牌力在做市场，这样的销售简洁高效，完全按照市场程序步步推进，攻占市场。

一般的企业不可能像世界顶级企业那样去做事，销售人能够感觉到，自己在客户面前，企业的市场地位其实也决定了自己的市场地位。

在一般的商品交易中，买方具有定价权。在一场交易中，如果买方的态度不真诚，共赢就是一句空话。以往的交易，都是建立在买卖双方的信息不对称的基础之上的，所以才会有买卖双方利益最大化的感觉。客户觉得很合算，销售人员觉得很赚钱。

在信息对称以后，谈判双方其实都无牌可打，有的只是显而易见的现实。现在商品已经进入微利时代，恰恰是信息技术特别是互联网技术充分发展以后，价格和产品信息都变得很透明。销售人员在商务谈判中，也从暗中赚客户钱发展到客户完全知道你的底细，然后愿意让你赚钱。客户凭什么愿意让你赚钱，个中原因分成两个：一是企业的产品确实过硬，甚至不可替代；二是销售人员活动能力强，跟客户有了利益输送；

或者二者兼有。

有一家专做印刷、包装的企业，专业为国内大型通讯企业提供无纺布袋和手提袋。几年来一直做得顺风顺水，由于市场用量很大，100多名员工三班倒都忙不过来。当然，企业获得了不错的经济效益。但是有个问题，企业客户很单一，就几个大客户，后来最大客户方换了印刷品和广告采购的主管，这个主管是印刷工出身，销售人员老李不得不和他打交道。

在一单采购谈判中，这个主管将这一单物料的损耗成本都算得一清二楚，然后拿着计算器给销售人员老李看，主管问："你的综合单价成本在这，你想从这一单上赚多少？"

老李一下就懵了，高于成本线都是盈利，但是盈利多少自己已经没有能力把握，一单的利润客户都能精算出来，这样的谈判只会让销售人员欲哭无泪。

老李不敢答应如何做，于是回去和企业老板商量，结果两人都相当沮丧，不知道怎么办。在这样的挑战面前，任何策略、任何心理战术都已经无济于事。企业老板于是也准备了一本账，那是站在企业运营的角度看待价格的问题，绕开了这个印刷主管，直接找到了对方企业的老总，进行交流。对方老总站在企业运营的角度，能够理解之前的价格是合理的。于是他们在会谈以后，在原来的价格上做了一个折扣，这样对方的老总也觉得不错，主管能够顶事，省下了一点钱。企业这块也能够获得利润，虽然降低了一点，但是还有钱可以赚。因为老李和企业老板的冷静，这个单子还是保住了。这样的让步，能够让对方的老板满意，这个事情也就有了一个相对完满的结果。

事实上，我们案例中的这个交易模式其实是普遍的业务发展模式。上述案例中主管提出了一个利润很低的价格，但是销售人员无法提价，因为对方总会口口声声说，你已经赚了这么多了。客户那边真正的谈判高手，不会把企业和销售人员逼上梁山，而是通过合作，企业能养活自己，但却很难摆脱他的控制，好比"想活好没那么容易，想死也不可能"。一天又一天，销售人员和企业对他们的依赖一天天加深，最终，你成为了一个为另一家企业打工的企业。这是一个高明的策略，企业的辛苦劳作最后却只能维持生存了。

在和客户进行心理博弈的过程中，一定要保持一分冷静，在买方提出降价的要求时，可以用其他让步方式来代替，比如一定范围内的退换货支持、加大宣传力度、提供人力支援等，尽量避免因价格的下降给企业带来不必要的损失。从买方角度思考，只要在交易中切实获得了更多，那么无论何等方式都是可以接受的。

007 在关键人物身上下工夫

一个销售人的职场成功之路，一定会有几个重要的节点，就是几个关键人物的扶持。那些走到高位的人，回过头来看到这几个节点，都会不自觉地说一句：好险，人生的分水岭，抓住就上台阶；抓不住，就变平庸，这看似是命运，实际上是一种经营。

赵忠祥写过一本书叫《岁月随想》，当中有一句话："一个人本事再大，如果没有朋友的帮助，就像一粒没有阳光和水分的种子，永远不会发芽。"

销售人不断地自我奋斗是必需的路径。但是想要取得职业生涯的成功，要不断地得到上司和客户的提携，人生每向上一个台阶，都会有别人的帮助，我们把给予我们帮助的人叫做人脉，在人生的关键节点上，给予我们帮助的人被称为"贵人"，也是销售人员在职业生涯中需要格外留意并时刻维护的关键人脉。

做客户，就是要在关键人物身上下功夫，也就是抓住这些关键的人。客户内部有很多的人，关键人物可能不是最高阶的大人物，而是一些手里刚好有资源，而且资源刚好够我们用上的人。这些人就是我们需要争取到的关键人脉。我们需要理解客户企业内部复杂的决策体系，然后找到对的人，投入我们的销售热情和心血，和他们成为朋友，这是销售工作的不二选择。

在客户内部，我们需要找到那种能够在不同场合中为我们说话的人，这样的人只能够是我们的朋友。在漫长的职业生涯中，很多资深的销售人员深深地体会到，很多成功可不是靠自己打拼就能实现的，需要方方面面的因素，其中很重要的一条就是"贵人相助"。一个重大的客户让自己的经济地位完全改观；上司的提拔使自己得到一个可以充分发挥能力的平台；得到一个关键人物的欣赏，我们成为其核心销售团队的成员，不再仅仅是个销售人员，而是成为企业里负责营销方面的创业者，成为企业的股东。可以在你职业生涯的关键时刻发挥作用的人、能够适时给你帮助或指引的人，就是你的贵人。拥有贵人不需要被动等待，可以主动去寻找、创造、经营，借助贵人的经验与力量，让自己更上一层楼。

一个人在职场中是否能有贵人相助，其实最大的决定因素就是自己的努力。懂得用正确方式去拓展人际关系的人，绝对可以找到贵人。如果你有能力，而且在能力之外还有良好的人际关系、人脉优势，那么结果往往是一分耕耘，数倍的收获。

自己奋斗远不如有人提携，这条法则已经得到了无数例证的证明。按照现代互联网的观点，现在这个时代，你不需要创造什么，只需要将已经存在的价值进行重新连接和组合，就可以了。销售人理应做资源整合的人，资源整合的本质说到底就是聚合人。靠自己奋斗，不借助关键人物的力量，这样的发展进程是很慢很慢的。

销售人员在职场之上遇见关键人脉的支持，有个人的努力，也有机缘，两者都不可或缺，光努力，没机会，是无用功；有机会，不努力，往往失之交臂。在努力的前提下，机会就显得十分重要了，把握好了，那就是我们职业生涯中真正的拐点。

销售人在职场之上找到认可你的人，这些关键人脉就喜欢你身上蕴藏的潜力；找到了门路，接下来就是经常沟通、经常进行情感维系了，并且要做到很真诚，能够使对方在心中给你竖起大拇指："竖子可教也。"关键人脉不可能样样都想着你，在需要指点的时候你要主动接近，主动沟通，亮明想法，主动获得帮助。

刘强东在做京东商城的前身，京东多媒体的时候，自己就很勤奋地干活，晚上也不回家，自己就在苏州街的办公室内，打个地铺就睡了。他能连续几十天写程序，京东商城最初的企业运营软件系统，一直到几万人同时在线交易的时候，系统都很稳定。

企业融资行为其实也是一种整体性的推销行为，知名投资人徐新在考察京东的时候，就坐在电脑前，看到了刘强东自己写的程序在有条不紊地运行，企业里面的员工工作有序，仓库的货品一个一个摆放在定区的货架之上，进行编号。对于这家年轻的企业，徐新很惊叹，从来没有见过一个有此等规划能力和执行能力的人，她决定投资京东。

在谈到钱的时候，刘强东说我要 200 万美元。徐新说，200 万美元哪够啊，至少给你 1000 万美元吧。正是这笔钱，为京东的发展打下了坚实的基础，此后，京东的几次融资都有徐新的深度参与。

徐新就是刘强东的贵人和关键支持者，其实，徐新能够感觉到，刘强东身上这股子狠劲能够让企业体现出极强的竞争能力和克服困难的能力。一个人能否让别人来欣赏，最重要的一点还是要自己有能力，有思想，也有执行力。

对新入行的销售人来说，掌握营销的理论知识并不难，最难的是实践经验的快速积累和对方向与机遇的准确把握。通过自己的努力工作和不断的经验积累与总结，最终也能提高自己，创造机遇和把握发展方向，但难免会走弯路、错路。由此可见，独来独往、单打独斗只会让自己举步维艰，能够获得他人的协助才是成功的关键所在。所以请记住，懂得布建正面的人际关系，并借助"贵人"的经验、力量，绝对可以让自己的视野、成就更上一层楼。

修炼绝妙的销售口才——
把话说到客户心坎上

人总是先学会说话，然后才知道该不该说，如何说，什么时候说。口才是人生修为的体现，也是人整体形象的一部分。一个不修边幅，不努力提升自己的人无法在一些圈子中存在。不是人们势利，而是一个阶层隐性的准入机制，什么样的谈吐，什么样的生活方式，你的一言一行，决定了你属于哪个阶层，是否有跟高端客户对等交流的资格。

001　一流的销售员，一定是一流的沟通高手

一流的销售员，一定是一流的沟通高手，无论在企业的内部还是外部，沟通成本都是比较高的。人类学家说，人之所以发展为聪明的大脑，一开始并不是适应环境的需要，而是为了社交和相互沟通。

销售人的沟通能力是在日常生活中慢慢锻炼出来的，沟通既可以是一种道，也可以是一种术。沟通技巧是可以学会的，学会了沟通技巧也就有了职场生存和发展的能力。因为沟通不仅仅能够推动销售，也能够推动管理组织和资源整合，这不仅仅是销售人的能力提升，也是为以后职业生涯的成就奠定了好的基础。

做企业、做营销必须要有沟通能力，世界经理人网站有专业文章写道，平衡各方利益和整合各方资源的工具就是沟通，古今中外的管理者都是沟通的高手，良好的沟通是团队合作的基础。有人认为，当年，杰克·韦尔奇最成功的地方，是他在 GE 公司建立起非正式沟通的企业文化。他强调只有"顺畅地沟通"，企业才能不断进取。韦尔奇所倡导的"顺畅地沟通"，就是治疗派系斗争的良方，这也是绝大部分参与讨论的世界经理人网站的用户的建议。

企业处于一种坦诚、沟通、协作的文化氛围中，员工会乐于沟通，易于形成共同的价值体系。韦尔奇在 GE 时，"希望人们勇于表达反对意见，呈现出所有的事实面，并尊重不同的观点"。他说："这是我们化解矛盾的方法。"

沟通是基础的企业管理工具，也是外部资源交换的工具。就本质来说，销售就是沟通的过程，将一个陌生的客户变成自己的朋友，中间会有很多的互动。要想与客户交朋友，首先必须了解客户，既要了解客户的性格特点与爱好，又要了解其家庭情况；既要了解他的现在，又要了

解他的过去。只有了解了客户，我们才能根据其特点，"投其所好"地与其相处。试想一下，如果客户是一个大大咧咧的人，你与他沟通交流时，却表现得文绉绉的，那你就不一定能成为他的朋友。如果一个客户是内向型性格，你在与其交往的过程中，却不拘小节，那你也不能成为这个客户的朋友。一流的销售人都是变色龙，能够跟各种各样的人交朋友。

小叶是企业内公认的沟通能力最好的销售人，她也没有什么秘诀。小叶对人很好，看起来不是那种八面玲珑的人。言语也不是很多，但是总是给人很温暖的感觉。

在和客户交往的时候，她主要就是做一个很好的聆听者。对于与客户沟通，在常态的产品推介方面，她当然没有问题，但是这在推销过程中不是重点。小叶觉得，客户接受你是一个过程，其实每个客户也都是活生生的人，他们有自己的喜怒哀乐，作为朋友需要关注别人的喜怒哀乐才行。在交往中，小叶总是对客户表现出很高的兴趣，在形体语言中表现出喜欢客户这个人，或者比较崇拜这个人。这种亲和力是自然而然表现出来的。比如客户的孩子是个男孩，她去见面的时候，可能就会给孩子买个汽车玩具等小东西，这东西其实不贵，但是说明自己在关心客户和客户的家人。

小叶有一个单子就是客户的孩子促成的。有一个私营企业主客户，一直没有跟小叶合作，虽然也拜访了好几次，但是客户总是很犹豫，不下单。

有一个周末，她又去拜访客户，刚好该客户在厂里忙，客户的妻子和女儿也在企业里，小叶就和客户上幼儿园的女儿聊上了。其实这两口子平时工作太忙，对孩子关照太少了，小叶就和孩子在一起做游戏，逗孩子，和孩子画画。孩子玩得特别开心，小叶在告辞的时候，孩子哭了，哭得很伤心。客户的妻子也哭了，因为孩子一直住在幼儿园，一个月才回一次家，回到家后两口子一直忙事业，孩子还是独自玩。客户妻子的委屈也一下子上来了，跟小叶说了很多心里话。那天，客户坚持要小叶留下来吃饭，于是小叶就留下来了，和这一家人在一起吃饭，孩子特别开心。

此后，孩子回家的时候，总是会想要小叶姐姐一起来玩，这个企业主还打电话，邀请小叶到家里。那天，这个客户将自己企业的单子给了小叶，后来还帮着她找了五六家客户，小叶和客户的妻子成了很好的姐妹，也成了她的倾诉对象。这种合作几乎成了牢不可破的关系，因为这已经深深地植入了个人情感因素。

人的生命中总有自己最柔软的地方，你能够触及那个地方，其他的事情都是小事情了，因为人需要一种感情的慰藉，这种润物细无声的亲近感恰恰是一个销售高手的秘诀。

对于销售人而言，如何才能学到这种高超的沟通技巧呢？

我们不知道那些动辄能谈下百万千万大单的销售人员是怎么成功的，他们能做下大单，语言只是一部分，更多的是靠自己的综合素质加上企业的市场地位。他们具有高超的语言技巧和社交能力，这些能力是怎么得到的呢？最好的方式是和销售高手待在一起。

销售高手身上的东西很多是意会知识，意会知识是只可意会不可言传的知识，在实践中获得的经验和智慧很难用文字完全表述。它内含于特定的商界精英，根植于特定的制度网络中。只有那些进入特定的交流网络中的人，才可能有效地理解、学习和应用别人的知识。

新销售人如果要进步，那没有别的办法，就是跟着他们，像他们一样做事和说话，进入他们的圈子，以他们作为自己工作的榜样，有一天你也能做得和他们一样。

002 好的开场白是销售成功的一半

销售人个人推进的业务，留给客户的第一印象是十分重要的，这是一般的社交规律，人们在第一次见面的时候就会用直觉判断，判定面前的这个人能不能跟我合作得愉快，如果判断是肯定的话，客户就会有进一步沟通的愿望；如果是否定的判断，那么销售人就会在客户心中留下一个刻板的印象，以后要扳回来，变成好印象，就需要花费大量的精力。

而且，第一印象不好的话，即使合作了，由于客户先入为主的潜意识，一旦合作过程中出现了问题，客户负面的情绪还会跑出来，影响后面的长期的合作关系。所以，一流的销售人知道，第一次，一定要给客户一个好印象。

语言是最有力量的，销售人开场的话实际上能够影响客户的判断，所以和客户之间的谈话需要精心准备，这当然是技巧性的事情，有很多的处理方式。

对于销售人而言，拜访陌生客户其实是一个挺有风险的事情，在大客户营销的过程中，我们在接触任何人的时候，都需要做铺垫，这个铺垫其实就是事先说好话，这样的事先铺垫能够减轻客户第一次见面产生负面印象的风险。好的销售人不打无把握之仗，最好打开话题的方法就是了解对方，了解对方的职业、地位、人品，并在某种程度上做事前的调查，如此即使是初次见面，也能够配合对方的话题进行自由交谈。

和一般的消费品推销不一样，大客户营销需要综合的评估和充分的准备。小额销售有无穷无尽的客户，被一个客户拒绝还有下一个，所以不太在乎。但是大客户营销就不同了，在一个地区，适合销售人的客户可能就几个或者十几个，如果不认真准备，后果是很严重的。销售人其实就是一个特定圈子里的社交人，在非正式场合或者社交场合中，人大多数处于心情放松的状态，在这样的情况下，相对容易接纳一个人。所以销售人吃饭和娱乐活动其实都是推进销售，对于大客户营销，仅仅布局就需要很长的时间，来创造机会接近客户关键人，与其做朋友。销售人都期待出现一个好的开头，那样后面的合作就能够顺风顺水了。

一个良好的开头等于成功了一半。第一次见面，很多销售人不善于找话题，困惑于与对方闲谈时该如何开口，尤其是对开拓市场，初次洽谈合作事宜的销售人更是如此。如果碰到准客户属于沉默寡言的人时，谈话更是雪上加霜，经常陷入冷场的尴尬气氛。所以，沟通就要找准切入点。

第一次见面，主要就是了解情况，不能跟客户的价值观发生冲突，比如客户喜欢买一些一般品牌的衣服，日常也不是太讲究，你就不能告诉客户买服装一定要知名品牌，生活一定要讲究，这样就是在安排别人的生活，这其实是销售人的大忌讳。不要提出锋芒毕露的观点，那样很容易导致客户个人心理的疏离。

第一次见面，销售人的好口才不是表现在说话多，而是说话说到位，几句话就能说到点子上，让客户自己感兴趣，并且能够和销售人员沟通下去。其实，好口才是一种人生的修为，有人语言表达逻辑性强，观点独特，那是一个人学养的外界表现。有人语无伦次，前言不搭后语，那是知识体系混乱，思维模糊不清的表现。

与客户初次见面，除了有些业务性质的谈话，加上客户急切的要求，往往要开门见山；一般沟通性质的谈话，多半是从闲谈开始的。与人闲谈，说些看来好像没有什么意义的话，其实就是为了先使大家开心一点，熟络一点，造成一种有利交谈的气氛。

然而就在这闲谈之中，销售高手从客户语言中就能判断出客户的价值观。价值观是一个人核心的东西，找到了它，你就能跟客户产生共鸣，所谓一见如故、相见恨晚就是这个意思。这就是销售沟通的道，这在于销售人员平时点滴的积累。否则，学到的可能只是沟通的皮毛而不是沟通之道。

很多客户是商业成功人士，往往阅人无数，销售人员在精、气、神和语言方面的能力，只要几句话，客户就会对他们做出一个最初的判断。良好的第一印象，就是与客户沟通的切入点。

销售人的高效沟通基于对本行业的现状和未来的理解，专业度很重要，专家级的销售人员明白顾客的需求，也知道自己能为顾客贡献什么，所以会给客户提供最能适应当下市场的解决方案。一问三不知的销售人员很难与顾客进行高质量的沟通。

高质量的沟通就是要求销售人员表现得很专业，在一次沟通之中就能了解顾客的价值观，弄清什么才是客户想要的东西，让顾客产生信赖感，并在信任的基础上做成订单。

选择客户感兴趣的话题，使对方产生亲近感出于人类自我保护的本能，任何人对于闯入自己工作圈和生活圈的人都有一些正常的防范心理，这就是陌生感，陌生感是一种很复杂的情绪。出于发展的需求，客户可能在内心里希望碰到朋友，但是自己的事情却也不想让对方知道。

在小额产品营销和电话营销过程中，这种防范心理其实表现得非常明显。顾客往往急切地说"不要，不要"就打发掉了推销人员。对于大的单子，客户心理其实也是一样的，在最开始的时候也有比较强的抗拒心理，只不过这些都是放在心里不说出来罢了。

商场上充满了欺诈，这一点也是现实。三分之一的小企业倒闭往往跟商业欺诈有关，在商场上混迹多年的老手基本都受过商业欺骗，只不过人家不说出来罢了，所以客户的戒备之心肯定是有的。

销售人需要理解顾客的心理，去掉这种戒备心理就需要自己去努力，作为朋友的朋友，当然会容易一点，即使如此，也不是就万事大吉，直奔主题了。从认识到信任，还是有一截路要走的。这个节奏的把握，只能靠销售人自己的本事了。

成熟的销售人员在拜访重要客户之前，总要找人推荐一下，所以销售人员的每一次交谈，都是人脉的积累过程。得到一个人的信任，他圈子内的人脉就可以为自己所用，这就是老销售人员都乐于帮人牵线搭桥的原因。有推荐人的生意，明话可以自己说，暗话可以托人说。

建立信任的方式是说服客户接受一个小单，这个小单可以一开始是为客户拾遗补阙的，没有关系，只要产品进去了，就有共事机会了，也就容易建立信任感了。这比口头建立的信任感就又牢固了一些。

沟通必须有专业度，这是我们解释产品和服务的根本，骗子骗的是钱，他们对冷僻的专业技能不了解，也不感兴趣。所以销售人员最好的武器就是专业，客户的问题恰恰是自己的长处。建立在专业之上的信任度会将所有的疑虑一扫而光。

在没有消除疑虑之前，销售人员忌讳过于热情，在信任度没有到位的情况下就称兄道弟，会显得轻浮。销售人员的形象，是能够帮助客户解决专业问题的形象。在专业度足够的情况下，只要跟客户说，我有共赢的思维，就足够了。

毛先生在一次企业营销课上讲述了他和客户的互动。毛先生是江苏昆山的一个企业的销售总监，这家企业主要生产彩虹牌 PPR 管。当年，毛先生下面一个业务员去开拓上海市场，一个大的管材经销商老张总是嫌他们的价格高，尽管毛先生一直跟他解释，管子在制造过程中要求做到一流质量，这样的成本肯定会高过一些在质量问题上做过妥协的企业，但是这个客户就是不买账，在价格上总是谈不妥。

于是毛先生就到上海跟客户老张谈判，进了老张的办公室，就看到老张办公室茶几上放了个围棋盘子。老张这个人很闷，可以跟你坐在那里闷半天不说一句话，也不知道他的生意是怎么做起来的。毛先生看到棋盘，于是就问老张，喜欢围棋吗，咱们杀一局。没有想到老张立即眉开眼笑，老张独独就是喜欢围棋，生活的乐趣就指望这个了。现在的年轻人很少有喜欢围棋的了，老张总是拔剑两茫茫，没有对手的棋手其实是最痛苦的。毛先生是围棋好手，两人在一起下起来，二人棋艺相差不大，互有输赢。这一局棋下来，毛先生没有跟老张再谈生意的事情，而是就这样陪老张下棋。最后老张还是答应成为产品在上海的代理商，老张在签约的时候说了："你们质量好，我说质量好的管子也有，我主要看的就是毛总这个人，签这个约，我主要就为了交毛总这个朋友。你们看重产品质量，产品就是人品，我认毛总做兄弟了。"

对销售人来说，销售是一种双向的人品判断过程，面对客户的不信任，销售人员就要以诚恳的姿态，对客户的疑虑进行分析，并做出合理的解释，这一点还是要靠沟通，还是要靠销售人员的口才去解决问题。

拉近距离是一种学问，也是一个很重要的沟通技巧，销售人首先就要放弃以自我为中心的思维方式，在话题和爱好上去附和自己的客户，这种附和，也是有条件的。比如客户弹过十年钢琴，那么他可能很有音乐造诣，你想跟他的兴趣对接，当然自己也需要有两把刷子。如果销售人和客户的爱好相合，那么就能够在短期内建立一种亲近感，因为双方在这个事情上马上就能够找到共同的话题。

谈生意的时候，好的销售人善于制造快乐的氛围，思维活跃，嬉笑怒骂皆成文章，他们将自己的产品和服务不经意间就传达给了自己的客户。销售高手在谈话的时候能够逐步顺应顾客思维，抓住顾客思维，引导客户思维。当一次商业会谈达到能够牵着顾客思维走的时候，成交就已经变成了水到渠成的事情。

003 让语言与产品相匹配

销售人是靠嘴吃饭的人，作为一个工作以沟通为核心的人，语言艺术就很重要了。做人说人话，做鬼说鬼话是贬义的，但也说明了推销语言其实是分类型的。这是销售人的职业训练，也是我们必须要注意和掌握的东西。

卖什么吆喝什么，这是销售的语言艺术，销售人所面对的工作环境千差万别，境遇也各不相同，从商场里的促销人员到大型企业里执行大客户销售的经理，在面对客户或者直接消费者的时候都有一个语言表达的问题。中国古人推崇的"拙于言而敏于行"的行事风格已经不行了，在商场上的销售人员不但要敏于行，更要敏于言。

生动的语言表达是能力的倍增器，或者就是能力的一部分。古往今来的仁人志士，无一不是语言方面的高手，靠语言俘获人心是他们的不二选择。

销售人的销售不是去蛊惑人心，大量地获取支持者，但是道理和那些政治演说家是一样的，这个世界的本质就是营销。政治家销售的是治国方略，我们销售人员销售的是产品和服务。如果我们的产品和服务是具有商业价值的，在市场上是有竞争力的，那么剩下的一个问题就是向自己的目标顾客阐明自己的解决方案，这就变成了一个如何表达的问题。

老吴是国内某连锁大商场的销售经理，他不是科班出身，而是从基层售货员一步步干起来的。老吴说，售货员的语言一定要精确，无意中的一句话，可能对顾客来说就是一个刺激，让顾客觉得不舒服，顾客就会扭头便走。经过语言培训的售货员的销售业绩比没有经过培训的人销售额平均高出20％，尤其是那些化妆品柜台，语言推介能力会更多地影响产品的销售。

老吴说："对于一线的基层销售人员来说，不经过适当的培训就直接上岗是一种罪过。老的销售人员在长期的销售实践中逐渐积累起来的真知灼见，可以用帮带的方式培训新员工。一线的销售人员应越来越注意到生动化的产品介绍，对于迅速抓住客户、实现交易有着巨大的作用。据此，如果我们的销售企业能够拥有一套训练销售人员的生动化产品介绍的训练方式，无疑对提高销售人员的短期销售能力是非常有帮助的。"

一线销售人员的训练可以是程式化的，语音、语速、故事性的讲述方式完全可以事先设定，进行模拟演练。一线人员语言的生动性，是产品实现销售的直接推手，所以不得不重视。产品介绍不是知识了解，而是销售动作，因此行动比知识重要。产品介绍的好坏需要一定的程序训练，而不是让员工自学成才，产品介绍是销售的基础动作，这一点学好了，才能够学好其他的。

现在销售人专业化的趋势已经十分明显。电信的销售人会有一套电信的专业语言，这是需要学习的，现在万金油式拉关系的销售人需要在专业上去做更多的修炼，说外行话是不行的。一个在外企做经理的，他们的语言会有很多是中英文掺杂的，而且可能用的就是英文名字，在什么地方都希望别人叫他们的英文名字。所以销售人也需要跟他们一样，这样在语言的类型上就是一致的了。

你的语言类型必须匹配客户的语言类型。你要知道客户是什么样的人，比如你的客户类型是国企，你就要知道他们的话语里面会有很多的与政治经济联系很紧密的语言，并且表达自如，你需要了解中国官场的一些语言，需要和客户有共同的语言频道。

但是，对于专注于大客户的销售人员而言，保持语言的生动性的训练就变得比较复杂，因为很难事先设定销售场景，而且话题已经远远超出产品的范围。客户最在意的显然是利益而不仅仅是产品特征，"对我和我的企业有什么好处"就是客户的利益点。产品特征是利益的支持基础，利益才是客户追求的根本东西。

对于坚持大客户开拓的销售人员来说，销售人讲话语言生动是最基本的要求。还是那句话，语言的生动可以通过有目的的训练锻炼出来，但是真正的内涵都在语言之外。

当然，我们如果想把话说到点子上，就必须对我们要销售的产品有充分的了解。只有充分了解自己推销产品的功效，才能深入地去了解客户的需求，从中找到相通之处，进行有的放矢地说服。通常，客户只买自己想要的东西，当你能够通过和客户交流，让客户感觉到你的产品就是他所需要的，你就能轻松地拿下订单，成功地卖出产品。

我们说了说话生动的重要性，那么如何才能具备与大客户沟通的经验呢？还是需要在生活中的点点积累，也跟自己的工作环境息息相关。说话有意思，使一句普通的话从自己嘴里出来就能出彩，这需要生活的历练。

⑩⑩④ 把握好说话的节奏

销售人需要会说话，能说话会办事是当下对一个人比较好的评价。但是话怎么说，会有很多的细节，这些细节如果处理好的话，就能够和客户进行更加友善的互动。说话不仅仅是说话，也是一种情感的交流，语言会带上一种情绪。销售人在表达的时候，一定要注意言语中的情绪，实际上，这对于交流的结果会有很大的影响。

销售人需要知道自己的情绪是如何表达出去的，人的内在其实就写在脸上，这是隐藏不住的。一个人在情绪不佳的时候，无论如何装，总会出现很多情绪化的东西，这些客户和你在交流的过程中其实是能够感知得到的。就像我们能够轻易地分辨出一个人是真笑还是假笑的问题，我们虽然不能在语言上描述二者的区别，但是我们能够感觉得到。

在和顾客进行交流的过程中，实际上会出现两个角色，一个是合作者，一个是朋友，也就是一个是公一个是私。处理好两个角色也是很重要的，想得到持久的关系，在交流的过程中就多说"我们"少说"我"，客户是交流的主角，这是自古不变的规律。在可选择的情况下，客户具有更多的主动权。明白了这一点，就需要知道，在和客户的交流中，即使你在生活中是一个很骄傲的人，此刻也需要站在满足对方的角度，去组织自己的谈话内容。

谈话节奏是一个很重要的问题。细心的销售人总是发现，位阶越低的人的语速越快，他们快速地表达，多数情况下都有一种急切地被别人认可的愿望，在这种愿望驱使之下，表达内容无意中就变成了自我证明的过程，可能在一次交流中，这个新销售人就将所有能够说的话都说出来了。我们总会遇到上门推销的人，他们很急地说了一大堆的话，但那种急吼吼的表达，在大客户的营销中，则可能是一个笑话。

在我们日常交流的过程中，往往需要先找一个双方都觉得安全的环境，虽然现在不是原始社会，人在交流的时候需要防止野兽的袭击，但是安全感还是非常重要的。即使是那些高大健硕的人也需要一个安全的环境进行交流。而且在交流之前，你如果留意的话，所有人都会对新的环境做出内心的评估，这是一个本能。销售人在安排会面环境的时候，不能不重视客户的这些本能。所以在什么时间说什么话，何时该说，何时不该说都是有讲究的。

南方人在交流之前，往往会给客人先泡上一壶茶，留一个让客户观察环境的机会，等到客户熟悉了环境再进行正常的交流，这不是没有科学依据的。

其实，不管什么样的表达方式，都需要一种很阳光的态度来作基础。很幽默的人容易获得客户的喜欢，会心一笑能够消除销售过程中的沉闷感。一个成功的销售人，要培养自己的语言魅力。有了语言魅力，就有了成功的可能。幽默可以说是销售的金钥匙，它具有很强的感染力和吸引力，能迅速打开顾客的心灵之门，让顾客在会心一笑后，对自己、对商品或服务产生好感，从而诱发购买动机，促成交易的迅速达成。一个具有语言魅力的人对于客户的吸引力简直是无法想象的。对于一个销售人员来说，培养自己的幽默感是一门必修课。

交流是循序渐进的，不是想怎么说就怎么说，要善于观察对方的谈话节奏。如果对方的谈话节奏比较快，那么我们也要和他们一样加快节奏；如果对方说话很慢，销售人就不要一个人快速地叨叨，而是需要多思考一下，自己是不是该放慢谈话节奏，不要说太多没有用和吊书袋子的话，而是简洁明了地说话，使得说话更加有内涵，只说顾客最需要听的话。

交流永远是分场景的，位阶比较高的人说话的节奏就会比较慢，但是他们说话是有内涵的，和他们的谈话就需要动脑筋思考，然后将自己对他的话的理解反馈给人家，这样他作为信息传达者才能显示出价值。

一个大酒店的老总，在暑假里准备给自己十岁的儿子做财商教育。秘书说让孩子在大厅里卖玫瑰花吧，要求孩子不要说自己是老板的孩子就可以了，边上站个服务员看着。这种现场训练，进行半个月，我们帮他总结进步，这样的收获就会很大。买了玫瑰花的顾客在前台付账的时候，是可以免去玫瑰花的钱的，还有一个小纪念品赠送，这能够让进酒店的顾客有一种很温馨的感觉，这其实是一种对爱和爱心的小奖赏，有利于积累客人对于酒店的好感。

　　在酒店餐厅卖玫瑰花的小孩子其实就是一个控制谈话节奏的实践者，孩子的角色其实就是一个独立的销售人，孩子需要自己观察什么样的场景能够售出玫瑰花。老总要求孩子每天做记录，将自己一晚上的感悟写成日记。

　　第一天，孩子不熟悉怎么跟人打交道，不知道大大方方地表达，只是像背书一样地将自己准备的话说出来。对于这样自说自话的方式，很多客人直接就拒绝了。在说话的过程中根本没有互动，孩子只是等到自己的话说完，然后等客人肯定或者否定的回答。第一天也卖出了几朵玫瑰花，其中一个是两家谈婚论嫁定婚期的，男士为了讨好准新娘，直接就买了花。

　　过了几天，孩子已经学会了用即兴的话跟客户沟通了，一个典型的例子就是三个人吃饭，一对青年男女和丈母娘。孩子观察分析大龄女士和女孩坐在一起，而男孩坐在另一边，孩子就做出了判断，这是母女而不是婆媳关系。

　　孩子走到了大龄女士的面前说："阿姨，我觉得你需要一束玫瑰花。"

　　阿姨笑了，说："为什么我需要花啊？"

　　孩子学着老阿姨的口气说："大哥哥和姐姐有很多机会买花啊，而您需要叔叔给您买花啊。"

　　阿姨笑了："我的爱人不在身边啊。"

孩子回答说："阿姨，您家叔叔多长时间没有给您买过花了啊？"

阿姨愣了一下说："哦，也许有 10 年了吧。只有你姐姐给我买过花。"

就在这样对话的时候，在边上的大男孩说："阿姨，今天我一定要买一朵玫瑰花给您，我以后也一定给您买花。"

于是大男孩买了两朵玫瑰花，一朵给了准丈母娘，一朵给了自己的女朋友。老阿姨在收到花的时候，感觉比年轻人还要幸福……

孩子在半个月推销玫瑰花的过程中，学会了和很多不同的人打交道。这个孩子开始学会了观察，学会了在几个人的人群中找到能够买单的人，然后找到接受玫瑰花赠予的人，并且中立那些反对者，甚至和反对者进行交流。孩子学会了在交易的过程中控场，能够按照需求者的节奏展开对话。无疑，这样的实践活动是成功的。

一线的基层销售人，在向顾客介绍产品的时候经常会犯小错误。我们在卖场中，时常会遇到这样的销售人员，他们的产品介绍似乎在背书，缺乏生动性，客户会很反感，不能在极短的时间内引起客户兴趣，因而丧失了继续跟踪的机会。他们对自己的产品掌握不够透彻，仅仅停留在知识层面，很难融会贯通，也缺乏基本的语言修炼，只有自己明白，别人都不明白。

销售工作需要高质量的沟通，这是实现销售目标的首要条件，掌握并熟练地运用沟通的技巧，肯定会取得事半功倍的效果。

提升自身的沟通技巧，将会更有利于自身业务能力的提升。拥有良好的沟通能力，才能以更好的业务水平去服务客户，更加有效地拉近客户与公司的距离，提升客户对公司的忠诚度，真正架起客户与公司之间的桥梁。

另外，这种高质量的销售沟通也可以为销售人员积累人脉，毕竟任何生意都是人的生意。任何事情只要考虑以人为本，给客户留下很好的印象，不仅可以在生意之中交到朋友，也能在销售工作中寻找到快乐。

005 不说批评性话语，人们都喜欢听好话

中国人都知道"和气生财"，和气就是自己在任何场合都要知道以和为贵，不要因为自己的莽撞得罪了人，失去了别人的支持。对于新销售人来说，他们在做销售的过程中很容易就带上自己的观点，而这个观点可能刚好是顾客排斥的，这就不利于和顾客交流了。也许客户不说出来，但是在内心里，他会做出一个判断：我和你不是一路子的人。

中国人喜欢谈历史，大部分人在坐下来的时候会喜欢谈及历史，谈及古代的人还没有什么问题，客户和自己都是能够达成共识的。但是在谈到现当代史的时候就要小心了，特别是对具体人物的历史评价的时候，会出现比较大的分歧，这种分歧可能会引起客户和自己的不快。在商业交谈中，不适合出现有争议性的话题。

比如谈及时下一些有争议的话题，也会引起这样的问题。比如政治性的问题，每个人的观点都不一样，立场也不一样，如果闲谈没有共识的话，那还不如不谈，而去找一些轻松的话题。不说争议性的话题，也是商务交往的原则，出门为求财，不是去做辩论赛的。

根据马斯洛的理论，不管什么样的人，其实都希望自己能够得到安全和尊重，所以，任何人都希望自己安全和被别人承认，希望自己是一个有价值的人。正因为如此，所有人都喜欢听赞赏性的语言，而只有很少的人对待批评能够和声静气。几乎所有的人都希望外界给予他们的是让他更自信的元素，而不是让他感觉到自己的自尊受到了损害的负面评价。记住了这个原则，我们在和顾客沟通的时候，也就不会主动去批评人家了。

当然，真要批评一个人是要讲艺术的。如果一个企业管理者批评下属，那么也就没有那么多讲究，有话直接说，批评一个人的时候其实也

在树立自己的领导权威，强调对于总体工作目标的坚持。但是对于客户，客户在合作上是最重要的，我们必须注意客户的情绪，不能够使其影响到跟我们的合作。

说好听的话也是一门艺术。在生活中，有一些人说好话却使人肉麻，虽然听者听了也没有什么大的问题，但是边上人看起来，你就是只会逢迎的马屁精。赞扬人其实是最需要创意的，那种落入俗套的赞美，没有多大的意思，客户可能也记不住。只有那些说到心坎里的赞美，才会让人记住一辈子，而且，可能你赞美的那个新词汇让他在遭遇人生挫折之时多一份自信。

销售人如果对个人表现优秀的客户合作者表现出适度的崇拜，这其实能够和客户之间形成一种依赖关系，在心理层面上，他遇到坎的时候，或者压力大的时候，就需要你的赞美和鼓励。其实优秀的领导者身边总有一个或者几个很善于拍马的人，这是领导者自信的源泉，即使他自己知道你说的话不完全是真的，这也能成为他提升生活信心的重要佐料。

业务员小吴被公司辞退了，原因是他将公司一个很重要的单子跟丢了，客户不再和他们公司合作，而是将业务给了他们的竞争对手。这个公司是企业的老客户，本来是另外一个老业务员跟的。为什么小吴才服务了这个客户几个月，单子就丢了呢？这还跟小吴那张大嘴有关。

前面服务客户的老业务员是个善于赞美的人，即使要提出意见的时候，也很注意方式，有意见的时候会在一个比较私密的场合跟客户慢慢摊开谈，还要保持这种谈话的坦诚。客户在这个场合下就容易接受，即使如此，这位老业务也很少提出批评。

小吴却是个炮筒子，内存太小，想到什么说什么，他自己觉得这是直率，也没有什么不好的。因为客户的采购对象不是一家，在客户的车间里有几家供应商的产品在同时使用，在客户采购部门办公室里，小吴直接就批评了另外几家供应商，说自己竞争对手那边的段子，这让和小吴对接的人面子挂不住，因为该采购单还有另外几个人负责的，但是这几个人都没有说什么，因为在客户公司内部，这些采购是各负其责，小吴这样的批评显然有排斥另外几个人的意思，这会给自己带来麻烦。

小吴去了几次，总是会批这批那，车间里问题自然也就来了。也不知道怎么的，客户对他也不热情了，而且，产品在车间使用时总是出问题，有几个工人还向采购反映，小吴那边过来的产品是最不好用的。为此，小吴几次跟自己企业的工程师去协调，最终还是没有处理好。几个月后，这个企业单子就丢了。本来每个月都有十几万采购额，一下子就没有了。客户经理过去了解情况的时候，对方采购经理还把小吴批评了一通。

后来，小吴的工作到底还是没有保住，客户经理认为，小吴这些常识都不懂，在客户公司乱评，踩到别人利益尾巴都不知道，别人肯定要排斥他。赞美一个人是不传染的，但批评一个人过后，总有一天会转弯打击到自己的头上，所以做事还是需要小心谨慎。

销售人不要去批评人，但是要能够接受客户的批评。在日常工作中，我们每天都会遇到一些客户的唠叨。真正与客户是朋友的，面对客户的唠叨，他们会将心比心，换位思考，站在客户的角度去理解客户，倾心听取客户的意见，并帮助客户解决力所能及的事。客户意见需要采纳，不要跟客户发生争执。

销售人碰到少数客户不视自己为朋友的，就会把客户的唠叨当做是一种怨气，与客户进行争辩，有的甚至与客户发生口角。结果可想而知，善于理解客户的销售人会让客户打心里喜欢他，而与客户进行争辩的销售人，有时尽管有理，但客户也会从心理上越来越排斥他，自然而然也就不支持他的工作了。

006 向客户提问，既要有层次，又要切中要害

现在企业营销和采购管理都已经数据化了，也就是说，客户和我们

一样了解市场的情况，因为现在不是信息稀缺的时代，所以销售人想要在产品信息方面和客户玩不对称的游戏，已经越来越难了。对于那些大的单子，客户内部的采购人也是非常专业的一群人。销售人在做事的时候必须比客户更专业。

其实，客户的需求有时候是隐藏着的，销售人不要靠少数信息就断定客户的需求是什么，需要坐下来，去问客户的关心点到底在哪里。这些问题都是多层次的，不是我们头脑里想的那样简单。

销售是创造需求，销售人需要善于发问，其实问问题的时候，也是激发客户内在需求的机会。有些客户根本就没有思考过购买产品带来的改变，在内心也没有这样的需求，但是在销售人提问的时候，他内心的这种需求就有了，这时候也就有下单的内在动力了。

德鲁克讲企业的最终目标都是为了引领市场，创造需求。客户被激发的内在需求其实也是销售人的机会。

所以跟客户在一起，除非被邀请作讲述，否则就不要长篇大论地去说自己的事情，客户关心的问题和你一定不一样。你和顾客的对话就是他问你问题，你回答，或者是你问他问题，他回答。一流的销售人总是能够提出启发性的问题，让客户开始思考，这种思路应该是和我们的产品紧紧联系在一起的。

王小姐是推销肠道清洗设备的，这是近两年才有的市场新需求。以前这些需求都是在医院里，但是现在美容院和养生馆也开始使用了。王小姐就是国内销售养生用清肠设备的"先驱"之一。

新产品在市场上没有需求，怎么去推销呢？王小姐在和客户会面的时候主要谈的不是自己设备的问题，而是聊他们现在的工作，问他们现在的服务情况，让客户在交谈的时候说出对经营的担心，其实这里面才是真正的需求所在。王小姐也感觉到，如果一个销售者真正关心客户经营绩效的话，客户其实是愿意跟你聊真实的想法的。

客户问，这个设备有市场吗？王小姐说，现在有很多人，平时在生活中大吃大喝，生活没有规律，肠道中宿便太多了，这些排泄物在身体内残留，有毒物质在身体内聚集。宿便是引起很多疾病的原因，也是皮肤衰老的直接影响源。如果一个人有规律地清洗肠道，可以让整个人感觉轻松起来，对顾客的身体有很大的好处。酒后到这儿清一下肠，是很好的事情，和医院那种医疗洗肠不一样，这样的设备使用过程让人很舒服。

王小姐总是会问客户，在这个事情上，你担心什么？客户就会把自己内心的情况说出来，比如一个男士来洗肠的话，因为涉及到隐私部位，那么服务人员是异性还是同性呢？这些具体的问题，都是问题。王小姐就一一将其他客户怎么操作的情况给予反馈。客户的担心全部解决了，也就能够接受新产品了。

王小姐在半年时间内就卖出了几十套这样的产品，几百万的销售业绩也就这样创造出来了。王小姐认为，问问题其实就是一种引导消费的过程，心中有目标，就能够不断地通过问答的方式，让客户认同我们，接受我们的产品和服务。

成交其实是需求被激发出来以后的事情，所以有先后关系，销售人一定要搞清楚，第一步是要了解客户内心是怎么想的。

那么如何"问对问题赚对钱"呢？这需要处理跟客户交往的层次。我们将销售人跟客户的互动分为四个层面：信任层面的问题，挖掘需求层面的问题，处理异议方面的问题和成交方式的问题。如果和客户交往没有层次感的话，那整个交往过程就混乱了。

销售人在做大客户、问问题的时候，主要精力就要放在建立和客户的信任关系上，多问这个层面的问题，比如，某先生，您对我们公司的销售人如何评价呢？这样的问题首先就避开了成交和销售的问题，事实上在逼着客户思考与我们的关系。一个人在嘴上说出来的话和内心是关联的。客户在做出肯定评价的时候，实际上在心里也就少了一分抗拒。

在大客户营销的过程中，销售人都将建立信任关系作为核心。如果觉得这一块还有问题的话，就不要急着往下走，而是回过来继续做人际的互动，直到在这一层面上夯实为止。在销售人看来，这个过程其实是很长的，大体上要牵扯一半左右的精力。这个时候，主要考虑人与人的对接，少谈直接交易的事，除非客户有迫切需求，主动要求成交。

跟客户接触，第二个层面就是挖掘需求，需求是怎么样产生的，说出来是没有道理的。比如十年前，中国几乎所有的机械手表企业都半死不活，因为手机上已经有报时功能了。但是十年后，手表需求又复活了，复活是因为手表现在变成了一个装饰品和奢侈品，成了面子的象征物。

客户的需求是变换的，所以客户需求需要销售人来锚定。你要问客户购买目的是什么，能够获得什么样的预期。不问，问题就不会出现，发现不了客户真正的需求，你根本就无法满足客户。

其实客户和销售人做生意，达成购买协议，双方还是有很多的事情要协调，比如价格因素，在这个阶段，销售人在提问题的时候就要小心谨慎了。因为这进入了交易的实质阶段，让出去一个百分点都是一笔整钱。这方面的异议，提问题的时候要集中于功能，集中于时间概念，比如耽搁一天对于客户的损失等等。大体上客户会纠结于个别参数和价钱。这时候销售人就要逼单，强调软性的价值，让客户快速成交。

成交阶段实际上是水到渠成的事情，有个营销专家说，销售就是40%建立信任；30%挖掘需求；20%处理异议；10%用于成交。而问对问题是整个营销过程的核心互动环节，只有循序渐进地找到了客户的痛点，才能够最终成交。

拉近与客户的心理距离才能赢得客户，销售人明白，每个客户的内心都是一个世界，销售是基于人性和顾客内心的渴望。销售人知道如何引导顾客发现内心的需求，然后产生对于产品的需要。客户哪怕使用一块钱来买东西，他的后面也有一种需求存在，而且需要保证物有所值。如何让客户觉得物有所值，这就需要销售人洞悉顾客心理。

第十章
DI SHI ZHANG

掌握高超的谈话技巧——
在谈判中"俘虏"客户

谈判是"心"与"心"的较量，谈判是一种博弈，博弈是一种纠缠和对抗。销售人知道，谈判是为了合作，为了合作而对抗的游戏需要一种共赢的平衡。谈判的平衡实际上是心理的平衡，销售人必须明白，利润多少是一个底牌，永远不要跟客户去掀开自己的底牌，而是寻求让客户心理平衡，最好的谈判结果就是让客户觉得赚了。

001 谈判是一场以双赢为目的的生意

很多人理解的谈判，就是双方组成错落有致的谈判队伍，一个长长的会议桌上，两队人马相互对坐着，双方都有一个谈判主将，然后边上有几个助手，每个助手都有自己的专业，而过程中更是唇枪舌剑，这是影视剧里我们看到最多的谈判场景。在影视剧里，这已经变成了一场秀。

事实上，销售人知道，真正这样的谈判是很少的，除非是大企业的客户销售，比如数额特别巨大的企业交易才会有这样的场景，还有就是国与国之间签订条约等等。一般情况下，从我们接触客户的第一刻起，谈判和博弈就开始了。在很多销售人的职业生涯中，他们可能很少遇到那种持续几天的商业谈判。如果碰到这样的问题，多数都是关于负面项目的处理，而不是销售行为。

商业谈判可不是一场零和游戏，商业谈判是有合作基础的，不管怎么样，谈判就是把利益摆在桌子上，双方"切大饼"。但是切饼的时候不要忘了，商业合作是一个由小到大的发展游戏，这才是根本，如果违背了这个原则，强化了合作者的对立情绪，这是得不偿失的。

销售不在乎谈判的过程，而是注重销售的结果，客户接受了就接受了，不接受的话，在谈判桌上的会谈最容易引起对方的不愉快，分立在桌面两边的谈判双方会不自觉地提醒自己的角色，谈判就像在战斗。

在商业上，谈判就是在战斗的观念很不符合中国人的商业交往习惯。其实中国人可以在任何场合做谈判，这个谈判表面上看起来不是特别的理性，而西方很多人在处理事情的时候是很理性的，这种理性的态度比较适合生硬的讨价还价。但是中国却是一个关系型的社会，你不能在一次谈判过程中，为了占尽客户的便宜而毁坏了关系。西方人做事和私交之间可以分开，但是对于东方人，特别是中国人来讲，你前一天晚上在酒桌上还称兄道弟，但是第二天商谈的时候就翻脸反目，这在中国人看来，就是不懂事，人品不行。一旦客户在心里有了这个刻板印象，那即使谈判成功了，合作也留下疙瘩了。正襟危坐的谈判根本就不是东方的思维方式。

中国企业之间的合作，并不是纯粹的商业合作，更多的却是一种关系的合作。人情和关系在合作中占据了很重要的地位。老实说，现在企业之间的合作，很多合作者之间是没有合作精神的，也缺少对契约的尊重，这种契约精神的缺失，只能够靠关系和人情去弥补。理解了这一点，也就理解了中国式谈判。

中国式谈判其实也在影响着全世界，因为中国商人现在也在世界各地扎下了根，那些外国人现在也在学习中国的谈判方式，他们觉得这种方式也很好。谈判的场所可以不在写字楼里，而在星巴克，一边喝着咖啡，一边就将问题谈好了。中国人之间的商业会谈，多数都是在非正式谈判，在轻松愉快的过程中就谈好了，谈好了之后，再选个场所，搞个签约仪式，喝点香槟，然后大吃一顿，继续称兄道弟。这就是中国式的生意，其实每一个销售人，对于这样的商业互动模式都不陌生。

销售人在跟客户接触的过程中，要保持一种双赢的思维，当然这样的话是可以说："我们哥们儿在一起就是要将这个事情办好，办好了双方都有好处。"这种很直白的话当然要说，客户其实也是理解的。维护好双方的合作基础，也就是在商业感情上，秉持这样的一个原则，客户如果识相的话，可能就会给你一个合理的条件。

在这个基础上，双方在一起都会比较入眼，剩下就是如何去互动了，销售人在完成了自己产品和服务陈述以后，不要在每次互动的时候总挂在嘴上。销售人总是在等客户的口头承诺，客户可能也在找让销售人进入的机会，而销售人就是要等这个时间点。

中国式的谈判有时候很怪，事情不是一下子说完，而是在浴城里说一段，过几天在喝茶的时候说一段，再过几天又在喝酒的时候说一段。总体上拼图拼起来，提供给客户的信息其实也就完整了。

销售人之所以这么做，大体上都是在测试对方的反应，看看合作的时机有没有成熟，有时候只是为了给自己留一个进退的空间，如果双方的合作基础比较好的话，那么就一定有其他的因素在里面，销售人会很想知道，于是就有了一次又一次中国式互动谈判了。

002 销售谈判过程中，不可过早地做出让步

尽管中国式谈判看起来是很感性的，但是只要是成年人，其实都很明白，你要做他的生意，那你就要拿出竞争能力来。中国的谈判方式看起来是温热的，其实内核也还是比较理性的，只不过双方给对方会留下更多的面子，其实这也是留下人脉的概念。

在温情脉脉的面纱下面会有很多的算计，这种算计其实对于销售人来说，应该是天然的能力，中国孩子其实是最懂人情世故的，在潜移默化之中早早也就学会了。

有时候，客户跟你个人接触，一个是桌面上的谈判，一个是桌面下的谈判。这种生意做起来的时候，其实销售人有两种角色，一个就是正规的商业谈判者，这是一个职业人，另外一个就是做客户的利益同盟军。我们要知道，客户的个人利益和客户公司利益并不是统一的，销售人必须学会处理好这里面的关系。有时候，私人利益关系成了生意的主导。虽然我们极其反对生意场上的事情复杂化，但是每个销售人都要面对这样的复杂局面。

销售人在销售过程中，需要事先做很多的工作，才能够和客户坐在谈判桌上。大体上坐到谈判桌上的时候，在合作双方的暗地交流中，双方已经达成了一些交易。

所以在销售的过程中，特别要设计好你的生意流程，如果生意流程错了，你即使和客户合作上了，你也别想在生意上赚钱，客户能够阻碍

你赚钱的手腕太多了。关系型营销就是能够面对这样的问题，商业交涉过程中的人际关系处理确实是一门无穷尽的大学问。

李先生很多年前是做教具生意的，主要就是将一些教学设备卖给学校，或者其他的教育部门采购，如实验室。李先生说，现在的生意环境好多了，做生意的时候能够和对方就价格等问题做到公开透明，合作者都能够遵循一般的生意原则。销售过程中，个人关系这样比较复杂的事情处理起来也简单多了。

在十年前，李先生接触到一些客户，这些客户对于成交的价格不是很敏感，但是对于如何交易很敏感。在一次做单的过程中，李先生跟踪了一个客户，前前后后跟了有一年时间，在取得对方的信任之后，李先生要求客户进行比较正规的谈判，走程序。对方客户对于正规谈判其实不感兴趣，他只对李先生说，你要将这样的事情做漂亮。对于如何将事情做漂亮，这个就靠销售人自己去想了。客户说："你不要跟我谈价格，价格比你好的厂家很多，我和你合作，主要就是看你的为人，比较沉稳，做事滴水不漏。"

有一次，客户那边的关键人打电话，说找一个地方谈一下价格，李先生就按照要求去赴约了。在吃饭的时候，客户说："我觉得这个单子200万是合适的。小李你觉得如何？"

其实，这个价格已经超出了李先生的心理价位，李先生内心很高兴，于是答应了客户的价格要求。

到了第二天，李先生到了客户单位去签合同，客户拿出自己已经拟好的合同，李先生扫了一眼合同，上面写的价格竟然是220万。李先生马上就明白了怎么回事。自己在这单之中要帮着客户洗出一笔钱来。对于这样不符合商业规则的要求，李先生当时觉得自己很缺钱，急于成交这样的单子，于是就只能跟客户签了单。

后来，李先生在谈及这个事情的时候，总是很后悔，觉得情愿不做这个事情，也要遵守商业原则，做一个不行贿的销售人。但是这一单也给了李先生很大的启示，就是在没有明白一单生意的复杂性之前，不要直接进入价格谈判，那样是毫无意义的，你低价不代表你就有竞争能力。因为人是活的，他可能用各种方式让你的低价变得没有竞争能力。销售有很多个指标，只有这些指标全部符合要求的时候，对销售才能有帮助。

客户如果是一个很正规的谈判者，刚好在跟销售人合作的时候，不想在你身上赚钱，而是给自己做事打几个样板工程，这样销售人才是有机会的。这种客户在专业合作中，不会提出过分的要求。如果销售人的企业是一个硬牌的企业，流程就会比较正规，否则的话，就需要花费大量的精力来揣摩客户的内心状态。

在大客户销售的过程中，其实客户内心是知道销售人成本线的，也就是说，他想在销售中给你的利润是可以控制的。所以在明面上的价格让步和其他的让步都要考虑先满足个人再满足企业的需求。尽管在销售事件中，这样的思维方式是不合时宜也是不合法的，但这却是做市场的人必须知道的事情。知道而不为，才是有智慧的人。

所以销售人一定要知道，在接触客户，给客户报价的时候一定要小心，在谈判桌上，不可以太早地让步，因为有可能会出现这样的情况，客户其实并不想你在某些地方多做让步，销售人在没有理解到客户内部复杂性之前，不要在成交条件上做让步。可以避开问题，去谈及其他的合作问题，比如双方对接和配合度，这样的问题其实也是合作要素，但是不影响自己企业的收益。

003 永远不要接受第一次开价或还价

对于任何做销售的人来说，谈判价格是个很累的活，这样的事情很伤脑筋。价格因素要看单子本身，有些单子对于价格极其敏感，有些单子对于价格则表现得不敏感，对方要求就是做事要漂亮。

不过无论客户对价格敏感不敏感，在双方进行商业谈判的过程中，都不要首先报价，对于对方开出来的第一次报价，不要轻易地答应，因为你的爽快，会让客户有上当的感觉。无论客户关键人有无自己的需求爱好，都总是有一个客户立场的，也就是维护自己企业的利益。他们其实也追求整体利益的统一。按照中国人做事方式，奉行水至清则无鱼的原则，做事是有度的，在价格谈判的过程中，一定要让客户觉得自己有成就感，这份合作来得不容易，销售人一方已经做出了牺牲。谈判过程中一定要让客户眉开眼笑，自己却装出痛苦的表情。

对于价格敏感的客户，在价格问题上则要更加小心了，因为这样的客户会用敲牛皮糖的方式步步紧逼，直到销售人这一方变得无钱可赚为止。

在价格问题上，销售人面对的客户谈判，大体上都处于一个中间状态，也就是说，他们既对价格敏感，也对谈判中的其他要素敏感，所以价格因素要靠其他交易因素的交换来得到一个合理的区间。有时候，在其他因素上让步，比如交货时间和交货方式、款项的支付方式变化都是换取价格让步的手段。

价格虽然是显性的，也就是我们看到合同的时候，总是将成交价格当成是一个成功或者不成功的标志，实际上谈判有很多隐性的东西，不会在价格上体现出来。好的企业不会在价格上苛刻到让自己的供应商没有钱赚，那样的话就不是放水养鱼，而是卸磨杀驴了。一些大的外企，在采购的时候，价格要比市场上一些交易价格高一点，那不是人家傻，而是他们秉持价值链每一个环节都要有所盈利才能维系价值系统的运转的原则。

对供应商价格的把握实际上主动权不在销售人手中，这是市场中一个冷酷的事实，你必须认同这样的事实，在这个基础上才能够理解交易。销售人就是要在这个事情的基础上，实现企业的更大利润，每一步都要走得小心翼翼。

在国内，很多企业为了进沃尔玛的超市，在价格上被客户杀得体无完肤，因为价格低是沃尔玛的竞争哲学，采购成本低才能够保持市场竞争能力。如果销售人跟这样的客户去谈判，其实就是冰冷的价格谈判，你无论多少次出价，都要让你的利润率低到只能为企业赚取运营费用，而不是发展的资金。

吴先生是一个做大型精细冷冻粉碎设备的企业的销售人，客户都是制药公司和营养食品企业，作为专业设备供应商，卖得多不如卖得精，因为客户在这方面的知识积累是和销售人不对称的。所以吴先生在和客户做价格谈判的时候，总是先了解客户的心理价位是多少，当然问这个问题要选对时候，要巧妙。吴先生说，自己公司的设备有50万的大型设备，也有几万的小设备，价格有很大的差异，关键就是客户要根据自己的生产能力来确定购买的设备，从设备选择上来选择价格区间。

客户总是先说出自己的价格区间，因为这不是产品的报价，而是客户能够接受的价格范围，其实价格范围里包含了极大的信息量。显然，在客户报出自己价格区间的时候，实际上就已经等于第一次报价。所以吴先生就会推荐价格比客户接受范围稍微高一点的那一款设备，而不是价格最低的那个设备型号。

吴先生认为，在自己做销售的过程中，吃过不少的亏，都是因为自己提前报了价。有一个客户，本来可以买进20万的一款设备，但是吴先生却低估了客户的购买需求，报了几万价格的那款设备给客户，客户觉得几万块的设备也能够跟企业的现状相对接，于是马上改变了主意，买了小设备。

这个事情对于吴先生来说，是一次失败，在这个事情之后，他逐步地摸索出了很多让客户先报价的方式方法，这些问题都是潜藏在需求之中的，先判断客户的需求，然后考虑到企业未来的发展状况，让企业在购置设备的时候一次到位，而不是中间再折腾。很多客户也就真的接受了吴先生的建议。所以，吴先生在自己的公司里，大型设备的售出总额中有一半是他完成的。在客户心中一定有一个价位，你不要自己报个价给客户，而是让客户说出自己能够接受的价格。

贴近客户心理价位成交方式不是什么新玩意，很多的销售原则都将这一条当成价格谈判的核心原则。事实上也确实如此，销售人心理的价格是成本加上利润，而在客户心中，他们想的是这个设备就值这个价，客户第一次报价就泄露了自己的底牌，无论是作为销售人还是作为采购者，都不要直接去碰触这个问题，而是在长时间的试探之下，逐步获得对方的底牌。这样的处理是符合谈判流程的。

004 永远不要泄露自己的底牌

其实，每个企业都有一些商业秘密，是不能跟客户讲的，而有些秘密就是企业的底牌，底牌被客户知道了，销售人也就无牌可打了。

正式的桌面谈判时间在整个交易的总时间成本中，其实只占据很小的一部分，很多的谈判前接触，都是为了获得对方的底牌。在商业接触中要小心，也许无关紧要的一句话，就把企业的底给漏了。

客户和我们在做交易的时候，即使他们内心很急于完成采购，也会佯装成不怎么着急，因为着急就是一个商业信息，是企业谈判底牌的一部分。谈判桌就是文明时代的战场，销售人的谈判水平也间接地影响了企业盈利水平。

销售人应该注意客户在跟我们交往过程中的一些试探性的问题。无论在什么场合，哪怕是和客户泡在温泉水池子里赤裸以对的时候，也要留住谈判的底线。相互之间在聊到商业问题的时候，其实马上神经就紧绷起来了。谈判主客双方约吃饭，事先都规定在酒桌上不要谈工作问题，因为人在轻松的时候，很容易就会把一些不该说的话说出来了。

销售人需要学会"遮掩"。用一些不太真实的信息或者不太重要的信息来掩饰自己，然后通过一些故意包装过的问题，来引诱自己的客户做出回答，在其中网罗自己需要的信息。当客户真的要说出他的问题的时候，他会习惯性反抗，也会跟我们绕圈子，大体上整个接触客户的过程就是这样，这对销售人是一个长期的考验。

不过这样也没有关系，从大道理上讲，人类的大脑之所以进化，一方面是生产环境的变化和劳动造成的，另一方面，大脑发育的另一个主导动力是人类之间的协调能力，这种协调能力需要相互配合和妥协，甚至欺骗。人类学证明了那些善于使用人际技巧和谋略的人能够获得商业上的成功。这是一种启示，销售人必须具有人际方面的谋略，这需要很多的历练。

商务谈判就是双方在打牌，看着自己的底牌，也要知道对方的牌，对方打出什么牌，就要有自己的应对方式。谈判的特征，就是互动。

黄先生是一家家纺企业的销售人。因为自己的不谨慎，在一次非常重要的招商活动中，犯了一个错误，结果导致了自己在企业内部被通报批评，公司还专门为这个事情创立了一个新条例，这个新条例就是关系如何为企业保密的。

事情是这样的，黄先生的公司开始发展内销市场已经好几年了，公司周期性地举办招商会，寻找各地的代理商。黄先生主要就负责这方面的工作。因为领导层在经营方面发生了分歧，有一个股东退出企业经营，这导致了企业资金链的紧张，也就是说，这次招商活动的目标就是让企业获得现金，对于企业来说，这是非常重要的事情。

黄先生和几个代理商的关系比较好，在招商会开会之前，几个人碰了一次头。席间，黄先生喝多了，也就无意之中说出了自己在企业内的尴尬，出走的股东想带着他走，但是他想留下；股东出走导致企业资金链特别紧张，期待通过招商活动缓解危机。

黄先生无意中的抱怨，却被一个代理商告诉了另外的经销伙伴。其中有一个代理商在招商会之前就开始串联其他商家，在招商会开始的时候集体不签单，和企业进行一轮谈判，以获得更好的价格条件和支持条件。这让企业整个营销部乱了阵脚，公司内部资金紧张的消息被泄露以后，公司只有接受城下之盟，这给企业带来了很大的损失。

事后，公司开始追查，黄先生主动向老板说明情况，结果老板特别生气，批评黄先生保密意识不强，要引以为戒，只有全公司通报批评，还罚了款。这样就是为了让员工能够长点记性，因为无意中的一句话就泄露了谈判的底牌，这会给企业造成不可挽回的损失。黄先生也懊恼自己犯了这种低级错误，在以后的谈判过程中，尽力维护公司利益。

其实，合作双方都是有底线的，即使双方是战略伙伴关系，也不能够完全共享信息。因为合作毕竟还有一种博弈关系在里面。即使是最好的生意朋友，都需要保留信息。谈判双方就集中在如何分配已存在的优势和劣势、盈利和损失、任务和责任上。客户得到的越多，销售方得到的越少，双方正好相反。这容易导致一方认为自己是输家，另一方认为自己是赢家，或双方都认为自己是输家。无论哪一种交易，本质上都是一块大饼中间划一刀的事情。如果一方已经完全知道了对方的底牌，那很可能会导致不公平的交易。

005 欲擒故纵，放长线才能钓大鱼

商务谈判的时候，由于双方有天然的对立统一的关系，所以在这个时间段内，有时候双方是对立的，有时候双方又是统一的。在这样的过程中，由于双方的不妥协，造成尖锐对立的事情也有，但是谈判专家认为，不需要产生激烈的对抗，谈判双方都需要台阶。激烈的谈判能够带来好处，但是还要考虑以后的合作。

做生意就是唯利是图的，这是小生意商经。但是这样的一句话，放在具体的环境中对不对，就不好说了。谈判双方很多时候都是冲着战略合作方向去的，而不是一次售卖行为。明白了这一点，也就认识到对立是为了合作，而不是将谈判对手逼到墙角，最后不欢而散。

谈判过程中，会有多轮的拉锯作战，是一个互有攻防的过程，比如客户讲的是价格，我们可以跟他去讲服务、交货时间和付款条件，这种新的条件使得单纯的价格因素讨论变得讨不到便宜，最终形成一种彼此让步、彼此妥协的机会。真正的谈判过程也就是这样的。

我们在和客户谈判的时候，在必要的时候，可以先跟着客户的观点跑一段，这就是欲擒故纵的原理在谈判桌上的应用。在谈判刚刚进入状态的时候，需要创造一个良好的气氛，在无关紧要的方面跟着客户走，目的就是要在适当的时候，将客户拉到我们既定的轨道上来，这是一个策略的应用。

销售人当中，保险人一直都是很锻炼人的职业。台湾保险界"天皇"国泰人寿保险公司的资深业务员叶明全，一直都是台湾寿险的王牌业务员，他也经常跟各行各业的同仁分享自己与顾客的互动经验。他曾经说，在保险销售过程中客户有千奇百怪的理由来拒绝保险，有些人明知保险很好，也打算要购买，但是每逢营销员来时，总爱出题考考对方的智慧和应对能力。在经过多次交手，认定营销员足以过关时，客户才会心甘情愿地将钱交给险种推销员。

这位年薪达到2000万新台币的保险人，在销售过程中一直使用欲擒故纵的方式跟客户进行谈判。在谈及如何跟客户沟通时，叶明全认为先跟着客户思路走其实是一个很好的策略。客户从不理解到理解，总有一个过程。你在这个过程中，逐步学会引导客户，让客户体悟到自己原先坚持的东西也不是完全正确的，一定是他自己认知的改变，才会主动走到我们这一边。

有一位比较刁钻的客户问叶明全："叶先生，将与保费相同的金额，用于定存或投保储蓄险哪个较为划算？"

"如果以20年来说，定期存款会比较划算，而且随时都能够提现。"叶明全说。

"你的答案怎么跟别人不一样？我遇到的保险推销员回答问题的时候

都是竭力维护自己的话。"客户惊讶于叶明全的答案，竟和其他保险销售人所言的"当然是保险比较划算"完全不同。

在这样回答的时候，叶明全用"欲擒故纵"的方法，从"保险最大的功能在于只要保单生效之后，立刻享有高度保障"和"只存于定存，则需要长期的积累，才能有相同的效果"的角度进行了详细分析，最终赢得了保单。这一下子就摆明了保险和储蓄的不同。客户在自己思考之后，会得出自己的结论。

如果我们在谈判的时候一味地和客户的价值观相对抗的话，就不能将客户拉到我们这一边来。要想改变客户的立场，必须是客户自己改变自己的立场，而不是我们和他们争论过来的。其实，在顺着客户说话的时候，我们可以将他引入到自己的观念困境当中。当他自己开始变得迷惑的时候，销售人在这时候就有必要拿出自己的实证案例，摊开在客户面前，同时也要给客户一个思考的时间。

在使用欲擒故纵策略的时候，不要和客户争论谁对谁错，即使客户的观念转变过来了，我们也要设法证明这是他自己做出的决定，而不是我们替他做出了这样的决定。如此，就可以在谈判的过程中轻松使用这样的策略了。

006 谈判地点的选择藏玄机——谁的地盘谁做主

现代商务正规谈判过程中，地点选择是一个很重要的事情，谈判人在一个完全陌生的环境中，往往会因为对环境的陌生感带来一些压力，这些压力很可能会给谈判结果带来不好的影响。所以，在销售人看来，谈判地点可不是随意选择的。

不同的谈判地点对谈判的气氛和结果会有不同的影响。商场高手都会把谈判地点的选择作为谈判准备阶段非常重要的一个环节。对于大额商务交易谈判，中间是互动和博弈的，参与谈判的人不断发现新的信息，并会采取一系列的新战术和特殊举动。这只有在熟悉的环境中才可能做到，若是不注意这些细节，一些早期看似随意的举动就会随着谈判的发展发挥关键性的影响。因此，你需要对这些会影响谈判的变动因素进行预判和计划。谈判地点是一个因素，不能被对方阵营左右了。

在己方所在地谈判称为主场谈判。谈判地点的选择，往往涉及一个谈判的环境心理因素问题，有利的场所能增加自己的谈判地位和谈判力量。人们发现动物在自己的领地内，最有办法保卫自己，挑战者的心理其实是处于弱势的。人也是一种有领地感的动物，他们与自己所拥有的场所、物品等有着密不可分的联系，离开了这些东西，他的感情和力量就会有无所依附之感，所以能够待在自己的领地里，是最熟悉也最舒服的。主场谈判有很多优势：首先对谈判环境熟悉，谈判团队有安全感；遇到问题的话与上级、专家顾问沟通方便，容易获得智力支持；因为是主场，所以客人生活起居都是这边帮着安排的，可以安排对己方有利的谈判议程、地点；可以巧妙地对谈判施加影响，比如谈判期间，带领他们去游玩一番，消磨对方的谈判斗志；同时也能够节省旅行的时间和费用。

美国心理学家泰勒尔和他的助手兰尼做过一次有趣的实验，证明许多人在自己客厅里谈话更能说服对方。因为人们有一种心理状况：在自己的所属领域内交谈，无须分心去熟悉环境或适应环境；而在自己不熟悉的环境中交谈，往往容易变得无所适从，导致出现正常情况下不该有的错误。

中国南方的商务会谈中，往往都会聊一会，喝一会功夫茶，这时候，就会留下时间，让双方能够熟悉一下环境，降低一下对新环境的压力感，其实在这个安排的后面，是有科学道理的。

以上事例正说明谈判地点的选择对谈判结果具有一定影响。所以，根据商务谈判专家的意见，对一些决定性的谈判，若能在自己熟悉的地点进行，可说是最为理想，但若争取不到这个地点，则至少应选择一个双方都不熟悉的中性场所，以减少由于"场地劣势"导致的错误，避免不必要的损失。

当然，如果说某项谈判将要进行多次，那谈判地点应该依次互换，以示公平。如果地点在对方的企业内，那么可以到对方企业进行实地考察，获取准确的一手资料。客场谈判的时候，应提前一两天到达目的地，以适应环境和恢复精力。不要被对方的安排所左右，要保存精力，坚定立场，不能玩嗨了就软化了立场。

但是在实践中，比如数亿的商务大单，即使在招标完成之后，也需要进行多轮细节的磋商，双方都会拉开拉锯式博弈，因为谈下来一个点，就是几百万的资金，这是马虎不得的，在比较正式的谈判中，一般都是谈判双方轮流做东。值得注意的是，如果没有事先约定，应尽量让对方过来谈判。在很多情况下，过于主动、积极地到对方所在地谈判会削弱谈判者的实力和地位。

最差的谈判地点，则是在对方的"自治区域"内。这是销售谈判和采购谈判都需要极力避免的。因为还是那句话：谁的地盘谁做主。

现在大部分销售人能够完成的谈判，一般都不弄得太正式，希望能增进与对方的情感交流，培养长期合作伙伴，则宜选择一些非正式的谈判地点，诸如咖啡厅、茶吧、餐厅、酒吧等。这些地方往往环境舒适、音乐美妙动听，双方的心情也会比较自在、愉悦，容易制造轻松友好的谈判气氛，不太容易产生对立感。

如果你想利用、俘虏对方，可以选择一些更加非正式的休闲娱乐场所。对方如果应邀去了这些场所，可能就上了你为他安排的"贼船"。此时，基本上无须再谈具体的内容。一般来说，对方会尽量配合满足你的谈判要求了。所以，在什么地方谈判完全看谈判的需要而定。

客户如果听从了我们销售人的安排，他们不推辞的话，其实销售人是很占优势的，虽然付出了一点交际费，但是很容易在这些地点里获得客户的点头，于是生意就这样做成了。

达不成交易，一切都是空谈——
"踢好"临门一脚

　　互联网时代，一切都为了持续成交，而不仅仅是成交，企业营销既要做到当下的成功，也要做到未来的成功，如何留住客户？我们需要活在用户的脑袋里，并且用超越期望的情感服务去获取与他们的情感共鸣。

小生意做人，大生意做局

销售工作是千差万别的，不能一概而论。销售人和其他部门的人不一样，因为销售本身就是一种独立经营的方式。不管什么样的销售，都需要自己做决策，自己决定自己的进退去留。这和独立做生意的情况是最近似的，所以一个优秀的销售人从某种程度来讲也是一个很好的创业者。

顾客是一个一个争取过来的，忠诚的顾客是企业的义务宣传员。营销开始变成了一种争取支持者的努力，企业的一切努力都需要转移到争取顾客的支持上来。销售人在接触顾客的过程中，需要表现出自己良好的职业素养，那样才能够吸引消费者关注。

产品就是企业品质最集中的表现，现代市场竞争变得很残酷，一个企业的价值体现在什么地方，很多人认为是产品本身。不错，产品是根本。我们销售人在推销产品和服务的时候，实际上都是在以自己的人格为之担保，如果企业不能为市场提供合格的产品，销售人在这里工作就不可能有前途。

企业成功了，我们企业里面的销售人员就成功了，因为他们做了客户认为有价值的事情。客户花钱买企业的产品，一方面是出于对企业产品使用价值的信任，一方面确实是因为在情感上他们做出了选择——其实顾客在购买产品的过程中，既付出了金钱，还付出了情感。认同企业和产品，才是顾客购买的不二理由。

而做小生意，也就是做小单销售的时候，销售人员就需要兜售自己，在细节上做好自己，让客户认同自己。很多人都说做生意不要带有情感因素，其实在我们的销售实践中不是这个样子的。我们在和顾客接触的过程中，不可能不涉及到情感的问题。做生意的伙伴之所以能够达成合作关系，在多数情况下相互之间还是有很大交集的，不仅仅是因为产品合适，最主要的是合作者之间的磨合比较好，彼此都觉得跟对方合作很舒服。

所以销售人就需要创造一个让客户感到舒服的合作情境。

我们说小生意做人，大生意做局，也就是这个道理。任何大生意都是建立在小生意的基础上的，而做人恰恰就体现在一些生活的细节上。我们的客户就是通过我们在生活中的行为来观察我们的，做人好、品行好的人容易获得信任也就是这个原因。

20世纪80年代，王石单枪匹马闯荡深圳，除了满腔的创业热情之外，他几乎一无所有。起初，他从事的是饲料生意以及长途贩运，销售从东北运来的玉米等原料，然后自己跑市场，做销售。每次货到深圳，王石还亲自上阵扛玉米包，仗着年轻力壮，150斤的玉米包，肩头一扛来回十几趟，健步如飞。

作为一个贸易公司的老板，王石本可以不做这种事情，但他说，在自己心里有股冲劲。他的这种拼命三郎的精神，火车货运站主任看在眼里，记在心头，暗暗佩服这个为人诚恳，做事干练的小伙子。

就凭着这股冲天的干劲儿，王石的饲料生意越做越大，销路已不成问题，但有限的交通运力却成了他事业发展的最大瓶颈。那时的火车皮异常紧俏，谁有本事多弄到一个车皮，就等于把钱装进了口袋。申请到计划外指标在那个年代可不是容易的事情，所以他拎着两条三五牌香烟，敲开了货运站主任家的门。

货运站主任知道他的来意，也没有收他的礼物。只是告诉王石："我在货运站工作这么多年，只见过一个扛麻袋的老板，就是你。我觉得你很想干一番事业，一直想帮帮你，没想到你主动找上门来了。"第二天，在主任的帮助下，王石如愿以偿。

王石平时的为人为他带来了意外的好运。主任一直暗暗地在观察王石，觉得这个年轻人是一个品质很好的人，能够跟工人一起吃苦，没有像其他老板一样站在边上，让工人去扛玉米。在休息之余，王石会和工人打成一片，坐在一起有说有笑，给工人买吃的喝的，出手大方。整个公司特别有干劲，很团结。主任正是通过这样的细节来判断王石是一个值得信赖的人。

销售人要做一个讲信用、讲义气的人，这里说的义气就是一颗对人真诚的心，一种乐于助人的精神。其实客户愿意和我们交往，主要还看我们的为人，我们需要孝敬父母，对自己的爱人好一点，对自己兄弟姐妹和朋友好一点。可能很多人都认为这和销售一点关系也没有，其实客户正是通过这些信息来观察我们的。他们会觉得你既然能够背弃自己身边最重要的人，那么背弃朋友和合作伙伴应该更加容易。

对待客户，需要一种热情服务的精神，想客户所想，能够站在客户的立场上，去理解客户，支持客户，聆听客户真正的心声，而不是将自己推销产品的事情时时挂在嘴上，生活中就是你对谁好，谁也会对你好。客户回报你的方式就是给你订单，就这么简单。

其实无商不奸在大多数场合是不适用的，除非是"一锤子买卖"，否则谁都要留下口碑和品牌。销售人做销售的过程，也就是在自己的客户圈中不断塑造自己个人品牌的过程。认识到这一点，我们就有了做好个人品牌的动力。

做人好能够获得别人的帮助，王石在自传《道路与梦想》中提起，自己受到很多人的帮助，都是别人看中了自己的为人，他感慨万千地说："通过这件事，我悟出了一个道理：即使在商业社会，金钱也不是万能的，至少它买不来尊重。那个主任正是欣赏我做事的态度和吃苦精神，所以才愿意无偿帮助我。既然通过自身努力就能获得别人的尊重和帮助，何必还要去乞求别人的帮助呢？"

王石在做小生意的时候，用做好自己的方式赢得了客户的尊重，完成了自己的原始积累。后来，他进入房地产业，靠的就是自己布局的能力。他看到了中国房地产业的发展趋势，所以义无反顾地投入进去。销售人必须具有一定的战略眼光，因为只有这样才能够成为一个杰出的营销者，成为一个理解顾客的人。

其实，把握营销趋势，这就是一种做局的能力。局其实就是一种系统的营销策略，销售人总有一天需要走到营销管理者的位置上，这时候考验一个销售人的方式主要就是布局的能力了。一个普通销售人和销售总监或者老板的思考方式是不一样的，普通销售人员完成的是很多战术动作，而营销总监完成的是对整个战役的把握，甚至是对整个战场的把握。很多销售人员可能成为一个很好的销售人，但是却成不了营销总监，因为营销总监必须具有设计营销系统的能力。所以这份历练是销售人进阶的必经之路。人们记住了吉拉德，但是却不知道当年指挥整个雪佛兰汽车获得全球地位的营销总监是谁。

星巴克的单店是一个小生意，在这个店里，销售人员会给予客户统一的服务水准，星巴克崛起之谜在于添加在咖啡豆中的一种特殊的配料：人情味。星巴克自始至终都贯彻着这一核心价值。这种核心价值观起源并围绕于人与人之间的"关系"的构建，以此来积累品牌资产。这种人情味儿在细节上就是一种做人的方式。

星巴克总裁霍华德·舒尔茨相信，最强大最持久的品牌是在顾客和合伙人心中建立的。品牌说到底是一种公司内外（合伙人之间，合伙人与顾客之间）形成的一种精神联盟和一损俱损、一荣俱荣的利益共同体。霍华德·舒尔茨这句话值得我们奋斗在营销战线上的所有人思考，我们怎么去完成从一个销售人向顾客体验师角色的转变，也就是立足于顾客的情感去做自己的生意。在舒尔茨开第一家咖啡店的时候，就保持着为顾客创造一个使生活工作轻松的环境，并为此付出了巨大的努力。

当星巴克的店铺开到全世界很多城市的时候，这其实就是舒尔茨战略营销能力的体现了。能够将一杯咖啡卖到全世界的人，不仅仅有推销能力，更具有一种创建营销平台的能力。

天下没有做不成的生意，只有不会做生意的人；天下不缺做销售的千军万马，缺的是能够组织起营销大军的人。销售人的个人影响力都是平台给的，杰出的销售人也是，这就需要管理者们认清自己只是体系的一部分。企业内部是一个相互关联的整体，自己的影响力和工作是建立在大量的工作协同之上的。因此，在很多的大企业中，推销产品还是借助企业的价值观，而不是过度宣扬自己的销售明星。

一个销售人要做出好成绩，只要自己努力就够了，而一个企业的营销要做好，就需要强大的营销管理能力，这就是营销的局。

002 掌握客户在成交前的心理状况，不要放过成交的信号

成交是一种心理博弈，销售人需要把握客户成交前的矛盾心理，不要放过一些信号，这些信号一旦出现的时候，销售人就需要把握关键点，终止继续交谈，而直接进入成交状态，进入成交程序。

对于大客户营销，我们说，这是理性的程序性的东西，心理状态不是最重要的，这已经是长期接触的结果，但是对于小额交易，则需要把握客户的心理状况，有交易信号就要把握住，放弃了，聊得更多，不见得就是好事情。深入的互动需要放在交易完成之后。

总结起来的话，客户出现了成交信号的时候，大体上会来自以下几个方面：首先，价格问题是出现频率最多的成交的机会点，成交的时机最经常出现的就是价格问题。客户在细心问价的时候，实际上已经为交易做准备了，剩下就是如何达成一个客户认同的价格。

如果一个客户开始询问送货（退换货）或保养相关细节，那么，导购员就可以结束销售了。这时候就要问客户是刷卡还是付现金这样的问题，促进交易完成。

客户在和销售人聊了之后，开始自己计算数字的时候，实际上也是成交的良机，这时候就需要主动结束交谈，让客户去交款来促成交易。

有时候顾客会跟你开玩笑，比如："你长期在这里吗？公司撤柜了怎么办？""美女晚上一起吃饭吧？"类似的话题。销售人需要一句话带过去："大哥您真会开玩笑，这一点您放心，请问一下，待会儿你是刷卡方便一点还是付现金方便一点？"当客户出现这些烟雾弹式的对话的时候，实际上也是促成交易的时候。

客户屡次问到同一个问题，说明销售人没有把握好客户交谈的节奏，给了客户反复提出疑问的机会，其实交易前的矛盾心理反复发作，对交易是不利的，这时候就需要快速让客户付款。

但客户做了决定的时候，他们的表情就会从交易状态中松弛下来，从本来比较严肃到露出笑容，原因是什么？因为他决定买了，如果不买，他还在关注商品，只有决定买了，才会跟你开开玩笑，才会放松。这时候也就是达成交易付款的时候。

当然，这些都是现场销售才能够用到的用户心理捕捉的策略，这是一种机智的状态，需要根据客户不同的表现灵活地做出判断。

销售人员和客户之间已经做了很好的互动，已经到了该签单的环节了，但是顾客还是犹豫不决，或者找借口推迟交易。这里，我们就要分析造成订单推迟的原因了，我们需要知道客户心中的犹豫点是在什么地方，然后找到对方的意图，继而制定相应的方案。

这种交易前的犹豫在团队谈判中比较少见，大客户是按计划一步步执行自己的方案的，甚至什么时候采购必须完成都已经有了自己的时间表。这样的客户，每个人都必须服从自己的企业的总体目标。他们所有人都围绕一个目标，那就是自己企业能够在这一单当中实现价值最大化。所以揣摩客户的心理多数是成交价格的因素。

但是很多企业采购制度不完善，客户方的决策人很可能会有业务之外的其他要求。客户之所以犹豫，是故意的，他会有自己的目的。换句话讲，我们销售人员之所以积极主动，也有一个个人动机的问题，就是业务做成以后销售人员会获得荣誉和个人提成。经验表明动机越强的销售人员工作越积极，往往能获得更好的销售业绩。如果我们企业的产品和服务有竞争力，而人的关系方面问题也不大，客户的真正意图就比较明显了。在签单的过程中，客户方决策人的个人动机得不到满足是一个问题，有时候企业的产品质量再好，也会遇到这样的问题。

很多狡猾的销售人员会变阻力为助力，设法满足客户个人方面的要求，这样，客户那边的阻力就会变成主动推进业务的拉力，和销售人员销售推力一道，在一推一拉之间，订单就促成了。

其实这样的客户是很难深交的，他们目的性很强，很可能竞争对手用一个比自己大一点的诱饵就将客户夺走了，销售人员和这样的公司合作，其实表面上没有正规的谈判，实际上有一部分利润都流到客户个人那儿去了。

在国内，在临签单之前，客户个人故意拖延成交时间多数都是上述原因。当然企业采购的因素是复杂的，可能有财务方面的原因，也可能客户那边同时谈了几家供货商，他们在几家之间做一个权衡，选择多了的时候，客户就会犹豫不决。其实这也是正常的事情。

如果客户购买你的产品，一定出于两种情形，一种是你的产品能够满足客户的物质、精神及实际需要；另外一种则是你的产品能够给客户带来实际经济效益。所以寻找客户的真实意图真的不是难事。销售人员完全可以安排一次非正式的见面机会，一对一地问客户到底还有哪些顾虑，是个人的原因，还是出于对企业服务能力的担心。首先，销售人员需要给客户一颗定心丸，同时也能了解客户方的真正的意图，然后调动企业的资源来满足客户。

任何商业销售的客户，都是带着双重动机的人，个人动机和商业动机，这双重动机互相交织，形成了纷繁复杂、因人而异的客户真实的意图。如果销售人员不具备把握客户真实意图的能力，那么就总会觉得有一堵墙横亘在自己和客户中间，用什么技巧都难以突破，但如果学会观察人性，把握动机，就会发现这堵墙突然消失了，复杂的变简单了，销售人员的智慧蓬勃而出，其他技巧和知识都能被灵活地运用。

同时销售人员也需要清醒地认识到自己的性格特点，认识到自己的销售风格和销售局限，扬长避短，实现临门一脚，快速签单。

客户真实意图需要揉碎开来慢慢分析，客户需求里面讲述的是产品性能、服务、品牌、激情这四个内容，如果你与客户的交流不能带给客户这四个方面的价值，那么客户肯定不愿意和你交流。说到客户需求，那么我也顺便说说客户付出，客户付出主要讲述的是价格成本、交易成本、维护成本、心理成本这四个方面。如果你与客户交流的内容，不能让客户感受到有价值，那么订单就不可能达成。

发现客户的真实意图，也就是购买的动机，销售人员就需要提升客户的动机，培养客户的动机。这都是销售人员重要的工作内容，客户动机的产生，都是在客户的角度提出来的，我们要站在客户的角度考虑问题。销售工作，本质上就是如何更好地为客户提供服务的工作，你明确了这个观点，也能从具体的操作中去分析和思考，本身就能够解决客户市场工作中出现的任何阻碍订单实现的问题。而一个销售人员，就需要先明白这些道理，进而从客户动机的角度来解决问题，进而保证目标的实现。

003 介绍产品时不要马上提出成交要求

在大客户销售的过程中，销售人自有一套做事的流程。向客户展示产品是一个必不可少的阶段，对于产品的展示需要充分的准备。销售人对于自己产品的理解，需要知道得分毫不差，这样才能够成为解说产品的专家。和开车一样，销售人就是要和自己的产品有一种合为一体的感觉才好。

产品是我们服务于客户的基础，也是连接客户的纽带，销售人需要热爱自己的产品，并且将这种情绪传达给自己的客户，这是一种很重要的沟通。陈述的好坏决定了客户怎么样看待和判断我们的产品和服务。

产品陈述的过程中不是销售人一个人在说，而是同时要观察客户的反应，观察客户情绪的变化，最好的产品陈述过程，必须有客户的参与。聪明的销售人甚至会不断地试探客户的反应，客户期望产品是什么样的，这是最重要的事情。因为产品是一个静态的东西，是不可能改变的东西，我们在产品陈述中表达的东西实际上是顾客的期望，顾客每一次的购买行为都是一种期望，销售人一定要理解这种期望。

销售人必须将自己的产品描述成客户内心喜欢的样子，如果描述错了，客户就会觉得这个不是他想要的东西。这时候就要看客户的反应了，如果客户听到我们的陈述，他们更加犹豫了，说明我们对于产品的认知和客户之间产生了偏差，我们需要及时进行说辞调整，给客户一个陈述期望的机会。

其实，销售人应该知道品牌营销战略。也就是说，品牌实际上就是基于消费者价值观的市场细分行为。

销售人都知道，没有虚拟价值的商品我们可以称之为干货商品，对于这样的产品，顾客追求的只是物美价廉，物美价廉是一个动态的竞争态势，不是一个长期的竞争策略。企业不能赋予产品以个性，不能用自己的企业学说来定义自己的产品，那样，主动权就不在自己的手中，而很可能会陷入新一轮的价格大战之中。

对于这样类型的产品陈述，实际上就是一个价廉物美的问题，别的陈述都是没有花样的，销售人一般在销售这类产品的时候，其实也没有很大的空间可以回旋。这个层面上的客户也基本处于对价格很敏感的层面上，所以陈述不能错，看人下药还是很好的销售规则。

销售人在做产品陈述的时候其实是很费劲的，而品牌能够大大提高营销效率，因为客户喜欢某个品牌，觉得它代表了自己的风格。没有品牌的企业是非常吃亏的，没有品牌的企业意识不到在自己厂门口或者写字间的门口之外，有着万花筒般的商业需求变化。他们也不知道消费者的价值观是何物。消费者怎么样看待自己的产品，这是品牌塑造中的一个准绳，企业应该学会在实践之中不断调整自己的品牌传播方式和传播方向。

销售人不要急着成交，即使客户被当场说服了，也要给他留下思考的时间和空间，如果我们突然催促客户成交，客户就中断了这个思考过程，回到原先的抗拒状态。其实，销售人赚的任何一笔钱，都是客户愿意让我们赚的，这个事情本来就勉强不得。现在有一种营销方式叫作"不好意思"营销，就是在这种勉强的基础上做交易，但这样的生意从企业整体战略上去思考，却是竞争力弱的一个表现。

如果客户对产品理解和我们对不上，此时跟客户去谈价格，谈立即购买，就会变成逼单，这样的话客户其实是反感的，因为客户真的不喜欢自己被销售人牵着鼻子走。这时候如果提出交易要求，很可能会让客户一口回绝。

004 讲故事，让你的产品介绍更生动

一个好的销售人，是一个能够讲好故事的人。做人要做有故事的人，做企业也要做有故事的企业。在传统的媒体时代，人们需要一边讲故事，一边卖产品。在网络时代，讲故事的能力变得更加重要。物质技术的发展尽管无限，但到某种极限之后人们必然趋于麻木。如果说网络是物质社会的最后一项点石成金术，那么，故事经济将是后物质时代的第一个点石成金的魔法师。

山东一个农户养猪，他每天播放音乐，赶着猪在树林中奔跑，还做了很多的栏杆让猪进行跨栏，结果这些猪就成了"运动员猪"，在宣传的时候，他可以说自己的猪与众不同，肉味特别鲜美。至于鲜美不鲜美，

这和主妇们的烹调手艺关联很大，至少，这些猪都是有故事的猪，有故事的猪就不能按照普通的市场价来卖。这其实就是炒作，通过"秀"自己的生产过程，来完成和顾客的互动。

在网络时代，更需要创造需求，引导消费。"运动员猪"的猪肉在市场上容易引起顾客的好奇心理，人们在购买之后，大部分人都会自我证明这个产品确实不错，而不会自我否定，在内心否认自己愚蠢。这就是消费心理学讲的自我强化，忠诚的顾客都是在重复购买之中逐步自我强化品牌认同的。这种顾客认同多了，企业在市场上就有了立足之地。

营销专家告诉我们，消费者购买行为其实是发自内心的感受，只不过是过后给自己找理性的借口罢了。故事经济抓住的就是这一点，不拘泥于商品提供的实际功用，它要说服的不仅仅是人们的头脑，而是必须要打动人的心灵。想要一块准确走时的手表，几十块钱就够了。若一块表代表了一种生活方式、一种地位或一个传奇故事的话，那么价格可以高达 15000 美元，劳力士正是如此。

在这个以科学和理性、分析以及实用主义为功利标志的时代，恰恰应是情感、传奇故事和叙事方式以及价值观回归的时代。故事市场即将超越以信息为基础的利润市场；情感市场即将取代有形产品的市场。现代人在竞争激烈的社会中，需要感情的慰藉，这也可以成为消费心理研究的对象，成为一种挖掘商机的方式。

我们只要注意观察，就能发现，很多品牌传播的过程中非常强调产品或者品牌自身的故事性，很多酒类营销强调自己的历史，实际上也就是在讲故事。故事赋予品牌以魅力，调动消费者对品牌产生感性认识。从理性分析到感性思维，恰恰是品牌故事对于消费者施加影响的过程。

营销学之父菲利普·科特勒说，面对竞争激烈的市场，一个公司必须努力寻找能使它的产品产生差异化的特定方法，以赢得竞争优势。

应该这样说，故事经济不是一种新概念，而是品牌文化的一部分。消费者除了对产品品质和价值上的认同外，有一种力量正在影响着消费者的选择，这就是品牌文化的作用。品牌文化与消费者内心认同的文化和价值观一旦产生共鸣，这种力量就显得非常强大。因为它是除了服务以外，品牌所赋予产品的又一附加值。正是这种无形的附加值影响了消费者对同质化产品的选择。

品牌是强有力的竞争手段，同时也是一种文化现象。优秀的品牌是具有良好文化底蕴的，比如中药品牌。消费者购买产品，不仅只是选择了药品的功效和质量，也同时选择了药品的文化品位。在建设品牌时，文化必然渗透和充盈其中，并发挥着不可替代的作用；创建品牌就是一个将文化精致而充分地展示出来的过程；在品牌的塑造过程中，文化起着凝聚和催化的作用，使品牌更有内涵；品牌的文化内涵是提升品牌附加值、产品竞争力的原动力。

品牌是文化的载体，文化是凝结在品牌上的企业精华，也是对渗透在品牌经营全过程中的理念、意志、行为规范和团队风格的体现。因此，当产品同质化程度越来越高，企业在产品、价格、渠道上越来越不能制造差异来获得竞争优势的时候，品牌文化正好提供了一种解决之道。所以有人说，未来的企业竞争是品牌的竞争，更是品牌文化之间的竞争。这是一种高层次的竞争，任何一家成功企业都是靠着其独特的品牌文化在市场上纵横捭阖。

销售人在销售过程中，认识到品牌的价值，为产品和品牌诉求寻找和挖掘最好的故事，可以达到高效的传播效果。这种故事必须符合当代社会的思潮，与自己主流的顾客的价值观保持一致。

品牌传播的真谛在于细腻互动，一个动人的故事足以吸引顾客的关注。商品销售过程不仅要有很好的使用价值，而且还要很有趣，有趣的传播才能够提高传播的效率。

对于小企业而言，没有那个经济实力做全面的品牌传播，所以使用精巧的传播方式是非常重要的，讲故事是很好的传播方式，市场需要精彩的故事。或许，这正是那些新销售人大展宏图的地方，学会用讲故事的方式跟自己的客户去互动，这样的销售行为往往令人印象深刻。

005 减少客户对风险的担忧

销售人在和客户交流的过程中，一定要首先获取用户的信任，在成交之前，如果客户对于企业交易风险还犹犹豫豫，说明我们销售人的前期的基础工作还是没有做好。

其实，对于企业来说，真诚地为客户服务真不是一句空话，在互联网时代，一个企业不真诚对待客户的话，代价是很大的。现在在网络上，只有那些三无的个人才会采用欺诈的手段。因为客户如果遇到不满，在互联网上发布消息，对于企业产品和品牌的打击会让企业得不偿失。和以前不一样，客户没有什么反击能力，现在客户的反击工具就在手边，所以销售人一定要对客户真诚，这样路才能够走得更远。

客户之所以在成交之前有很多的不安全感，大体上是因为客户在自己的职业生涯中吃过苦头，由此心生不安全感。这种对产品或服务的不安全感是影响他们实施购买行为的一大障碍。销售中若采取适当的方式消除客户对风险的担忧，就很容易让他们放心大胆地购买你的产品。

从事有机农业的张先生是一个很诚实的人，他一直认为事情不管做多大，都要有一个诚信的问题，而且他的产品都能够进入一流的渠道，而他的销售秘诀，就是帮助客户解决他们担忧的问题。

张先生是怎么做的呢？有一次，一家北京知名的水果连锁销售企业的老总万先生在他的果园转了又转，还是下不了决心下订单。他也有他的顾虑，所以向张先生提出疑问："上次在一家果园进的苹果，虽然个大，卖相也不错，但缺点是一般存在味涩、不脆、没有太多水分的现象。搞到市场上以后，刚开始卖得还不错，但是慢慢就没生意可做了。最后剩下的苹果卖不掉就都坏掉了，害我亏了不少钱。"对于这个问题，张先生给客户解释说："像您反映的这种现象，一般是用药物催红苹果而导致的。因为这种苹果的生长期太短，所以比正常生长的苹果在口感上会差很多。我们果园的水果全都是自然生长的，绝对没有运用任何的催生技术。您可以随意从树上选一个，我给您摘下来尝尝您就知道了。"尝过之后万先生觉得很满意，但是还有顾忌。万先生给张先生讲了一个自己的故事，有一次在山东烟台，自己也一样在果园自己看果子，并且也很满意，但是后来，园主竟然调包了产品，这让万先生在采购的时候变得更加小心谨慎。

园主张先生已经看到了万先生对人的不信任，以及他对交易伙伴的担忧。于是他说："您可以完全放心，凡是我们果园出的每一个苹果上都贴有无公害农产品的标签，保证每箱苹果里绝未掺杂不良品。若有什么问题，您尽管再给我拉回来就是了。"听到张先生这么说，万先生总算放心了，并且很痛快地下了订单。在农产品的交易中，这样的交易条款，能够排除掉客户的担忧，于是，合作双方就签订了协议，张先生成为连锁企业的重要供应商。

其实在这样的合作过程中，交易双方的心理也是很普遍的现象。市场经济的根本就是在诚信，如果没有诚信的话，双方对交易的结果都是没有办法预测的。事实上，我们之所以能够放心交易，就是因为我们能够预测交易的结果，这是很重要的事情。销售人需要自觉维护诚信的机制，这对于自己拓展市场是有好处的。每个客户都曾犯下过许多次购买错误。对失败的害怕心理及不安全感会导致客户不敢随意购买产品或服务。因此，要想拿下订单，首先就要消除客户对风险的担忧，直到客户不再犹豫，接受你推荐的产品为止。

其实，我们在做大客户的时候，客户一开始不可能将最大的订单给我们销售人，往往一开始给的是一个比较小的订单，来考验一下企业和销售人本身的服务能力到底如何。在小额交易中，这样的销售策略也是常用的。这就是提供一些样品，让客户免费试用或者付费提前试用。提前试用的方法不管顾客买不买，先热情地让他试一下，这能在一定程度上也就是在心理上减少顾客对产品特别是新产品的一些不安全感。这样一来，客户的疑虑就会很快消除，信赖和信任感增加了，下订单的可能性也就增大了。

还有，很多产品不需要售后服务，是一次性的消费产品，所以对于产品品质是非常注重的，客户关心的主要问题就是品质问题，比如前文案例中的苹果质量问题。所以我们就要承诺给予客户最好的质量，这就能够解决客户担忧的问题。让客户放心交易，这是市场交易的主要原则。

我们站在顾客的角度，顾客买东西固然是想买质量好的，但是买东西的时候他又怎么知道质量好不好呢？不知道就会产生顾虑，所以就不会那么容易下单。这个时候就需要你来为顾客送上一颗定心丸，那就是售后质量及维修保证。这种方法解决了顾客的后顾之忧，所以很容易打动他们。

降低交易风险，加强交易的可预测性，这就需要懂得心理学。不管是高高在上的老总还是下面的销售人员，都必须懂得客户心理。一次试用，一句保证对于客户来说就像强心剂一样，让他们变得"大胆"。只有减少客户对风险的担忧，才能获得更多的订单。

006 超出期望的服务是客源不断的秘诀

销售的本质还是要回到产品和服务本身，其他的推销技巧其实都是术的层面。德鲁克在关于企业营销功能的描述中，谈到企业的功能就是创新和营销，创新就是为了让促销这样的过度营销行为不再占据销售的主要的工作内容。

营销学发展到今天，实际上都是在研究逼单的技巧，也就是用不那么好的产品，用销售技巧来实现企业的经营目标。商场上的激将法和逼单技巧很多，对于很多用户来说，暗示性的激将之术是常用的销售心理战术。请将不如激将在会议营销中已经成为最主要的销售策略，就是在一种"半推半就"中搞定客户。这些销售技巧都是非常有效的心理逼单技巧。但是这都是销售技巧，都是在术的层面，企业还是要回到自己的经营之本，建立用产品来满足客户的机制，并且以此为本。

如何与客户建立长期的信任关系，当然需要提供非常专业的产品和服务，这是商业关系的基础。服务客户首先要真诚，在关键的时候要学会担当。企业为关键客户提供产品或者服务时会有不合格的情形发生，即使有的企业达到了通用公司原总裁杰克韦尔奇所倡导的六西格玛所定义的质量水平，他仍然有百万分之一的机会把不合格品提供给客户。对于质量问题，任何一个企业都不能做到完美，质量问题的处理就涉及到营销人员的服务问题了。

对于客户而言，如果出现提供不合格品或者客户投诉的情形，客户经理的反应一定得快，而且往往需要企业突破常规的举措。因为这种不合格品若处理不当，将是危机，若处理得当将是巩固和发展业已建立起来的合作关系的良机。

一家外资空调企业，其空调电机是由江苏省一家民营企业提供的，电机的采购量占到该民营企业同型号电机的三分之一以上。可是，在一次耐久性测试中发现该空调电机所配带的电容器有质量隐患。该民营企业很快决定协助更换所有同类的电容器，其更换费用全部由该民营企业承担，决策干脆，没有讨价还价，没有任何托词和借口。这就是服务精神的一种体现，如果这个企业推诿的话，很可能就会伤及以后的客户合作。

结果这家外资空调企业在感动之余，也主动承担了换电容的一些工作，而且因为这样的事情，双方没有留下不愉快，相反，客户对于这家电机企业更加信任了，因为这家企业在遇到困难的时候，有担当的意识。到今天为止，该民营企业仍然和那家外企保持着良好的合作关系，而且这种关系给他带来了部分海外的空调电机订单。

在出现不合格品时，企业需要用行动来证明自己值得信赖，一次行动远超过百次承诺。其实这种"先赔后赚"的服务策略使用在大客户服务上应该是非常明智的，因为关键客户是利润的种子，也是企业的金饭碗。

客户服务是能够产生价值的，在互联网时代，服务客户的信息沟通成本已经大大降低了，所以作为企业，有必要建立一个为客户期望而努力的服务部门。客户在这个商品极大丰富的时代，其实希望得到的是能够满足他们心灵需求的，而不是仅仅满足功能需求的服务。

情感服务是企业服务的终极武器，情感营销是服务于顾客的主要策略，无论是门店营销还是大客户营销，基于情感的服务总能成为市场的赢家。因为人是情感动物，人都是有偏好的，一旦客户与你之间建立了很好的感情，就能很好地防止竞争对手的袭扰。如果一家企业能够成为客户内心的某种情感寄托的话，那么这家企业的服务体系无疑是成功的。

在这个时代，我们所说的服务其实就是一种和客户进行互动的能力，不要小看这种能力，其实大部分企业根本就不了解用户内心真正的需求，他们如何能够和客户保持一种良好的关系呢？互动能够培育情感，情感因素必须建立在一种互动的基础之上，营销人员对客户有感情，客户对营销人员也有情感，相互之间在工作上、生活上都产生了很好的信赖感，有伙伴的感觉。在这个基础之上，产品和服务就会做得更加顺手。

在客户关系管理中，有一个非常重要的术语叫客户忠诚度，它以客户流失率、客户平均交易年龄、客户在我处的交易量占其总消费量的比例等指标来量度。而客户忠诚的基础是客户通过企业长期的服务表现产生了信任，以至于即便有多家供应商可以选择，客户仍然心甘情愿、一如既往地继续同你合作。客户的信任，是一个企业、一个品牌价值的组成部分。尤其是关键客户，那是企业生存和发展的基础，所以如何服务好自己的关键客户，成为企业和营销人员必须完成的任务。如何真诚服务好大客户，提供感动服务，是值得营销人员研究的事情。

服务的本质不是企业单方面的付出，如果是单方的付出，那么也是没有意义的，其实客户也是一个新的参与者，他们自己在使用产品和服务的过程中，会不断为企业创造价值。在管理学中，有一种激励理论就是参与式管理，通过让员工参与管理来提高员工的士气，这种内部的激励原则同样可以运用到外部，让关键客户参与企业的生产和管理过程可以极其有效地提高客户的满意度。波音飞机公司在研发777机型时，请世界各地的航空公司和飞行员参与设计方案的讨论，各地收集来的有价值意见不下一万条。不把客户当成外人，只有那样亲密的合作关系才能做到。

服务是能够产生连接关系的，互联网时代是连接一切的时代，在企业进行重大的技术或者管理的活动时，不要忘了请客户参与和见证活动过程。一方面使客户能够从自己的立场对企业提出要求，让企业一开始就将这种要求考虑到自己的产品中去，这样的产品面市后不太可能遭到客户拒绝；另外一方面客户感受到一种尊重和关怀，这种感受将换来长久的忠诚。这也是一种很重要的和客户互动行为。

情感营销服务已被众多的企业积极引入，他们已经从只关注产品功能和价格转变为以情感型为中心，为适应市场竞争，植入情感要素，并制定出情感服务策略，以满足顾客情感需求为目标，通过情感营销保证品牌在顾客心中的美誉度和忠诚度。

当然，和客户进行情感互动需要技巧，这其实就是人际关系上的一个技巧。人际关系就是一种艺术，服务不是不计代价地傻傻服务，营销人员在做服务的时候需要让自己的客户知道，自己为他们做了什么，如果自己为客户做了很多，但是自己的客户却浑然不觉，这其实也达不到情感互动目的。

经济发展回到了人本身，企业客户的每一个人都掌握着媒体，和他们成为朋友，企业提供了符合他们期望的服务，他们才能将自己使用的感受分享给更多的客户，以客户带动客户，如病毒式传播一般，最终让企业获得丰厚的利润。这其实就是真正的营销之核，这样的购买才是一段关系真正的开始。